W.-M. Kähler
W. Schulte

**SAS – Eine anwendungs-
orientierte Einführung**

Wolf-Michael Kähler
Werner Schulte

SAS – Eine anwendungs-orientierte Einführung

Mit 9 Tabellen und 75 Abbildungen

3., verbesserte und erweiterte Auflage

Die 1. Auflage srschien 1987 unter dem Titel „SAS für Anfänger“.
2., neubearbeitete und erweiterte Auflage 1990
3., verbesserte und erweitere Auflage

Umschlaggestaltung: Peter Lenz, Wiesbaden
Gedruckt auf säurefreiem Papier

ISBN-13: 978-3-528-24572-6   e-ISBN-13: 978-3-322-87798-7
DOI: 10.1007/978-3-322-87798-7

Vorwort zur 3. Auflage

Das **SAS** (Statistical **A**nalysis System) ist ein Programmsystem zur Informationsverarbeitung und statistischen Datenanalyse. Es wird von Anwendern unterschiedlicher Fachgebiete (Wirtschafts- und Sozialwissenschaften, Psychologie, Biologie u.a.)
eingesetzt. Eine weite Verbreitung hat das System auch in der industriellen Verwaltung gefunden, wo Informationen dargestellt, analysiert und bewertet werden
müssen.

Die Leistungsfähigkeit des SAS-Systems ermöglicht unter anderem:

- die Organisation von Daten,

- den Einsatz einfacher und komplexer statistischer Verfahren und

- die Erstellung individuell gestalteter Tabellen und Graphiken.

Mit diesem Buch wird eine problembezogene und am Beispiel einer empirischen
Untersuchung orientierte Einführung in das Programmsystem SAS vorgelegt. Es
wendet sich an alle, die für die Analyse empirischer Daten grundlegende Kenntnisse
in der statistischen Datenverarbeitung erwerben wollen. Die Darstellung ist so gehalten, daß keine Vorkenntnisse aus dem Bereich der Elektronischen Datenverarbeitung vorhanden sein müssen. Jedoch sollte der Leser statistische Grundkenntnisse
in beschränktem Umfang besitzen.

Das Buch ist so strukturiert, daß zunächst die Schritte der Vorbereitung und
Durchführung einer Datenanalyse an einem einfachen Beispiel ausführlich beschrieben werden, bevor die gebräuchlichsten Prozeduren zur Kennzeichnung von Merkmalen und die vielfältigen Möglichkeiten der Daten- und Dateienmodifikation, die
SAS bietet, vorgestellt werden.

Dieses Buch wendet sich an Leser, die SAS an einem Arbeitsplatzrechner unter
dem Betriebssystem MS-DOS oder dem Betriebssystem UNIX einsetzen wollen.
Die Beschreibung setzt für die Arbeit unter MS-DOS die Programmversion 6.04
und für die Arbeit unter UNIX die Programmversion 6.07 voraus.

Unter Einschränkungen (im Hinblick auf die Dateizugriffe) läßt sich diese Beschreibung auch für den Einsatz von SAS an einem Großrechner wie z.B. mit den Betriebssystemen MVS/OS oder VM/CMS einsetzen.

Das Buch kann sowohl als Begleitlektüre für Lehrveranstaltungen als auch zum
Selbststudium empfohlen werden.

Die Autoren danken Herrn Dr. Bothner für die kritische Durchsicht des Manu-
skriptes und Herrn Dr. Klockenbusch vom Vieweg Verlag für die gute Zusammen-
arbeit.

Ritterhude/Bremen, im März 1992   Wolf-Michael Kähler/Werner Schulte

Inhaltsverzeichnis

Kapitel 1

Der Einsatz der EDV bei empirischen Untersuchungen

In den letzten Jahrzehnten hat die empirisch (d.h. erfahrungswissenschaftlich) ausgerichtete Forschung Eingang in viele Fachgebiete gefunden, zum Beispiel in die Wirtschafts- und Sozialwissenschaften, die Politische Wissenschaft, die Psychologie, die Biologie oder die Medizin. Unabhängig von einzelnen Fachrichtungen lassen sich allgemein die Hauptziele empirischer Forschung darin sehen, beobachtbare Sachverhalte übersichtlich und systematisch zu beschreiben, Entscheidungen über vermutete Gesetzmäßigkeiten in der Realität zu treffen oder Aussagen über zukünftige Entwicklungen zu machen.

Konkrete Forschungsfragen — aus den Gebieten Wahlforschung und ökonomischer Marktforschung — könnten zum Beispiel folgendermaßen formuliert werden:

(a) Welche Parteien halten die wahlberechtigten Bürger eines Landes für fähig, bestimmte Probleme zu lösen? Welche Einstellungen oder welche sozialen Merkmale bestimmen die Präferenz für eine Partei? Wie wird die Wahlentscheidung der Bevölkerung bei einer kommenden Wahl aussehen?

(b) Welche allgemeinen Merkmale weisen Käufer bestimmter Produkte auf? Von welchen Faktoren hängen Kaufentscheidungen ab? Wie entwickelt sich die Absatzmenge eines Artikels, wenn der Preis oder die Werbeaktivität für diesen Artikel verändert wird?

Fragestellungen dieser Art werden umgesetzt in ein Erhebungsinstrument, zum Beispiel in einen Fragebogen, mit dem die gewünschte Information gesammelt wird.[1]

Diese so erhobenen Informationen werden ausgewertet. Es ist nicht zwingend, daß dazu die Elektronische Datenverarbeitung (EDV) eingesetzt wird. Sie erleichtert aber die Verarbeitung großer Informationsmengen und erlaubt den Einsatz statistischer Verfahren, denen komplizierte und umfangreiche Berechnungen zugrunde liegen.

Wir wollen an dieser Stelle näher darauf eingehen, was "Verarbeitung von Informationen" konkret bedeuten kann. Eine Form der Informationsverarbeitung ist

---

[1] Die Umsetzung von Fragestellungen in Erhebungsinstrumente sowie die Verfahren der Informationssammlung selbst gehören zu den schwierigsten Phasen des Forschungsprozesses. Innerhalb der "Methoden der empirischen Sozialforschung" gibt es deshalb dazu eine Vielzahl von Forschungsaktivitäten, auf die hier ohne Angabe von Einzelnachweisen nur hingewiesen werden kann.

z.B. die systematische Speicherung von Daten und die anwendungsbezogene Auswahl und Präsentation von Informationen in Tabellen. Dies ist die Form, auf die insbesondere die Datenbankfunktion von Anwendungssystemen zielt. Zur Informationsverarbeitung gehört aber auch eine komprimierte Darstellung von Daten, etwa durch Berechnung von Häufigkeiten oder Anteilswerten ("40 Prozent der Wähler entscheiden sich für Partei A") oder durch Berechnung von Durchschnittswerten ("Das Durchschnittsalter der Wähler der Partei C liegt bei 29 Jahren"). Die Methoden der beschreibenden Statistik bieten geeignete Verfahrensweisen, vielfältiges und umfangreiches Zahlen- und Informationsmaterial auf wenige charakteristische Kennzahlen zu reduzieren. Vieles der so reduzierten Dateninformation läßt sich zeichnerisch zum Beispiel durch Balken-, Kreis- oder Liniendiagramme veranschaulichen. "Verarbeitung von Informationen" heißt aber nicht nur Beschreibung empirischer Informationen, sondern auch Treffen von Entscheidungen über vermutete Gesetzmäßigkeiten in der empirisch faßbaren Wirklichkeit mit Hilfe des Einsatzes statistischer Entscheidungsmodelle ("Zunehmende Werbeausgaben für ein Produkt steigern signifikant dessen Verkaufsmenge").

Informationsverarbeitung ist im Rahmen empirischer Untersuchungen nicht allein ein technischer oder statistischer Vorgang. Themenstellungen, Fragestellungen und Ziele von Forschungsvorhaben sind untrennbar mit dem Einsatz technischer Mittel verknüpft. Dies ist u.a. ein Grund dafür, daß wir die Darstellung der Informationsverarbeitung mit dem Programmsystem SAS anhand eines "echten" empirischen Datensatzes vornehmen werden, mit anschaulichen Beispielen und mit inhaltlichen Fragestellungen. Wenn trotzdem in diesem Buch die technisch-instrumentellen Aspekte ein rein quantitatives Übergewicht haben werden, ist dies eine Folge der engen Themeneingrenzung. Es sollte darüber aber nicht vergessen werden, daß der Prozeß der Erkenntnisgewinnung nicht allein durch den Einsatz von statistischer Datenverarbeitung geleistet werden kann, sondern nur zusammen mit einer theoriegeleiteten Vorbereitung und Auswertung einer Untersuchung.

Kapitel 2

Statistische Datenanalyse mit dem Statistical Analysis System (SAS)

Was ist SAS?

Das SAS ist nicht nur ein Programmsystem zur *Daten*analyse, sondern ein System zur Informationsverarbeitung im weiteren Sinn. SAS beinhaltet eine Vielzahl einfacher und komplexer statistischer Verfahren. Darüber hinaus ermöglicht es aber auch die Eingabe, Ausgabe und Verwaltung von Daten. Dabei können diese Funktionen durch die international genormte Datenbanksprache SQL unterstützt werden (siehe Kapitel 8). SAS ist im sogenannten *Dialogbetrieb* einsetzbar, das heißt im Wechsel von Auftrag (Kommando) und Antwort. Mit dem SAS-"Display Manager", dessen Einsatz u.a. in diesem Buch beschrieben wird, haben wir ein Instrument zur Hand, mit dem wir schnell und flexibel unsere Anforderungen an das Programmsystem geben und Ergebnisse erhalten können.

Was bedeutet es, wenn wir von *Programm*system reden? Damit ist gemeint, daß SAS eine Sammlung von Rechnerprogrammen ist, die über eine Kommandosprache, deren Syntax einheitlich gestaltet ist, zur Ausführung gebracht werden können. Programme legen fest, welche Verarbeitungsschritte in welcher Reihenfolge vom Rechner auszuführen sind. Unterschiedliche Aufträge an das System können innerhalb einer Programmanforderung erfolgen. So kann z.B. das Einlesen und Speichern von Daten sowie die Berechnung und Ausgabe von Häufigkeitsverteilungen und Mittelwerten innerhalb eines Programmlaufs durchgeführt werden.

Der Nutzer eines Programmsystems wie SAS kann außerdem bei allen Programmanweisungen und Prozeduren mit Voreinstellungen (defaults) arbeiten, so daß die Ergebnisse einer Datenanalyse bereits mit einem Minimum an Aufwand erzeugt werden können.

Warum Datenanalyse mit SAS?

Neben dem Programmsystem SAS gibt es noch andere Datenanalysesysteme. Als die zwei bedeutendsten wären das SPSS (Superior Performing Software Systems) und das BMDP (Biomedical Computer Programs) zu nennen.[1] Die oben angedeu-

---

[1] Siehe die Literatur zu SPSS und BMDP wie z.B.

teten allgemeinen Vorteile von Programmsystemen gelten für alle hier genannten. Außerdem trifft für alle Programmsysteme zu, daß deren Einsatz relativ leicht erlernbar ist und auf ein umfangreiches Angebot von Statistikprozeduren, das laufend erweitert wird, zurückgegriffen werden kann. In den grundlegenden Möglichkeiten der einzelnen Programmsysteme gibt es eine große Schnittmenge. Jedes Programmpaket bietet aber darüber hinaus jeweils eigene Möglichkeiten. Für SAS sind u.a. zu nennen:

- Es bietet ein hohes Maß an Flexibilität in der Daten- und Dateienverarbeitung (z.B. Verarbeitung mehrerer Dateien in einer Dialogsitzung).

- Durch die Integration der Datenbankabfragesprache SQL ist SAS als relationales Datenbanksystem einsetzbar.

- Der Einsatz ist im interaktiven (Dialog-)Betrieb und im nichtinteraktiven Betrieb möglich.

- Mit dem SAS-"Display Manager" ist ein Texteditor (ein Programm zum Eingeben, Bearbeiten und Speichern von Texten) verfügbar.

- Der Einsatz von SAS ist auf Rechnern unterschiedlicher Größe (Großrechner, Workstations, PC) und unter vielen Betriebssystemen (MS-DOS, UNIX, OS/2, MVS/OS, VM/CMS u.a.) mit einheitlicher Programmsystemumgebung möglich.

In diesem Buch werden wir den Einsatz von SAS auf einem Arbeitsplatzrechner mit dem Betriebssystem MS-DOS bzw. UNIX darstellen. Die Besonderheiten des SAS-Systems unter anderen Betriebssystemen beziehen sich vor allem auf die Anweisungen zur Dateiverarbeitung. Außerdem gibt es kleinere Differenzen im Entwicklungsstand des Programmsystems, der sich in unterschiedlichen Versionsnummern ausdrückt. Diese Unterschiede betreffen aber nicht die einheitliche Syntax der Anweisungen, sondern die Anzahl der Prozeduren. So ist zum Beispiel die in Kapitel 8 beschriebene Prozedur SQL noch nicht für die Arbeit unter MS-DOS verfügbar (Version 6.04), sondern nur für Großrechner (z.B. mit dem Betriebsystem MVS/OS) oder für Rechner mit dem Betriebssystem UNIX.

Übersicht über das Leistungsangebot von SAS

Das Leistungsangebot von SAS auf dem Gebiet der statistischen Analyseprozeduren ist sehr viel umfangreicher als in dieser Einführung dargestellt werden kann. Hier soll ein nach Auswertungszielsetzungen geordneter Überblick über die Basis- und Statistikprozeduren[2] ausreichen:

Statistische Datenanalyse mit SPSS/PC+, W.-M. Kähler,Vieweg Verlag, Braunschweig/Wiesbaden, 1992 und *BMDP*, Bollinger u.a., Gustav Fischer Verlag, Stuttgart/New York, 1983.

[2]Nicht berücksichtigt sind dabei statistische Prozeduren, die in Zusatzpaketen lizensiert werden können, z.B. die für Ökonometrie und Zeitreihenanalyse (SAS/ETS), Operations Research (SAS/OR) und für statistische Qualitätskontrolle (SAS/QC). Außerdem zeigt die Übersicht nicht die graphischen Möglichkeiten (SAS/GRAPH), die zum Teil im Kapitel 10 vorgestellt werden.

- Prozeduren zur Beschreibung von Merkmalen:
  FREQ, CHART, SUMMARY, TABULATE, MEANS, UNIVARIATE, CORR

- Reportprozeduren:
  PRINT, QPRINT, FORMS, CHART, PLOT, IDPLOT, CALENDAR, TIMEPLOT

- Prozeduren für lineare und nichtlineare Regressionsanalysen:
  REG, RSSQUARE, STEPWISE, NLIN, RSREG, GLM

- Varianzanalyseprozeduren:
  GLM, ANOVA, NESTED, VARCOMP, TTEST, NPAR1WAY

- Prozeduren für multivariate Kategorialdatenanalyse:
  FREQ, CADMOD

- Prozeduren für Faktorenanalysen:
  PRINCOMP, FACTOR, CANCORR

- Diskriminanzanalyseprozeduren:
  DISCRIM, NEIGHBOR, CANDISC, STEPDISC

- Clusteranalyseprozeduren:
  CLUSTER, FASTCLUS, VARCLUS, TREE, MODECLUS

- Prozeduren für Survival-Analysen:
  LIFETEST, LIFEREG, PHREG

Kapitel 3

Beispiel einer empirischen Untersuchung

Wir wollen unsere Beispielrechnungen anhand einer empirischen Untersuchung vornehmen, die bei Studienanfängern der Universität Bremen durchgeführt wurde.[1] Es handelt sich um eine schriftliche Befragung, die sich an Studienanfänger richtet. 25,3% der 1542 Neuimmatrikulierten (390 Studenten und Studentinnen) haben den Fragebogen zurückgeschickt. Die Studienanfängerbefragung war eingebunden in ein Forschungsvorhaben zum Thema "Studienortwahl Bremer Abiturienten". Mit der Befragung der Erstsemester sollten die persönlichen, sozialen und biographischen Hintergründe für die Wahl eines Studienfaches und des Studienortes Bremen sowie die mit dem Studium verbundenen Erwartungen ermittelt werden.

Wir haben aus den uns zur Verfügung stehenden Unterlagen einige Teile, bestimmte Fragen betreffend, ausgewählt (siehe Fragebogenauszug in Abbildung 3.1 mit den Antworten eines Befragten auf der nächsten Seite).

Da uns vornehmlich der technische Vorgang der SAS-Anwendung interessiert, können wir den theoretischen Zusammenhang vernachlässigen. Wir werden jetzt an das Datenmaterial eine Reihe von Auswertungsfragen stellen, die wir dann exemplarisch mit dem Programmsystem SAS beantworten werden. Zunächst wollen wir sehen, mit welchen Merkmalen die Personen, die an der Befragung teilgenommen haben, zu beschreiben sind. Die Fragen 1 und 2 beinhalten einige Angaben zur Person:

- Wieviel Frauen und wieviel Männer sind befragt worden? (Frage 1: Geschlecht).

- Wie hoch ist das durchschnittliche Alter aller Befragten? (Frage 1: Geburtsjahr).

- Wie ist der Familienstand der befragten Studenten? (Frage 1: Familienstand).

- Aus welchen Bundesländern kommen die Studienanfänger der Universität Bremen? (Frage 1: Bundesland).

- Wie hoch ist der Anteil der Studienanfänger, die bereits berufstätig waren? (Frage 2).

---

[1] Ein Überblick über die Ergebnisse dieser Befragung ist veröffentlicht in: I. Dieterich/A. Weymann, Studienanfängerbefragung an der Universität Bremen. Wir danken den Autoren, daß sie uns die Daten ihrer Untersuchung für die Zwecke dieses Buches zur Verfügung gestellt haben.

FRAGEBOGEN FÜR STUDIENANFÄNGER

Kennziffer

Satz 1

Bitte jeweils die entsprechende Ziffer ankreuzen.

1. Persönliche Angaben   Geschlecht: männlich X
                                          weiblich 2

                          Geburtsjahr: 19 .7.7

                          Familienstand: ledig 1
                                         fest gebunden / verlobt 2
                                         verheiratet X
                                         getrennt / geschieden 4
                                         verwitwet 5

                          Heimatort: Bremen
                          Postleitzahl: 28
                          Bundesland: Bremen

2. Haben Sie schon eine Berufsausbildung?   ja, begonnen 1
                                             ja, abgeschlossen 2
                                             nein X

15. Welche Erwartungen haben Sie an Ihr Studium? Wählen Sie aus   1. 1.
    den in der Anlage genannten Möglichkeiten die für Sie   2. 4.
    wichtigsten drei aus und schreiben Sie die Kennziffern auf.   3. 5.

Anlage zu Frage 15:

1. Während meines Studiums möchte ich genügend Zeit für meine Hobbies haben.
2. Ich möchte mich möglichst schnell und umfassend auf meinen Zielberuf hin qualifizieren.
3. Ich möchte mich auch hochschulpolitisch engagieren können.
4. Studieren heißt für mich auch, mich persönlich weiterentwickeln zu können.
5. Ich möchte mich während des Studiums auch über das notwendige Fachwissen hinaus qualifizieren.
6. Ich möchte im Studium neue Leute kennenlernen.
7. Ich möchte möglichst viel über mein Fach erfahren.

Satz 2

18. Wie schätzen Sie die Möglichkeiten ein,   sehr gut 1
    im Anschluß an Ihr Studium eine angemessene   gut X
    Stelle zu finden?   nicht gut 3
                                                     schlecht 4

19. Meinen Sie, daß Sie als Akademiker eigentlich einen Anspruch   ja 1
    auf eine Ihrer Qualifikation entsprechende Tätigkeit haben?   nein .. X

21. Meinen Sie, daß Sie über Arbeitsmarktprobleme allgemein .. sehr gut 1
                                                           .. gut 2
                                                           .. schlecht X
                                                           .. sehr schlecht 4

    informiert sind?

Abbildung 3.1: Fragebogen

Inhaltlich interessanter als die Beschreibungen einzelner Merkmale ist die Darstellung und Analyse von mindestens zwei Merkmalen in ihrem Zusammenhang. So wollen wir wissen, von welchen Faktoren die Erwartungen an ein Studium abhängen. Da wir vermuten, daß sich Studenten und Studentinnen sowie ehemals Berufstätige und Nichtberufstätige in den Studienerwartungen unterscheiden, formulieren wir folgende Fragen:

- Ist die Geschlechtszugehörigkeit bedeutend für die Erwartungen, die die Studienanfänger an ihr Studium haben?

- Unterscheiden sich ehemals Berufstätige und Nichtberufstätige hinsichtlich ihrer Studienerwartungen?

Mit der Frage 18 (die Einschätzung der Möglichkeit, nach dem Studium eine angemessene Stelle zu finden) ist eine weitere Information erhoben worden, deren unterschiedliche Beantwortung wir erklären wollen. Auch hier erwarten wir, daß jeweils nach Geschlechtszugehörigkeit und ehemaliger Berufstätigkeit sich andere Verteilungen hinsichtlich der Einschätzung, im Anschluß an das Studium eine angemessene Stelle zu finden, zeigen werden. Daneben wird aber auch die Art, wie gut man über Arbeitsmarktprobleme informiert ist (Frage 21), und eine Anspruchshaltung, wie sie mit der Frage 19 erfaßt worden ist, nicht ohne Einfluß auf die Beantwortung der Frage 18 sein. Also wollen wir folgende Fragen stellen:

- Schätzen Studentinnen ihre Stellenmöglichkeiten im Anschluß an ihr Studium anders ein als Studenten?

- Sehen ehemals Berufstätige nach ihrem Studium bessere Stellenmöglichkeiten als ehemals Nichtberufstätige?

- Hat die Aussage darüber, wie gut man über Arbeitsmarktprobleme informiert ist, eine Bedeutung für die Stellenerwartungen?

- Spielt es für die Beantwortung der drei vorstehenden Fragen ein Rolle, ob die befragte Person den Anspruch hat, als zukünftiger Akademiker eine der Qualifikation angemessene Stelle zu bekommen oder nicht?

Wir wollen in den folgenden Kapiteln ausführen, wie wir mit dem erhobenen Datenmaterial diese Fragen beantworten können. Wir beginnen mit unserer Darstellung an der Stelle, wo die bereits erhobenen Daten auf einen EDV-gerechten Datenträger übertragen werden müssen, damit das Programmsystem SAS eingesetzt werden kann. Der erste Schritt ist die Kodierung der Fragebogeninformation (siehe Abschnitt 4.1) und der zweite Schritt die Datenerfassung (siehe Abschnitt 4.2).

Kapitel 4

Vorbereitung für die Datenanalyse

4.1 Kodierung von Daten und fehlenden Werten

Was messen wir?

Bei empirischen Untersuchungen werden Daten an *Merkmalsträgern* erhoben. Im Falle unserer Beispieluntersuchung werden die befragten Personen wie Merkmalsträger betrachtet. Je nach Untersuchungsziel könnte es sich z.B. auch um Tiere, Pflanzen, Werkstücke, Produkte oder Regionen handeln. Statt Merkmalsträger werden auch die Begriffe Proband, Befragter, Objekt, Untersuchungseinheit oder Fall benutzt.

Bei dem Vorgang der Datenerhebung werden *Merkmale* gemessen. Der Begriff "messen" ist hierbei nicht nur im alltagssprachlichen Sinn aufzufassen. Messen bedeutet im Zusammenhang empirischer Forschung auch das Registrieren von Antworten auf Fragen. Bei Merkmalen handelt es sich allgemein um Eigenschaften von Merkmalsträgern, die mit Erhebungs- oder Meßinstrumenten festgestellt werden können.

Den erhaltenen Meßwert (z.B. die Antwort auf eine gestellte Frage) nennen wir *Merkmalsausprägung*. Eine Merkmalsausprägung ist eine von mehreren möglichen Meßwerten. Für das Merkmal "Bundesland" haben wir zum Beispiel elf Ausprägungen (alte Bundesländer incl. Berlin), für das Merkmal "Geschlechtszugehörigkeit" dagegen nur zwei.

Kodeplan

Damit das SAS-System unsere erhobenen Meßwerte (Daten) verarbeiten kann, müssen wir sie EDV-gerecht aufbereiten. Wir entwickeln dazu einen *Kodeplan*. Darunter verstehen wir eine Aufstellung, in der zu den erhobenen Merkmalen alle Merkmalsausprägungen, die für die Auswertung relevant sind, verschlüsselt aufgeführt werden. Verschlüsseln heißt, daß jeder Ausprägung ein einfaches Zeichen (in der Regel eine ganze Zahl) zugeordnet wird. Die Beschränkung auf einfache Zeichen ist nicht zwingend. Das Programmsystem SAS kann Merkmalsausprägungen verarbeiten, die eine Länge bis zu 200 Zeichen haben. Der Datenerfassungsaufwand ist aber entsprechend größer. Wir wollen in unserer Beispieluntersuchung mit einer kurzen Verschlüsselung arbeiten. So legen wir zum Beispiel fest, daß bei der

Angabe zur Geschlechtszugehörigkeit der Ausprägung "männlich" die Zahl 1 und
der Ausprägung "weiblich" die Zahl 2 zugeordnet werden soll. Diese Zuordnung
heißt *Kodierung*. Der folgende auf der nächsten Seite abgebildete Kodeplan (Tabelle 4.1) zeigt für die ausgewählten Fragen die Merkmale mit ihren Ausprägungen
und Kodierungen.

Skalenniveau der Merkmale

Grundsätzlich sind wir frei in der Wahl der Kodierungen, sofern wir darauf achten,
für unterschiedliche Merkmalsausprägungen auch unterschiedliche Stellvertreterzeichen zu wählen, die dem Computer Gleichheits- oder Ungleichheitsidentifikationen
erlauben. So wäre es ebenso möglich, für das Merkmal Geschlechtszugehörigkeit
statt der Zahlen 1 und 2 die Zahlen 9 und 5 oder die Buchstaben M und W zu
nehmen. Wir drücken durch diese Zuordnung nur eine *Nominalbeziehung* aus.

Bei einigen Merkmalen (Fragen 18 und 21) ist es nun möglich, mit den gewählten Verschlüsselungen mehr auszudrücken als nur eine Kurzbezeichnung. Die
Ausprägungen der genannten Merkmale kann man als Punkte auf einer Bewer-
tungsskala ansehen, die in einem Fall von "sehr gut" bis "schlecht" und im anderen
Fall von "sehr gut" bis "sehr schlecht" reicht. Diese inhaltliche Merkmalseigenschaft
kann man als *Rangeigenschaft* bezeichnen. Die entsprechenden Merkmalsrelationen,
die man mit "grösser als/ kleiner als" oder "besser als/ schlechter als" beschreiben
kann, können wir mit einer der inhaltlichen Bedeutung entsprechenden mathematischen Relation abbilden. Für die Rangfolge "sehr gut, gut, schlecht, sehr schlecht"
lassen sich zum Beispiel die Zahlenfolgen 1,2,3,4 oder -9,-1,0,2 kodieren, nicht aber
die Zahlenfolge 4,3,5,2.

Während bei den obigen Merkmalen höchstens die Rangfolge der Merkmalsausprägungen von inhaltlicher Bedeutung ist, sind bei dem Merkmal "Geburtsjahr" auch die *Intervalle* zwischen den Merkmalsausprägungen interpretierbar.
Wollen wir inhaltliche Differenzen zwischen den Merkmalswerten bei der statistischen Auswertung angemessen berücksichtigen, müssen wir die Kodierungen entsprechend wählen. In unserem Fall kodieren wir die Zehner- und Einerstelle des
Geburtsjahres.[1]

Zusammenfassend können wir festhalten, daß die für ein Merkmal gewählten Kodierungen entsprechend des inhaltlichen Aspektes jeweils andersartig interpretiert
werden können. Wir sprechen dann von unterschiedlichen *Skalenniveaus*. Haben die
Kodierungen nur den Charakter von Stellvertreterzeichen, sprechen wir von einer
Nominalskala; wird eine Rangfolge ausgedrückt, haben wir es mit einer *Ordinalskala*
zu tun; sind die Differenzen zwischen den kodierten Merkmalswerten interpretierbar, so können wir eine *Intervallskala* unterstellen.

---

[1]Lineare Transformationen der Merkmalswerte (z. B. Geburtsjahr minus 1900) beinträchtigen
nicht die intervallbezogene Eigenschaft der Daten.

MERKMALE	MERKMALSAUSPRÄGUNGEN	KODIERUNG
Geschlecht	männlich	1
(Frage 1)	weiblich	2
Geburtsjahr (Frage 1)	Geburtsjahr minus 1900	keine Verschlüsselung
Familienstand	ledig	1
(Frage 1)	fest gebunden/verlobt	2
	verheiratet	3
	getrennt/geschieden	4
	verwitwet	5
Postleitzahl (Frage 1)	vierstellige Zahlen	keine Verschlüsselung
Bundesland	Baden-Württemberg	01
(Frage 1)	Bayern	02
	Berlin	03
	Bremen	04
	Hamburg	05
	Hessen	06
	Niedersachsen	07
	Nordrhein-Westfalen	08
	Schleswig-Holstein	09
	Rheinland-Pfalz	10
	Saarland	11
Berufausbildung	ja, begonnen	1
(Frage 2)	ja, abgeschlossen	2
	nein	3
Erwartungen	Freizeit	1
an das	Qualifikation Zielberuf	2
Studium	Hochschulpolitik	3
1. bis 3.	Persönliche Entwicklung	4
Rang	mehr als Fachwissen	5
(Frage 15)	Leute kennenlernen	6
	viel über Fach erfahren	7
Stellenaussichten	sehr gut	1
nach dem Studium	gut	2
(Frage 18)	nicht gut	3
	schlecht	4
Anspruch auf qualifizierte	ja	1
Tätigkeit (Frage 19)	nein	2
Arbeitsmarktkenntnis	sehr gut	1
(Frage 21)	gut	2
	schlecht	3
	sehr schlecht	4

Tabelle 4.1: Kodeplan

Für unsere ausgewählten Fragen ergeben sich folgende — in der Tabelle 4.2 zusammengefaßten — Skalenzuordnungen:

Skalenniveau	Merkmale
Nominalskala	Geschlecht / Familienstand / Postleitzahl / Bundesland / Berufsausbildung / Erwartungen an das Studium / Anspruch auf qualifizierte Tätigkeit
Ordinalskala	Stellenaussichten nach dem Studium / Arbeitsmarktkenntnis
Intervallskala	Geburtsjahr

Tabelle 4.2: Skalenniveau

Die Wahl der Kodierungen und die damit implizierte Zuordnung von Merkmalen zu bestimmten Skalenniveaus hat für die Datenauswertung *Konsequenzen*. Welche mathematisch-statistischen Operationen mit den Daten vorgenommen werden dürfen, richtet sich nach dem Skalenniveau der Merkmale. So gibt es zum Beispiel jeweils unterschiedliche Statistiken zur Beschreibung der zentralen Tendenz (wie den Mittelwert) und der Variabilität (wie die Streuung), die vom Programmsystem SAS auf Anforderung alle ausgegeben werden. Welche von diesen Kennzahlen überhaupt Grundlage für eine Interpretation sein können, ist also eine Frage des Skalenniveaus.

Kodierung fehlender Werte

Sehr oft kommt es vor, daß in einem Fragebogen nicht die gesamte gewünschte Information angegeben wurde. Es können Antworten verweigert sein, einzelne Fragen können für bestimmte Personen unzutreffend sein, der Interviewer kann Fragen vergessen haben oder ähnliches.

Bei der Fragebogenentwicklung muß man sich überlegen, ob derartig verschiedene Formen fehlender Antworten auftreten können oder ob nur eine dieser Kategorien erscheinen kann.

Brauchen fehlende Antworten nicht differenziert zu werden, so kann man das Leerzeichen "⎵" als Kodewert zuordnen, das in der Folge als fehlender Wert zu interpretieren ist. Wie später zu sehen sein wird, wandelt das SAS-System dieses Zeichen bei der numerischen Dateneingabe in das Stellvertreterzeichen für einen fehlenden Wert — den Dezimalpunkt "." — um. Bei der Datenanalyse werden alle Beobachtungen, die für eines der untersuchten Merkmale einen fehlenden Wert aufweisen, vom SAS-System automatisch von der Verarbeitung ausgeschlossen.

Sind unterschiedliche Formen von fehlenden Antworten zu differenzieren, so müssen verschiedene Kodewerte festgelegt werden. Das SAS-System erlaubt in dieser Situation die Vergabe der alphabetischen Zeichen "A" bis "Z" und des Unterstreichungszeichens "_", so daß insgesamt bis zu 27 Sonderformen (neben der Standardkodierung durch das Leerzeichen) möglich sind. Wichtig ist, daß die festgelegten Kodewerte für fehlende Antworten für *alle* Merkmale vergeben werden, da das SAS-System keine Festlegung von fehlenden Werten unterstützen kann, die von Merkmal zu Merkmal variiert. Wie diese Definition von fehlenden Werten mit SAS-Anweisungen zu erfolgen hat, lernen wir im Abschnitt 6.6 kennen.

Da wir für unseren Fragebogen keine Unterscheidung von verschiedenen fehlenden Werten treffen müssen, legen wir das Leerzeichen als Kodewert für eine fehlende Antwort fest.

4.2   Strukturierung der Daten und Datenerfassung

Datenmatrix

Die Angaben innerhalb eines Fragebogens können als Datenzeile aufgefaßt werden, in der die kodierten Werte hintereinander aufgeschrieben sind. Stellen wir uns diese Datenzeilen untereinandergesetzt vor, so läßt sich die Gesamtheit der Daten durch das folgende Schema darstellen (Abbildung 4.1):

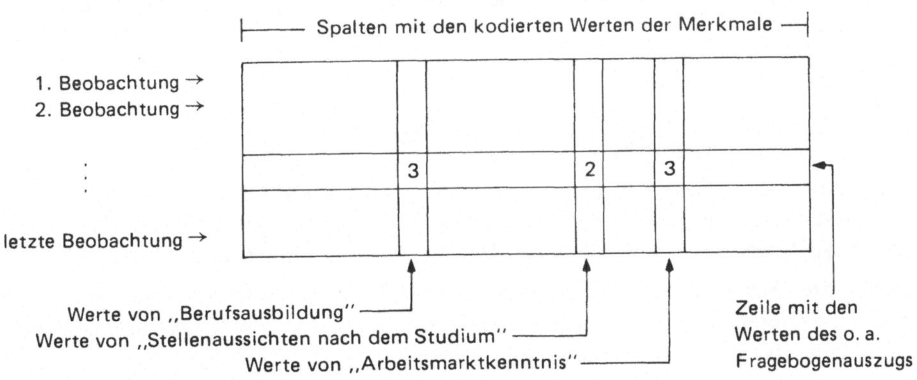

Abbildung 4.1: Schema der Datenmatrix

Die so vorgenommene Strukturierung der Daten nennen wir eine *Datenmatrix*. Sie enthält bei unserer Untersuchung 390 Zeilen und 40 Spalten, da 390 ausgefüllte Fragebögen mit jeweils 40 Fragen für die Auswertung zur Verfügung stehen. Jede Zeile korrespondiert mit einem Merkmalsträger (Befragten). Um von der Untersuchungsform unabhängig zu sein, sprechen wir im folgenden von den Werten einer *Beobachtung*. Die Datenmatrix enthält in unserem Fall somit 390 Beobachtungen. Sämtliche Werte eines Merkmals sind in einer Spalte der Datenmatrix zusammengefaßt.

Für das folgende stellen wir uns stets vor, daß die kodierten Daten in Form einer derartigen Datenmatrix angeordnet sind. Aus Gründen der Arbeitsersparnis und der Fehlerreduktion werden die Daten in der Regel nicht erst als Datenmatrix aufgeschrieben, sondern direkt in den Fragebogen (in der Regel in eine gesonderte Kodespalte) eingetragen. Indem wir uns die Kodespalten eines Fragebogens hintereinander angeordnet vorstellen, läßt sich folglich die Gesamtheit der Kodespalten als eine Zeile der Datenmatrix auffassen.

Datenerfassung in eine Daten-Datei

Nachdem wir die erhobenen Daten nach den Vorschriften des Kodeplans verschlüsselt und in Form einer Datenmatrix angeordnet haben, müssen die Daten für die Verarbeitung durch das SAS-System aufbereitet werden. Unter der *Datenerfassung* verstehen wir die Übertragung der auf einem Erhebungsbeleg eingetragenen Daten auf einen geeigneten *Datenträger*, von dem aus die Daten unmittelbar von einer Datenverarbeitungsanlage (DVA) maschinell gelesen werden können. Damit stellt sich das Schema für die Datenübertragung wie folgt dar (Abbildung 4.2):

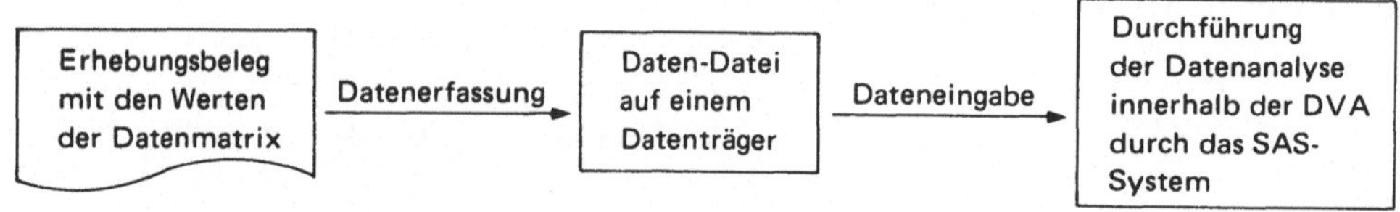

Abbildung 4.2: Datenübertragung

Auf dem Datenträger werden die Zeilen der Datenmatrix in der Regel in jeweils einem *Datensatz* abgespeichert. Da eine Sammlung von Datensätzen als *Datei* bezeichnet wird, erstellen wir durch die Datenerfassung eine *Daten-Datei*.

Bevor die Werte einer Datenmatrix in einer Daten-Datei erfaßt werden können, sind die jeweiligen Zeichenbereiche festzulegen, in welche die Werte innerhalb eines Datensatzes plaziert werden sollen.

Erfassungsvorschrift

Maßgeblich dafür, ob *ein* Datensatz für die Ablage der Zeichen einer Datenmatrix-Zeile ausreicht, ist die für einen Datensatz zugelassene maximale Zeichenzahl. Wieviele Zeichen in einen Datensatz eintragen werden können, hängt von der Konfiguration des Erfassungssystems ab. Wir wollen für die Erfassung den SAS-Editor nutzen. Dieser kann bis zu 136 Zeichen pro Zeile aufnehmen. Davon werden aber nur 72 Zeichen pro Zeile auf dem Bildschrim ausgegeben. Aus diesem Grund legen wir pro Datensatz maximal 72 Zeichen fest und verabreden daher für die Erfassung der Daten unserer Untersuchung die folgende *Erfassungsvorschrift* (Tabelle 4.3), die bereits bei der Gestaltung des Fragebogens durch die Angaben in der gesonderten

Kodespalte berücksichtigt wurde (siehe Abschnitt 4.1):

Werte des Merkmals	Satzart	Zeichenposition
Identifikationsnummer	1	1 - 3
Kennung für die Satzart 1	1	4
Geschlecht	1	5
Geburtsjahr	1	6 - 7
Familienstand	1	8
Postleitzahl	1	9 - 12
Bundesland	1	13 - 14
Berufsausbildung	1	17
Erwartung an Rangplatz 1	1	69
Erwartung an Rangplatz 2	1	70
Erwartung an Rangplatz 3	1	71
Identifikationsnummer	2	1 - 3
Kennung für die Satzart 2	2	4
Stellenaussichten nach dem Studium	2	24
Anspruch auf einen qualifizierten Arbeitsplatz	2	25
Arbeitsmarktkenntnis	2	27

Tabelle 4.3: Erfassungsvorschrift

Für diese Festlegung haben wir die folgende Verfahrensvorschrift berücksichtigt: Bestehen die Zeilen der Datenmatrix aus mehr als 72 Zeichen, so muß die Datenerfassung in mehreren *Satzarten* erfolgen, d.h. es sind pro Beobachtung nicht nur ein, sondern mehrere Datensätze für die Abspeicherung der Werte erforderlich. In jedem dieser Sätze sollte neben einer Identifikationsnummer für die Beobachtung auch eine Kennung für die jeweilige Satzart (Satznummer) eingetragen werden. Mit dieser Kennung wird festgelegt, welcher Datensatz den Anfang der zugehörigen Datenmatrix-Zeile, welche Sätze die sich anschließenden Zeichenbereiche und welcher Satz den letzten Teil der Datenmatrix-Zeile enthält.

In unserem Beispiel ist an der Zeichenposition 4 als Kennung für den jeweils ersten Datensatz (mit den Werten der Satzart 1) der Wert "1" und als Kennung für den jeweils zweiten Datensatz (mit den Werten der Satzart 2) der Wert "2" einzutragen.

Nach der Datenerfassung kann mit Hilfe der Identifikations- und Satznummern — diese sollten bereits von vornherein an den entsprechenden Stellen im Fragebogen abgedruckt sein — die Konsistenz der Sätze geprüft werden. Dabei müssen wir uns davon überzeugen, ob die Anzahl der Datensätze mit der Satzart 1 gleich der Anzahl der Sätze mit der Satzart 2 ist und ob auf jeden Satz der Satzart 1 unmittelbar ein Satz der Satzart 2 folgt. Nur so kann bei der Dateneingabe gewährleistet werden, daß jeder Beobachtung die Werte aus einem Fragebogen, die in zwei Sätzen der Satzart 1 und 2 erfaßt wurden, korrekt zugeordnet werden.

Datenträger

Früher wurde eine Datenerfassung in der Regel an einem Schreiblocher auf den Datenträger Lochkarte vorgenommen. Heutzutage wird die Erfassung normalerweise durch den Dialog mit einem in einer DVA ablaufenden (Editor-) Programm zur Datenerfassung durchgeführt. Dabei werden die erfaßten Daten auf einen magnetischen Datenträger wie z.B. eine Diskette, eine Magnetplatte (Fest- oder Wechselplatte) oder ein Magnetband übertragen.

Im folgenden gehen wir stets davon aus, daß uns eine Magnetplatte als Datenträger zur Verfügung steht.[2] Eine *Magnetplatte* besteht aus mehreren übereinandergelagerten, auf einer Achse zusammengefaßten dünnen Plattenscheiben, die mit einer magnetisierbaren Schicht versehen sind. Jede Scheibe ist in konzentrische Ringe gegliedert, die *Spuren* (tracks) genannt werden. In diesen Spuren werden die Daten in Form von Datensätzen gespeichert. Durch diese Ablageform erlaubt der Datenträger Magnetplatte die Einrichtung von "Direktzugriffs-Dateien", bei denen gezielt auf einzelne Datensätze zugegriffen werden kann. Wegen ihrer hohen Umdrehungsgeschwindigkeit stellt die Magnetplatte einen schnellen Direktzugriffsspeicher dar, der sich wegen der hohen Packungsdichte bei der Ablage der Daten auch durch seine große Speicherkapazität auszeichnet.

4.3 Das Arbeiten mit dem SAS-System

Das SAS-System

Für das Arbeiten mit dem SAS-System nutzen wir einen Arbeitsplatzrechner. Mit dieser an eine Datenverarbeitungsanlage (DVA), die aus einer zentralen Recheneinheit, einer Tastatur zur Dateneingabe und einem Bildschirm, externen Speichern und ggf. einem Drucker zur Datenausgabe besteht, führen wir einen Dialog mit dem innerhalb der DVA als Dialog-Partner vorhandenen SAS-System. Dabei demonstrieren wir den Einsatz des in das SAS-System integierten *"Display Managers"* für die Datenerfassung, die Eingabe der Analyseanforderungen und die Ausgabe der Analyseergebnisse. Diese Komponente für den Dialogbetrieb steht mit etwa gleichem Leistungsumfang auch auf Großrechenanlagen zur Verfügung.

Den Datenfluß beim Einsatz des SAS-Systems können wir uns durch das Schema in Abbildung 4.3 auf der folgenden Seite veranschaulichen.

Das *SAS-System* besteht aus einer Sammlung von Programmteilen, die zur Durchführung der Datenanalyse in den Hauptspeicher übertragen und dort ausgeführt werden. Wie die Daten zu verarbeiten sind, teilen wir dem SAS-System über die Tastatur unseres Arbeitsplatzrechners mit. Zur Erledigung der Anforderungen überträgt das SAS-System die zu verarbeitenden Daten in den Hauptspeicher und führt dort die gewünschten Verarbeitungsschritte durch. Anschließend speichert es die Ergebnisse auf dem Datenträger Magnetplatte ab und gibt sie auf dem Bildschirm unseres Arbeitsplatzrechners aus.

---

[2]Bei Arbeitsplatzrechnern (wie z.B. PC) sprechen wir üblicherweise von *Festplatten*.

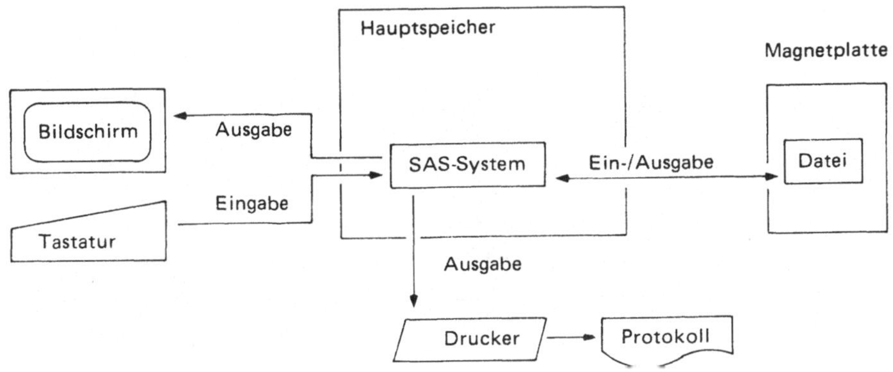

Abbildung 4.3: Datenfluß bei der Ausführung des SAS-Systems

Dialogeröffnung

Um den Dialog[3] mit dem SAS-System zu eröffnen, müssen wir eine Anforderung an das Betriebssystem richten. Das *Betriebssystem* ist ein zentrales Überwachungsprogramm einer DVA, das alle Vorgänge in der DVA steuert und kontrolliert.

Wir wollen, daß das SAS-System mit dem "Display Manager" aktiviert wird. Daher geben wir das Kommando

SAS

ein und drücken die Enter-Taste.

Nach der Eingabe des Kommandos SAS ersetzt das SAS-System (unter MS-DOS) den aktuellen Bildschirminhalt unseres Arbeitsplatzrechners durch den in der Abbildung 4.4 angegebenen Bildschirmaufbau.[4]

Der Bildschirm gliedert sich in den *Output-*, den *Log-* und den *Editor-Schirm*. Im Output-Schirm werden Ergebnisse ausgegeben, im Log-Schirm werden die Meldungen des SAS-Systems protokolliert, und im Editor-Schirm werden die über die Tastatur eingegebenen Zeichen angezeigt. Der *Cursor*, eine Schreibmarke auf dem Bildschirm, steht im Editor-Schirm in der Command-Zeile, die durch "Command ===>" eingeleitet wird. Bei der Dateneingabe läßt sich der Cursor mit Hilfe der folgenden Cursor-Positionierungstasten auf die jeweils gewünschte Bildschirmposition bewegen:

- Cursor-links (←) : eine Zeichenposition zurück

- Cursor-rechts (→) : eine Zeichenposition weiter

---

[3]Es können auch Anforderungen an das SAS-System gerichtet werden, die nicht im Dialog bearbeitet werden (siehe dazu Anhang A.2).

[4]Unter dem Betriebssystem UNIX ist der Bildschirm in den Log- und den Editor-Schirm geteilt.

```
┌OUTPUT═══════════════════════════════════════════════════════════════════════
│Command ===>
│
│
│
│
│
│
│
│
┌LOG══════════════════════════════════════════════════════════════════════════
│Command ===>
│
│       Licensed to Reg. Rechenzentrum, Univ. Bremen, Site 12329001.
│
│NOTE: AUTOEXEC processing completed.
┌PROGRAM EDITOR═══════════════════════════════════════════════════════════════
│Command ===>
│
│00001
│00002
│00003
```

Abbildung 4.4: Bildschirmaufbau des SAS-"Display-Managers" (MS-DOS)

- Cursor-hoch (↑) : in die gleiche Zeichenposition der vorausgehenden Zeile

- Cursor-tief (↓) : in die gleiche Zeichenposition der nachfolgenden Zeile

- Cursor-home (↖, Pos 1) : an den Anfang des ersten ungeschützten Zeichenbereichs auf dem Bildschirm.

Damit die innerhalb des Bildschirm-Menüs eingetragenen Texte nicht überschrieben
werden können, sind sie in sog. *geschützten* Zeichenbereichen enthalten. Zur An-
steuerung des jeweils nächsten ungeschützten Zeichenbereichs kann — als Ersatz für
den u.U. aufwendigen Einsatz der Cursor-Positionierungstasten — die Tabulator-
oder die Enter-Taste eingesetzt werden.

Datenerfassung mit dem SAS-Editor

Um den Cursor an den Beginn der Bildschirmzeile mit der Numerierung "00001"
zu plazieren, ist die Enter-Taste oder zweimal die Tabulatortaste zu drücken. Dann
kann unmittelbar mit der Erfassung der Daten aus dem ersten Fragebogen begonnen
werden. Dazu sind zunächst die Zeichen für die erste Satzart nach der für unsere
Untersuchung verbindlichen Erfassungsvorschrift (siehe Abschnitt 4.2) einzugeben.
Zum Zeilenwechsel können wir anstelle einer Cursorpositionierung auch die Enter-
Taste benutzen, nach deren Betätigung der Cursor automatisch an den Anfang der
nächsten Bildschirmzeile (hinter die dort eingetragene Zeilennummer) springt. Sind
wir nach der Erfassung weiterer Datenzeilen an der letzten Bildschirmzeile ange-
langt, so wird der untere Bildschirmteil nach Betätigung der Enter-Taste automatisch um eine Bildschirmzeile nach oben bewegt (Scrolling), so daß wir die Erfassung
mit der Dateneingabe in die jeweils letzte Bildschirmzeile fortsetzen können. Bei

dem dreigeteilten Bildschirm sind nur drei Zeilen für Texteintragungen sichtbar. Durch die Eingabe des Command-Befehls

```
ZOOM ON
```

in die Command-Zeile[5] und durch Betätigung der Enter-Taste wird erreicht, daß der Log- und der Output-Schirm in den Hintergrund treten und nur noch der Editor-Schirm mit 21 Zeilen für Texteintragungen zu sehen ist. Mit dem Command-Befehl

```
ZOOM OFF
```

wird auf die dreiteilige Bildschirmeinstellung zurückgeschaltet.[6]

Eine Bildschirmzeile enthält (wegen der am Anfang einer Zeile plazierten Zeilennummer) nur jeweils 72 Zeichenpositionen. Hat man eine Satzlänge von mehr als 72 Positionen vorgesehen, kann man mit der Dateneingabe über die 72. Position fortfahren, da automatisch die Bildschirmanzeige um eine Position nach rechts verschoben wird. Auf dem Bildschirm sind die Zeilenpositionen 2 bis 73 sichtbar. Durch Drücken der Enter-Taste wird dann der Cursor in Position 1 einer neuen Zeile bewegt, so daß wiederum die Zeichenpositionen 1 bis 72 auf dem Bildschirm angezeigt werden. Mit Hilfe des Befehls

```
RIGHT
```

der in die Command-Zeile des Editor-Schirms einzutragen und durch die Betätigung der Enter-Taste abzusenden ist, kann das "Bildschirmfenster" um 36 Positionen nach rechts verschoben werden. Diese Verschiebung des Bildschirmfensters läßt sich durch die Ausführung des Befehls

```
LEFT
```

wieder rückgängig machen. Bei der Datenerfassung können die aus einer Fehlbedienung der Tastatur resultierenden Eingabefehler unmittelbar korrigiert werden. Dazu lassen sich die folgenden Korrektur-Tasten einsetzen:

- Delete-Taste : löscht das Zeichen an der aktuellen Cursorposition

- Insert-Taste : ermöglicht die Einfügung von Zeichen an der aktuellen Cursorposition (durch erneuten Druck dieser Taste wird die Einfügung beendet).

Editor-Puffer

Bei der Erfassung werden die Daten von der Tastatur in einen festgelegten Teil des vom SAS-System eingenommenen Hauptspeicherbereichs, den sog. *Editor-Puffer*,

---

[5] Die Command-Befehle können wahlweise in Groß- oder Kleinbuchstaben eingegeben werden. In diesem Buch werden wir alle Befehle zur besseren optischen Heraushebung in Großbuchstaben schreiben.

[6] Es reicht, den ZOOM-Befehl ohne die Spezifikationen ON oder OFF auszuführen, da durch den ZOOM-Befehl jeweils in die alternative Bildschirmdarstellung umgeschaltet wird.

übertragen und erst von dort aus — zur Sichtkontrolle — vom SAS-System auf
dem Bildschirmbereich des Editor-Schirms ausgegeben, so daß sich der Datenfluß
wie folgt darstellt (Abbildung 4.5):

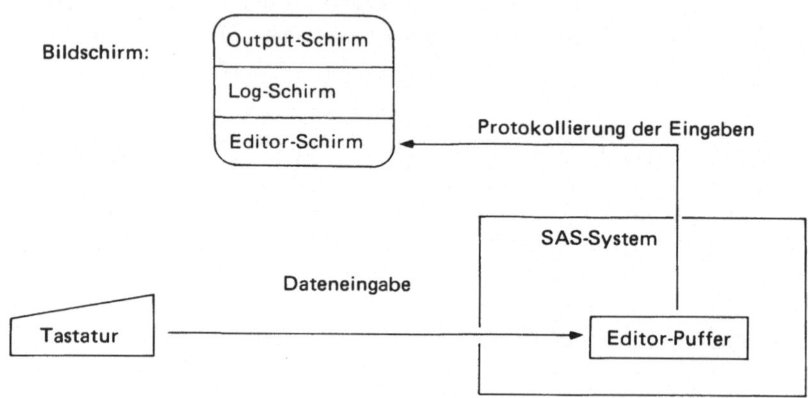

Abbildung 4.5: Editor-Puffer und Protokollierung

So werden auch alle mit Hilfe der Korrekturtasten durchgeführten Datenkor-
rekturen zunächst im Editor-Puffer vorgenommen. Erst anschließend erfolgt eine
Veränderung der Eintragungen auf dem Editor-Schirm.

Sichern der erfaßten Daten (Datensicherung)

Nachdem alle Zeilen der Datenmatrix erfaßt worden sind, müssen wir die im Hauptspeicher innerhalb des Editor-Puffers zwischengespeicherten Datensätze in eine
Festplattendatei übertragen lassen. Dateien werden vom Betriebssystem durch
einen *Dateinamen* identifiziert, der bei der Einrichtung einer Datei — in gewis-
sen Grenzen — frei wählbar ist und der anschließend in einen internen Datei-
Verwaltungskatalog eingetragen wird, so daß über die Angabe des katalogisierten
Dateinamens auf die in dieser Datei abgespeicherten Datensätze zugegriffen werden
kann. Unter dem Betriebssystem DOS kann ein Dateiname unter Berücksichtigung
der Namenskonvention

```
<Grundname bis zu 8 Zeichen>.<Erweiterung bis zu 3 Zeichen>
```

gewählt werden.

Mit dem Befehl

```
FILE 'c:brestud.dat'
```

der in die Command-Zeile des Editor-Schirms eingetragen und durch den Druck auf
die Enter-Taste zur Ausführung gebracht wird (Abbildung 4.6), erfolgt die Daten-

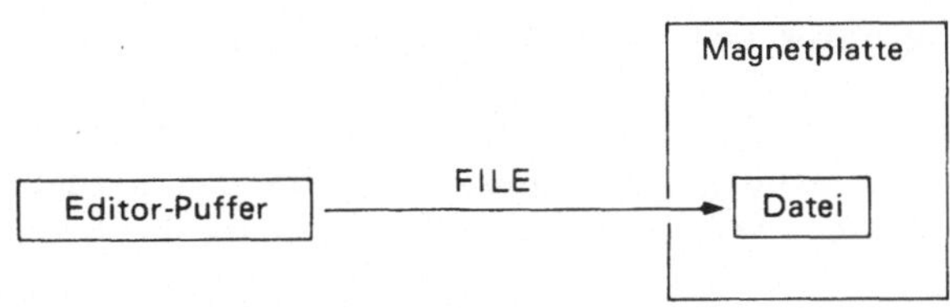

Abbildung 4.6: Datensicherung

sicherung der Datei im Hauptverzeichnis der Festplatte mit der Bezeichnung "C".[7]

Mit dem Befehl

BYE

der ebenfalls in die Command-Zeile eingetragen wird, beendet das SAS-System den Dialog, der Editor-Puffer wird gelöscht und das Betriebssystem meldet sich durch die Bildschirmausgabe von

`C:\>`

woraufhin das nächste Kommando an das Betriebssystem eingegeben werden darf.

In der beschriebenen Dialogsitzung haben wir Anforderungen an das Betriebssystem (Kommandos) und — innerhalb der Command-Zeile des Editor-Schirms — an den SAS-"Display Manager" (Befehle) gestellt. Wir demonstrieren hier zusammenfassend die beiden unterschiedlichen Ebenen, in denen Kommandos und Befehle formuliert werden, durch das Schema in Abbildung 4.7.

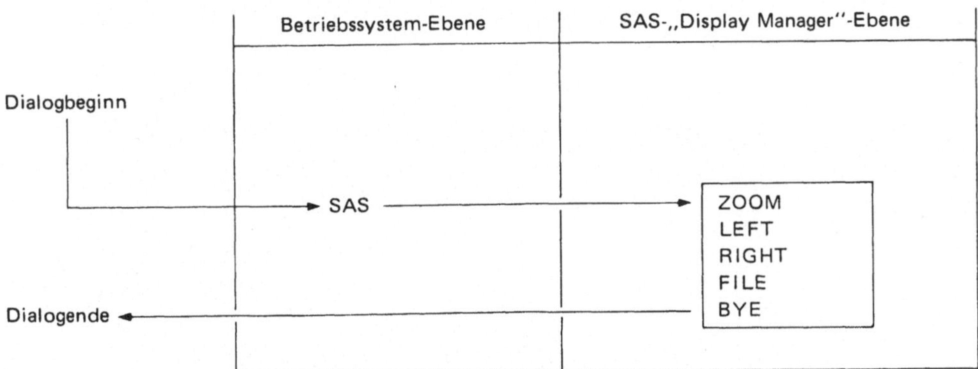

Abbildung 4.7: Kommando- und Befehlsebene

Damit sind die Fragebogendaten erfaßt und in der Datei "BRESTUD.DAT" abgespeichert worden, so daß die Auswertung dieser Daten-Datei mit dem SAS-System durchgeführt werden kann.

---

[7]Es ist empfehlenswert, eine Sicherheitskopie der Datendatei auf einer Diskette anzufertigen, entweder durch ein geeignetes DOS-Kommando (z.B. COPY) oder indem ein zweites Mal der FILE-Befehl mit der Spezifikation 'a:brestud.dat' zur Ausführung gebracht wird.

Weiterführung einer unterbrochenen Erfassung

Nachzutragen bleibt noch, wie zu verfahren ist, wenn die Datenerfassung unterbrochen und in einem nachfolgenden Dialog weitergeführt werden soll. In diesem Fall muß bei Aufnahme des Dialogs mit dem SAS-System der Befehl

```
INCLUDE 'c:brestud.dat'
```

in die Command-Zeile eingetragen und durch Betätigung der Enter-Taste ausgeführt werden. Damit wird der Inhalt der Datei 'brestud.dat' in den Editor-Puffer kopiert.
Mit Hilfe des Befehls

```
FORWARD MAX
```

der in die Command-Zeile einzutragen ist, wird der Cursor an das Ende der Datei auf die Position hinter dem letzten Zeichen positioniert, so daß die Datenerfassung fortgesetzt werden kann. Durch die erneute Ausführung des FILE-Befehls in der oben beschriebenen Weise wird die um neue Datensätze erweiterte Datei gesichert.[8] Wird derselbe Dateiname wie beim INCLUDE-Befehl gewählt, wird die bestehende Datei *ohne Warnung* überschrieben.

---

[8]Soll die Datei unter demselben Namen, der im INCLUDE-Befehl angegeben war, gesichert werden, so braucht im FILE-Befehl *kein* Dateiname aufgeführt zu werden. Das SAS-System übernimmt den Dateinamen des *letzten* INCLUDE-Befehls.

Kapitel 5

Das SAS-Programm als Arbeitsauftrag an das SAS-System

5.1 Ein SAS-Programm zur Häufigkeitsauszählung

Das SAS-Programm

Nachdem wir — zur Vorbereitung für die Datenanalyse mit dem SAS-System — die Daten unserer Untersuchung erfaßt haben, greifen wir die Fragestellungen aus dem Abschnitt 3 auf und stellen uns zunächst die Aufgabe, die Häufigkeitsverteilungen der Merkmale

- "Berufsausbildung" (dessen Werte in der Zeichenposition 17 in den Datensätzen der Satzart 1 erfaßt sind),

- "Stellenaussichten nach dem Studium" (mit den Werten an der Zeichenposition 24 in den Datensätzen der Satzart 2) und

- "Arbeitsmarktkenntnis" (mit den Werten an der Zeichenposition 27 in den Datensätzen der Satzart 2)

vom SAS-System ermitteln zu lassen. Dazu formulieren wir unsere Anforderungen in Form eines Arbeitsauftrags an das SAS-System durch das folgende *SAS-Programm*:

```
DATA STUDANF;                                        ⌉
     INFILE 'brestud.dat' MISSOVER;                  |  DATA-Step
     INPUT #1 AUSBILD 17                             |
           #2 AUSSICHT 24 KENNTNIS 27;               ⌋
PROC FREQ;                                           ⌉
     TABLES AUSBILD AUSSICHT KENNTNIS;               |  PROC-Step
RUN;                                                 ⌋
```

Dieses Programm gliedert sich in den DATA-Step und in den PROC-Step und besteht aus den sechs *SAS-Anweisungen* DATA, INFILE, INPUT, PROC, TABLES und RUN. Der *DATA-Step* wird durch die DATA-Anweisung und der *PROC-Step* durch die PROC-Anweisung eingeleitet.

Um das SAS-Programm unmittelbar zur Ausführung zu bringen, haben wir am
Programmende die RUN-Anweisung angegeben.

Jede SAS-Anweisung wird durch das Trennzeichen Semikolon ";" (Beistrich) beendet und beginnt mit einem charakteristischen Schlüsselwort, das die Art der Anforderung festlegt.

SAS-Datei und Variable

Durch die Ausführung der Anweisungen des DATA-Steps werden die Datensätze
unserer Daten-Datei (mit den Angaben in den Fragebögen) in eine SAS-Datei übertragen. Der Datenfluß stellt sich somit wie folgt dar (Abbildung 5.1):

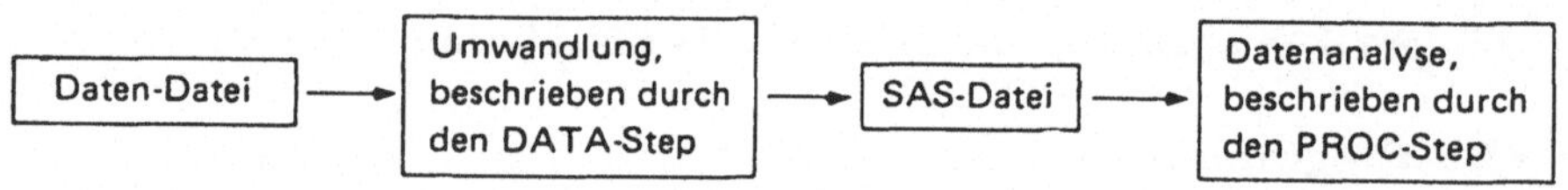

Abbildung 5.1: Datenfluß

Diese Datenübertragung in eine SAS-Datei ist erforderlich, da das SAS-System
eine Datenanalyse *nur* mit Daten aus einer *SAS-Datei* ausführen kann. In einer
SAS-Datei sind nämlich die zu analysierenden Daten in einem für die erforderliche
Verarbeitung günstigen internen Ablageformat gespeichert.

Der DATA-Step

```
DATA STUDANF;
     INFILE 'brestud.dat' MISSOVER;
     INPUT #1 AUSBILD 17
           #2 AUSSICHT 24 KENNTNIS 27;
```

enthält die SAS-Anweisungen DATA, INFILE und INPUT.

Die *DATA-Anweisung* leitet den DATA-Step ein und legt den Namen für die zu
erzeugende SAS-Datei fest. In unserem Fall soll diese Datei den Namen STUDANF
tragen. Ebenso hätten wir z.B. den Namen "SAS1" oder auch "STUDENT" wählen
können.

Die Anweisung *INFILE* bestimmt, daß auf die Daten-Datei mit den Werten
aus den Fragebögen, die wir im ersten Schritt erstellt und unter dem Namen
BRESTUD.DAT gespeichert haben, zugegriffen werden soll. Die Angabe des
Schlüsselwortes *MISSOVER* ist eine präventive Maßnahme für den Fall, daß — je-
weils am Ende eines Satzes — nicht für alle in der INPUT-Anweisung aufgeführten
Variablen Datenwerte in der Daten-Datei gespeichert sind (siehe Abschnitt 6.2).

Durch die Angaben innerhalb einer *INPUT-Anweisung* wird derjenige Bereich
einer Datenmatrix markiert, der für die Datenanalysen mit dem SAS-System bereitgestellt werden soll. Die aus der Datenmatrix ausgewählten Spalten mit den
Werten spezieller Merkmale sollen als SAS-Datei auf eine Magnetplatte übertragen

werden. Bei der Ausführung der in unserem SAS-Programm enthaltenen INPUT-
Anweisung

```
INPUT #1 AUSBILD 17
      #2 AUSSICHT 24 KENNTNIS 27;
```

wird der folgende Ausschnitt unserer Datenmatrix in die SAS-Datei STUDANF
übertragen (Abbildung 5.2):

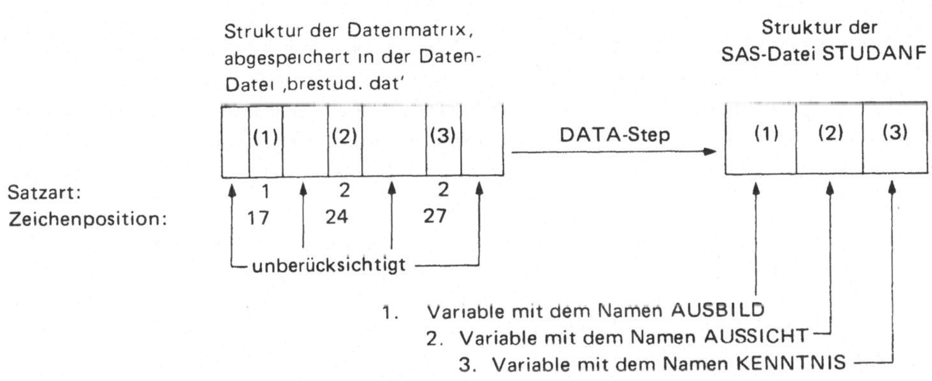

Abbildung 5.2: Dateneingabe aus der Daten-Datei

So werden alle außerhalb der Zeichenposition 17 in den Datensätzen der Satzart
1 und außerhalb der Zeichenpositionen 24 und 27 in den Datensätzen der Satzart 2
abgespeicherte Daten der Daten-Datei nicht in die SAS-Datei übertragen und sind
anschließend für eine Datenanalyse auch nicht verfügbar.

Damit die Dateneingabe in der beschriebenen Weise erfolgen kann, ist peinlich
genau darauf zu achten, daß die Satzfolge auch tatsächlich in der unterstellten Form
in der Daten-Datei vorhanden ist, d.h. für jede Beobachtung muß zuerst der Satz
mit der Satzart 1 und unmittelbar darauf der Satz mit der Satzart 2 folgen (dies
setzen wir für die folgende Beschreibung stets voraus). Bei der Dateneingabe mittels Ausführung der INPUT-Anweisung wird die tatsächlich vorliegende Satzfolge
nämlich nicht überprüft. Beim Einlesen der für jede Beobachtung abgespeicherten
Werte besagt die Markierungsangabe "#1" innerhalb von

```
#1 AUSBILD 17
```

einzig und allein, daß sich die Angabe

```
AUSBILD 17
```

auf den 1. Satz der jeweils 2 für eine Beobachtung vorliegenden Sätze beziehen soll
— unabhängig davon, ob dieser Satz auch die von uns festgelegte Kennung "1" an

der Zeichenposition 4 enthält (siehe die Angaben im Kodeplan in Abschnitt 4.1).
Zur Kontrolle sollte die richtige Satzfolge nach der Dateneingabe geprüft werden
(siehe Abschnitt 6.7).

Die Angabe

#1 AUSBILD 17

besagt insgesamt, daß aus jedem ersten zu einer Beobachtung gehörenden Datensatz der innerhalb der Zeichenposition 17 eingetragene Wert (dies ist ein Wert des
Merkmals "Berufsausbildung") in die erste Kolumne der SAS-Datei einzuspeichern
ist, und daß anschließend die Gesamtheit dieser Werte über den Namen AUSBILD
für die Datenanalysen bereitzustellen sind.

Die Gesamtheit der Werte, die in einer Kolumne der SAS-Datei abgespeichert
werden, bezeichnet man als *Variable*, und den Namen, mit dem auf die Werte dieser
Variablen innerhalb des SAS-Programms zugegriffen werden kann, nennt man *Variablenname*. Damit wird AUSBILD als Variablenname vereinbart, der die gesamten
Variablenwerte kennzeichnet, die in der ersten Kolumne der SAS-Datei abgespeichert sind.

Ein Variablenname darf aus maximal 8 Zeichen bestehen. Er wird durch einen
Buchstaben eingeleitet, dem folgende Zeichen folgen dürfen:

- Buchstaben von "A" bis "Z,

- Ziffern von "0" bis "9" sowie das

- Unterstreichungszeichen "_".

Innerhalb dieser Einschränkungen sind Variablennamen frei wählbar, so daß wir
anstelle von AUSBILD z.B. auch die Namen ASBLDNG oder A (nicht sinnvoll, weil
nicht aussagekräftig) in der INPUT-Anweisung aufführen könnten.

Über die weiteren Markierungsangaben

#2 AUSSICHT 24 KENNTNIS 27

wird folgendes festgelegt:
Der Name der zweiten Variable in der SAS-Datei ist AUSSICHT. Er benennt die
gesamten Werte des Merkmals "Stellenaussichten nach dem Studium", die — vor
der Übertragung in die SAS-Datei — in jeweils der 24. Zeichenposition eines Datensatzes der Satzart 2 innerhalb der Datei "BRESTUD.DAT" erfaßt worden sind.
Die in der 27. Zeichenposition eines Datensatzes der Satzart 2 eingetragenen Werte
des Merkmals "Arbeitsmarktkenntnis" werden als Werte der 3. Variablen in die
SAS-Datei übertragen und sind durch den Variablennamen KENNTNIS benannt.

Basis der Datenanalyse

Nach der Einrichtung der SAS-Datei STUDANF durch die Anweisungen des DATA-
Steps liegt für die nachfolgende, durch den PROC-Step beschriebene Analyse die
folgende Ausgangssituation vor (Abbildung 5.3):

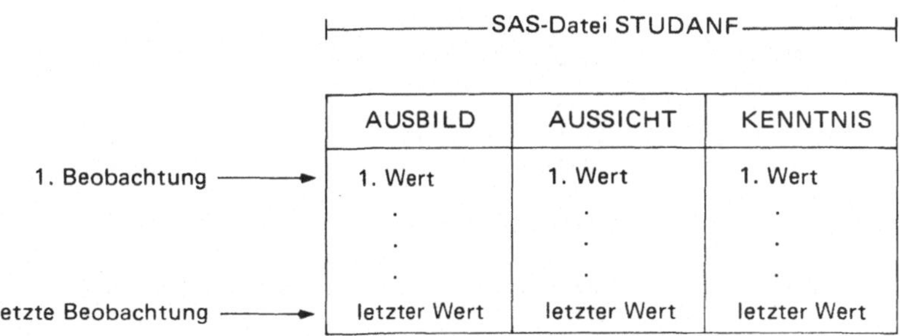

Abbildung 5.3: Struktur der SAS-Datei

Unsere SAS-Datei STUDANF besteht aus den Werten der drei Variablen AUSBILD, AUSSICHT und KENNTNIS. Mit Hilfe dieser Variablennamen stellen wir innerhalb des PROC-Steps die Variablenwerte bereit, für die eine Häufigkeitsauszählung durch das SAS-System vorgenommen werden soll.

Häufigkeitsauszählung

Mit der Anweisung *PROC* fordern wir über die Spezifizierung durch das Schlüsselwort *FREQ* eine Häufigkeitsauszählung für diejenigen Variablen an, deren Namen innerhalb der nachfolgenden *TABLES-Anweisung* angegeben sind. Somit rufen wir durch die beiden Anweisungen

```
PROC FREQ;
     TABLES AUSBILD AUSSICHT KENNTNIS;
```

Häufigkeitsverteilungen für die Werte der Variablen AUSBILD, AUSSICHT und KENNTNIS ab. In dieser Situation, in der die Analyse über alle Variablen erfolgen soll, kann auf die Angabe der TABLES-Anweisung verzichtet werden, da ohne eine TABLES-Anweisung stets alle Variablen einer SAS-Datei in die Auswertung einbezogen werden. So läßt sich in diesem Fall für den PROC-Step abkürzend

```
PROC FREQ;
```

schreiben. Als Ergebnis der von uns abgerufenen Datenanalyse liefert das SAS-System etwa für die Variable AUSBILD die in der Abbildung 5.4 dargestellte Häufigkeitstabelle.

Interpretation der Häufigkeitstabelle

Die Ergebnisse der Häufigkeitsauszählung sind in Form von 5 Kolumnen protokolliert. Die erste Kolumne, die mit dem Variablennamen AUSBILD überschrieben ist, enthält die *Kodewerte* mit den Ausprägungen 1, 2 und 3. In der nächsten Kolumne mit den *absoluten Häufigkeiten* (Frequency) wird für jeden Variablenwert die Anzahl der Beobachtungen angezeigt, die diesen Wert als Ausprägung besitzen. Die

```
                                      Cumulative  Cumulative
     AUSBILD   Frequency    Percent    Frequency   Percent
     ---------------------------------------------------------
        1         23         6.0         23         6.0
        2        162        42.0        185        47.9
        3        201        52.1        386        100.0

              Frequency Missing = 4
```

Abbildung 5.4: Häufigkeitstabelle der Variable AUSBILD

vierte Kolumne (Cumulative Frequency) enthält die *kumulierten absoluten Häufig-keiten*. In der dritten Kolumne (Percent) sind für die Werte 1, 2 und 3 die *relativen Häufigkeiten* — bezogen auf die Gesamtheit der Beobachtungen, welche die Frage beantwortet haben — angegeben. Die *kumulierten relativen Häufigkeiten* sind in der letzten Kolumne (Cumulative Percent) zusammengefaßt.

Die letzte Zeile (Frequency Missing = 4) der Häufigkeitstabelle der Variablen AUSBILD weist darauf hin, daß 4 Beobachtungen keinen gültigen Wert besitzen. Der Tabelle können wir entnehmen, daß die meisten Befragten (201), nämlich rund 52%, noch keine Berufsausbildung begonnen oder abgeschlossen haben. Dagegen haben ungefähr 48% der Befragten auf die Frage nach einer abgeschlossenen Berufs-ausbildung mit "ja" geantwortet.

5.2 Durchführung der Datenanalyse

Erstellung des SAS-Programms

Um das im Abschnitt 5.1 angegebene Beispielprogramm zum Abruf der Häufigkeits-verteilungen durch das SAS-System zur Ausführung zu bringen, führen wir einen Dialog mit dem SAS-System (siehe dazu die Erläuterungen im Abschnitt 4.3). Wir geben das Kommando

SAS

zur Eröffnung des Dialogs mit dem SAS-System ein. Daraufhin wird der Bildschirm — unter MS-DOS — in einen Output-, einen Log- und in einen Editor-Bildschirm geteilt (vgl. Abschnitt 4.3), und das SAS-System ist zur Aufnahme von Eingaben in den Editor-Schirm bereit.[1] Die Tastatureingaben gelangen in den Editor-Puffer und werden von dort auf dem Editor-Schirm angezeigt (Abbildung 5.5):

---

[1]Unter UNIX ist der Bildschirm in den Log- und den Editor-Schirm gegliedert.

Abbildung 5.5: Eingabe in den Editor-Schirm

Wir tragen unsere Anforderungen an das SAS-System in Form des folgenden *SAS-Programms* in den Editor-Schirm ein (Abbildung 5.6):

```
┌PROGRAM EDITOR══════════════════════════════════════════════════════════════════┐
│Command ===>                                                                     │
│                                                                                 │
│00001 DATA STUDANF;                                                              │
│00002      INFILE 'brestud.dat' MISSOVER;                                        │
│00003      INPUT #1 AUSBILD 17                                                   │
│00004          #2 AUSSICHT 24 KENNTNIS 27;                                       │
│00005 PROC FREQ;                                                                 │
│00006      TABLES AUSBILD AUSSICHT KENNTNIS;                                     │
│00007 RUN;                                                                       │
│00008                                                                            │
│00009                                                                            │
│00010                                                                            │
│00011                                                                            │
│00012                                                                            │
│00013                                                                            │
│00014                                                                            │
│00015                                                                            │
│00016                                                                            │
│00017                                                                            │
│00018                                                                            │
│00019                                                                            │
│00020                                                                            │
│00021                                                       ═══ZOOM═══C═══┘
```

Abbildung 5.6: SAS-Programm im Editor-Schirm

Grundsätzlich dürfen die SAS-Anweisungen *formatfrei* in die Eingabezeilen eingetragen werden, d.h. es gibt keine Vorschrift über evtl. zu beachtende Zeichenpositionen.[2] Man sollte die Eingabe aber so vornehmen, daß das SAS-Programm übersichtlich und damit gut lesbar ist. Deshalb beginnen wir die DATA- und die PROC-Anweisung in der Zeichenposition 1 einer neuen Zeile und rücken alle anderen Anweisungen geeignet ein. Jede Anweisung beginnt in einer neuen Zeile. Sie wird, falls eine Zeile für die Darstellung nicht ausreicht, in nachfolgenden Zeilen fortgesetzt.

---

[2] Außerdem ist es gleichgültig, ob die SAS-Anweisungen in Klein- oder Großbuchstaben einge-tragen werden.

Ein *SAS-Programm* faßt alle diejenigen Anweisungen zusammen, die vom SAS-System als ein Arbeitsauftrag zur Ausführung gebracht werden sollen.

Den Programmzeilen des SAS-Programms mit dem DATA-Step und dem PROC-Step mit dem Schlüsselwort FREQ folgt die *RUN-Anweisung*

```
RUN;
```

die das SAS-Programm beendet und damit auch das Ende des PROC-Steps markiert. Ohne die RUN-Anweisung würde das SAS-System zunächst nur den DATA-Step ausführen, da nicht erkennbar ist, ob der PROC-Step bereits vollständig angegeben wurde.

Ausführung des SAS-Programms

Wir können die im Editor-Schirm eingetragenen Daten dem SAS-System dadurch übermitteln, daß wir in die Command-Zeile den Befehl

```
SUBMIT
```

eintragen und durch Betätigung der Enter-Taste[3] an das SAS-System absenden (Abbildung 5.7):

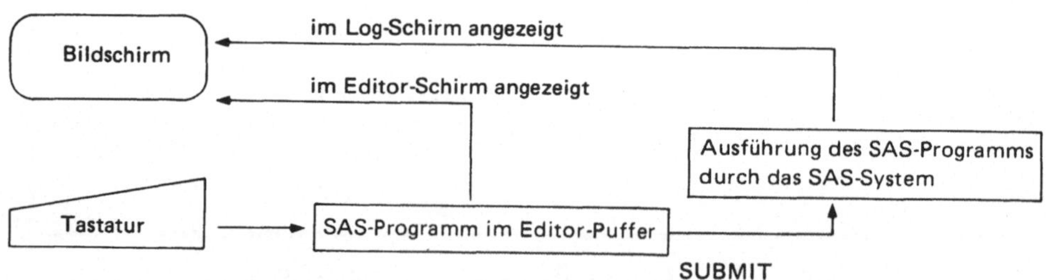

Abbildung 5.7: Ausführung des SUBMIT-Befehls

Jetzt werden die im Editor-Puffer eingetragenen Programmzeilen des SAS-Programms an das SAS-System übertragen und Anweisung für Anweisung ausgeführt, wobei jede bearbeitete Anweisung im Log-Schirm protokolliert wird. Solange das SAS-System an der Ausführung der Anweisungen arbeitet, erscheint auf dem rechten unteren Bildschirmrand das Zeichen "R". Die Ergebnisse des SAS-Programms werden im Output-Schirm protokolliert. Wir sprechen im folgenden vom *Output-Protokoll.*

---

[3]Um die laufenden Eintragungen im Log- und im Output-Schirm verfolgen zu können, müssen wir vor dem SUBMIT-Befehl den Befehl ZOOM OFF ausführen lassen.

Der Output-Schirm

Nach der Programm-Ausführung befindet sich der Cursor in der Command-Zeile des Editor-Schirms.[4]

Durch die Ausführung des Befehls[5]

```
OUTPUT
```

wechselt der Cursor in die Command-Zeile des Output-Schirms. Alle SAS-Befehle, die nun in die Command-Zeile des Output-Schirms eingetragen und durch Betätigung der Enter-Taste ausgeführt werden, beziehen sich auf den Output-Schirm. Tragen wir zum Beispiel den uns bereits bekannten Befehl

```
ZOOM ON
```

in die Command-Zeile ein und betätigen die Enter-Taste, wird der gesamte Bildschirm vom Output-Schirm ausgenutzt, was die Betrachtung der Ergebnisse erleichtert. Wir können jetzt durch Betätigen der Tasten "Page up" oder "Page down" seitenweise im Output-Protokoll blättern. Alternativ dazu könnten wir den Befehl

```
FORWARD
```

für das "Vorwärtsblättern" und den Befehl

```
BACKWARD
```

für das "Rückwärtsblättern" ausführen lassen. Durch Ergänzung des FORWARD- bzw. BACKWARD-Befehls durch eine ganze Zahl, können wir gezielt um eine bestimmte Zeilenzahl vor- oder rückwärtsblättern.

Direkt an die erste Seite des Output-Protokolls gelangen wir durch die Eingabe des Befehls

```
TOP
```

Die letzte Ausgabeseite kann durch den Befehl

```
BOTTOM
```

abgerufen werden. Durch die Eingabe des Befehls

```
PROGRAM
```

kann auf den Editor-Schirm umgeschaltet werden[6]. In diesem Fall steht der Cursor wieder in der ersten Bildschirmzeile des Editor-Schirms, so daß unmittelbar ein neues SAS-Programm zusammengestellt und dieses anschließend durch den SUBMIT-Befehl vom SAS-System ausgeführt werden kann.

---

[4]Unter UNIX wird automatisch der Output-Schirm angezeigt.

[5]Die im folgenden dargestellten Command-Zeilen-Befehle gelten gleichermaßen für den Editor- und den Log-Schirm.

[6]Abkürzend kann für PROGRAM der Befehl PGM eingesetzt werden.

Schrittweises Vorgehen

Unsere im o.a. SAS-Programm formulierten Anweisungen brauchen wir nicht unbedingt in Form eines einzigen SAS-Programms zur Ausführung zu bringen. Vielmehr könnten wir etwa zunächst den DATA-Step in den Editor-Schirm eintragen und als erstes SAS-Programm durch den SUBMIT-Befehl absenden:

```
DATA STUDANF;
      INFILE 'brestud.dat' MISSOVER;
      INPUT #1 AUSBILD 17
            #2 AUSSICHT 24 KENNTNIS 27;
   RUN;
```

Die RUN-Anweisung ist notwendig, um dem SAS-System das Ende des DATA-Steps anzuzeigen.

Danach könnten wir den Rest des ursprünglichen SAS-Programms, d.h. den PROC-Step (mit der das Ende des PROC-Steps kennzeichnenden RUN-Anweisung), in den Editor-Schirm eintragen und als zweites SAS-Programm ausführen lassen:

```
PROC FREQ;
      TABLES AUSBILD AUSSICHT KENNTNIS;
   RUN;
```

Auch bei einer derartigen Teilung in zwei nacheinander auszuführende SAS-Programme wird hinsichtlich der Ausgabe der Meldungen auf den Bildschirm genauso verfahren, wie wir es oben kennengelernt haben. Die DATA-Step-Anweisungen werden im Log-Schirm protokolliert, und die Bearbeitung des PROC-Steps führt zu Eintragungen im Log-Schirm und im Output-Schirm. Bei der Ausgabe in den Log-Schirm wird nach der Eintragung in die letzte Zeile dieses Bildschirmteils der gesamte Inhalt automatisch um 1 Zeile nach oben verschoben (scrolling).

Datenausgabe auf einen Drucker

Alle innerhalb des Log- bzw. des Output-Schirms vorgenommenen Ausgaben sind zuvor im *Log-* bzw. im *Output-Pufferbereich* gesammelt worden, so daß die jeweils dort vorhandenen Protokollzeilen jederzeit auf einem Drucker ausgegeben werden können. Zum Ausdruck eines dieser Pufferbereiche ist (unter MS-DOS) der Befehl

```
FILE 'spezifikation'
```

mit der Spezifikation eines Druckeranschlußnamens, der in Hochkommata zu setzen ist, an das SAS-System zu übermitteln. So werden etwa (unter MS-DOS) durch die Eintragung

```
FILE 'prn'
```

in die Command-Zeile (des Output-Schirms) alle im Output-Puffer enthaltenen Protokollzeilen, die bei der Ausführung von PROC-Steps erzeugt und während des aktuellen SAS-Dialogs hintereinander in diesen Pufferbereich eingetragen wurden, auf den Drucker ausgegeben.[7] Durch die Ausführung dieses Befehls wird der Puffer nicht geleert. Dies ist mit dem Befehl in der Form

```
CLEAR
```

ausdrücklich anzufordern.[8]

Datenausgabe in eine Datei

Wollen wir den Inhalt des Editor-, des Log- oder des Output-Puffers in eine Datei kopieren, haben wir den FILE-Befehl durch einen Dateinamen, der ebenfalls in Hochkommata zu setzen ist, zu ergänzen. Beispielsweise können wir mit dem Befehl[9]

```
FILE 'tabelle1.lst'
```

den Inhalt eines Schirm-Puffers in die Datei mit dem Namen "tabelle1.lst"[10] in das aktuelle Unterverzeichnis speichern.

Um ein bestimmtes Unterverzeichnis oder eine bestimmte Speichereinheit gezielt auszuwählen, müssen zu den Dateinamen geeignete Ergänzungen gemacht werden. Soll der Inhalt eines Pufferbereichs zum Beispiel unter dem oben angegebenen Namen auf eine Diskette im Laufwerk **a:** gespeichert werden, ist der FILE-Befehl (unter MS-DOS) in der Form

```
FILE 'a:tabelle1.lst'
```

auszuführen.

Submit-Gedächtnis

Neben dem Editor-, dem Log- und dem Output-Puffer gibt es das sog. *Submit-Gedächtnis* als weiteren Pufferbereich. In dem Submit-Gedächtnis sind sämtliche durch den SUBMIT-Befehl an das SAS-System abgeschickten SAS-Programm (hintereinander) abgespeichert (Abbildung 5.8):

---

[7] "prn" ist im Betriebssystem MS-DOS ein reservierter Name für den Anschluß eines Druckers. Dieser Name ist abhängig von der jeweiligen Installation des Arbeitsplatzrechners.

[8] Der CLEAR-Befehl löscht den Puffer desjenigen Schirms, in dessen Command-Zeile der Befehl eingetragen wird.

[9] Welcher Pufferbereich gespeichert wird, richtet sich danach, in welcher Command-Zeile der Befehl eingetragen wird.

[10] Es sind die Namenskonventionen des jeweiligen Betriebssystems zu beachten.

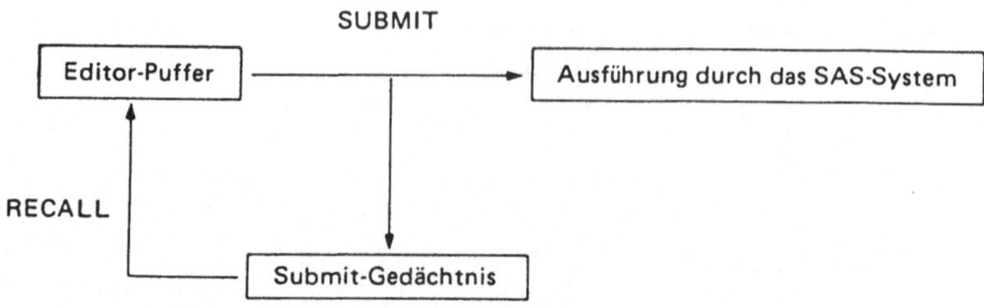

Abbildung 5.8: Zugriff auf das Submit-Gedächtnis

Die Programmzeilen des zuletzt abgesandten SAS-Programms können durch den Befehl

RECALL

in den Editor-Schirm (und damit auch in den Editor-Puffer) übertragen werden. Enthält dieser Schirm zum Zeitpunkt der Ausführung des RECALL-Befehls Programmanweisungen, so werden die Zeilen aus dem Submit-Gedächtnis vor der ersten Bildschirmzeile eingetragen.

Mit Hilfe von geeigneten Editor-Befehlen (siehe Anhang A.1) können Zeilen des Editor-Schirms bequem verändert, gelöscht, vervielfacht, transportiert und kopiert werden, so daß ein unmittelbar zuvor als fehlerhaft erkanntes SAS-Programm aus dem Submit-Gedächtnis wieder bereitgestellt, sofort korrigiert und anschließend erneut mit einem SUBMIT-Befehl zur Ausführung gebracht werden kann.

SAS-Dialog

Abschließend beschreiben wir die Möglichkeiten, die dem Anwender im *Dialog* mit dem SAS-System zur Verfügung stehen, durch das folgende Schema (Abbildung 5.9):

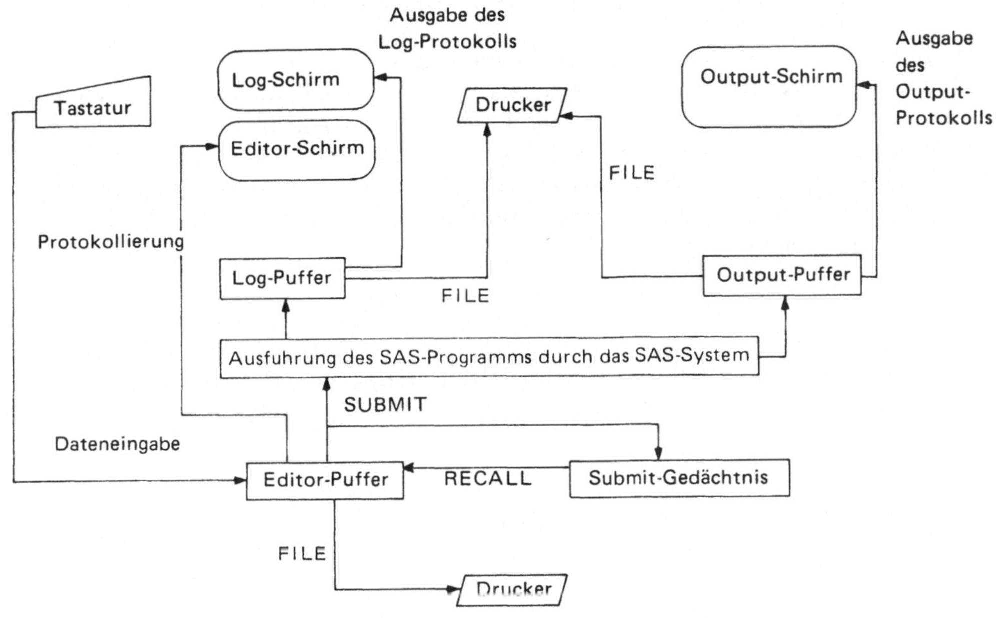

Abbildung 5.9: Befehlsübersicht

In diesem Schaubild kennzeichnen die Angaben an den Datenfluß-Pfeilen die Befehle, die wir oben näher erläutert haben. Abschließend ergänzen wir dieses Schaubild durch den folgenden Zusatz (Abbildung 5.10):

Abbildung 5.10: Laden und Sichern des Editor-Puffers

Dies bedeutet, daß sich mit dem *FILE-Befehl* der Form

```
FILE 'dateiname'
```

der Inhalt des Editor-Puffers in eine Magnetplatten-Datei sichern läßt. Diese Möglichkeit der Datensicherung haben wir bereits bei der Datenerfassung (siehe Abschnitt 4.3) ausgenutzt. Umgekehrt können mit dem *INCLUDE*-Befehl der Form

```
INCLUDE 'dateiname'
```

die Datensätze einer Magnetplatten-Datei in den Editor-Puffer übertragen werden.

Unterstützung des SAS-Dialogs durch Funktionstasten

Das Arbeiten im SAS-Dialog, wie es im vorherigen Abschnitt beschrieben ist, läßt sich durch den Einsatz von Funktionstasten[11] unterstützen. Im konkreten Fall heißt dies, daß statt des Eintrags eines Befehls in die Command-Zeile und der anschließenden Betätigung der Enter-Taste das Drücken einer Funktionstaste ausreicht, um den gewünschten Befehl zur Ausführung zu bringen. Einige Funktionstasten sind bereits — als Voreinstellung — mit Command-Befehlen belegt. Welche es sind, sehen wir, wenn wir den Befehl

    KEYS

zur Ausführung bringen.[12] Am rechten Bildschirmrand öffnet sich ein weiterer Schirm, der *Keys-Schirm* genannt wird (siehe Abbildung 5.11):

```
┌OUTPUT════════════════════════════┐ ┌KEYS <DMKEYS>═══════════════════┐
│Command  ===>                     │ │Command  ===>                   │
│                                  │ │                                │
│                                  │ │Key         Description         │
│                                  │ │F1          help                │
│                                  │ │F2          keys                │
│                                  │ │F3          log                 │
│                                  │ │F4          output              │
│                                  │ │F5          next                │
│                                  │ │F6          pgm                 │
│                                  │ │F7          zoom                │
│                                  │ │F8          clear               │
│Command  ===>                     │ │F9          recall              │
│                                  │ │F10         zoom off; submit;   │
│                                  │ │F11                             │
│                                  │ │F12                             │
│                                  │ │SHF  F1                         │
│                                  │ │SHF  F2                         │
┌PROGRAM EDITOR════════════════════┐ │SHF  F3                         │
│Command  ===>                     │ │SHF  F4                         │
│                                  │ │SHF  F5                         │
│00001                             │ │SHF  F6                         │
│00002                             │ │SHF  F7                         │
│00003                             │ │SHF  F8                         │
└──────────────────────────────────┘ └────────────────────────────────┘
```

Abbildung 5.11: Keys-Schirm mit Funktionstastenbelegungen (unter MS-DOS)

Die Funktionstasten F1 bis F10 sind mit Befehlen belegt, von denen wir eine Reihe bereits kennengelernt habe. Um beispielsweise den Cursor in den Output-Schirm zu positionieren, können wir alternativ zur Ausführung des OUTPUT-Befehls in der bisherigen Weise die Funktionstaste

    [F4]

betätigen.

---

[11]Funktionstasten sind auf der Tastatur in der Regel mit F1 bis F10 (bzw. F12) bezeichnet.
[12]Der Befehl KEYS kann in die Command-Zeile jeden Schirms eingetragen werden.

Es ist möglich, mehr als einen Befehl auf eine Funktionstaste zu legen.[13] Nach dem Drücken der Taste werden die Befehle nacheinander ausgeführt. So wird nach Betätigung der Funktionstaste

| F10 |

zunächst der Befehl

    ZOOM OFF

und danach der Befehl

    SUBMIT

ausgeführt.

Die Eintragungen im Keys-Schirm sind veränderbar, indem die aktuellen Eintragungen überschrieben oder Neueintragungen[14] vorgenommen werden. Der Cursor kann durch ein- oder mehrfaches Betätigen der Tabulatortaste oder mit Hilfe der Cursor-Positionierungstasten auf die gewünschte beschreibbare Position gebracht werden.

Eine Änderung der Funktionstastenbelegung ist für den aktuellen SAS-Dialog sofort wirksam. Eine langfristige Speicherung wird mit dem Befehl

    SAVE

erreicht, der in die Command-Zeile des Keys-Schirms eingetragen und ausgeführt werden muß. In diesem Fall wird eine entsprechende Eintragung in eine SAS-Katalog-Datei unter dem Namen "PROFILE.SCT" vorgenommen, die im Unterverzeichnis "SASUSER" gespeichert ist.[15] Der Keys-Schirm wird durch die Ausführung des Befehls

    END

geschlossen.

5.3 Erläuterung der Ausgabe des SAS-Systems

Log-Protokoll

Bei der Ausführung des o.a. SAS-Programms durch das SAS-System werden (unter MS-DOS) die folgenden Zeilen als *Log-Protokoll* im Log-Schirm ausgegeben (Abbildung 5.12):

---

[13]In diesem Falle sind die Befehle mit einem Semikolon abzuschließen (siehe Abbildung 5.11 hinter F10).

[14]Durch die Kombination der Funktionstasten mit den Steuerungstasten Ctrl und Alt und der Umschalttaste ⇧ lassen sich eine Vielzahl von Befehlen auf Funktionstasten legen.

[15]Das Unterverzeichnis "SASUSER" wird beim Aufruf von SAS standardmäßig angelegt. Die jeweilige Lokalisation im Inhaltsverzeichnis einer Magnetplatte ist installationsabhängig.

```
NOTE: Copyright(c) 1985,86,87 SAS Institute Inc., Cary, NC 27512-8000, U.S.A.
NOTE: SAS (r) Proprietary Software Release 6.04
      Licensed to Reg. Rechenzentrum, Univ. Bremen, Site 12329001.

NOTE: AUTOEXEC processing completed.

    1     DATA STUDANF;
    2         INFILE 'brestud.dat' MISSOVER;
    3         INPUT #1 AUSBILD 17
    4             #2 AUSSICHT 24 KENNTNIS 27;
    5     PROC FREQ;
NOTE: The infile 'brestud.dat' is file C:\BRESTUD.DAT.
NOTE: 780 records were read from the infile C:\BRESTUD.DAT.
      The minimum record length was 4.
      The maximum record length was 71.
NOTE: The data set WORK.STUDANF has 390 observations and 3 variables.
NOTE: The DATA statement used 2.00 seconds.
    6         TABLES AUSBILD AUSSICHT KENNTNIS;
    7     RUN;
NOTE: The PROCEDURE FREQ used 1.00 seconds.
```

Abbildung 5.12: Anfang des Log-Protokolls

Im Log-Schirm werden grundsätzlich alle Anweisungen eines SAS-Programms
protokolliert, und jede Programmzeile wird durch eine Reihenfolgenummer eingeleitet. Zusätzlich werden Meldungen des SAS-Systems über die Ein-/Ausgabe von
Daten und über die jeweils für die Ausführung eines DATA- bzw. PROC-Steps
benötigte Zeit angegeben. Diese Meldungen werden stets in Form einer Anmerkung
(NOTE:) im Log-Protokoll eingetragen. So entnehmen wir dem o.a. Log-Protokoll
etwa, daß unsere Eingabedatei "BRESTUD.DAT" mit vollständiger Bezeichnung
die Datei "C:\BRESTUD.DAT" ist. Aus dieser Datei sind 780 Datensätze bei
der Ausführung des DATA-Steps eingelesen worden, und die SAS-Datei namens
WORK.STUDANF (siehe Abschnitt 11.7) enthält 390 Beobachtungen und 3 Variable.

Output-Protokoll

Die Ergebnisse eines PROC-Steps werden als *Output-Protokoll* im Output-Schirm
eingetragen.Die Druckausgabe dieser Ausgabeseiten (abgerufen durch den FILE-
Befehl, siehe Abschnitt 5.2) enthält die folgenden — in Abbildung 5.13 auf der
nächsten Seite dargestellten — Angaben (die Tabelle für die Variable AUSBILD
haben wir im Abschnitt 5.1 näher erläutert).

```
                                Cumulative  Cumulative
AUSBILD   Frequency   Percent   Frequency    Percent
-----------------------------------------------------
   1         23         6.0        23          6.0
   2        162        42.0       185         47.9
   3        201        52.1       386        100.0

            Frequency Missing = 4
```

```
                                Cumulative  Cumulative
AUSSICHT  Frequency   Percent   Frequency    Percent
-----------------------------------------------------
   1         16         4.3        16          4.3
   2        154        41.0       170         45.2
   3        168        44.7       338         89.9
   4         38        10.1       376        100.0

           Frequency Missing = 14
```

```
                                Cumulative  Cumulative
KENNTNIS  Frequency   Percent   Frequency    Percent
-----------------------------------------------------
   1         21         5.5        21          5.5
   2        257        67.6       278         73.2
   3         99        26.1       377         99.2
   4          3         0.8       380        100.0

           Frequency Missing = 10
```

Abbildung 5.13: Druckausgabe der Häufigkeitstabellen

Die Tabelle der abgerufenen Häufigkeitsauszählungen werden zwar übersichtlich
präsentiert, jedoch könnten wir es bei der Darstellung als störend empfinden, daß
wir bei der Interpretation wieder in unserem Kodeplan nachschauen müßten, um
uns z.B. zu vergegenwärtigen, daß wir mit dem Namen KENNTNIS das Merkmal
"Arbeitsmarktkenntnis" und mit den zugehörigen Kodewerten 1, 2, 3 und 4 die
Ausprägungen "sehr gut informiert", "gut informiert", "schlecht informiert" und
"sehr schlecht informiert" bezeichnen. Angenehmer wäre es, wenn man die Lesbarkeit der Häufigkeitstabelle durch entsprechende zusätzliche Texteintragungen
erhöhen könnte. Diesen Komfort stellt das SAS-System dadurch bereit, daß man
Variablen- und Werteetiketten vereinbaren kann. Dazu ist in unserem Fall unser
ursprüngliches SAS-Programm wie folgt abzuändern:

```
PROC FORMAT;
     VALUE FAUSBILD
            1 = 'ja, begonnen'
            2 = 'ja, abgeschloss.'
            3 = 'nein';
     VALUE FAUSSICH
            1 = 'sehr gut'
            2 = 'gut'
            3 = 'nicht gut'
            4 = 'schlecht';
     VALUE FKENNTNI
            1 = 'sehr gut inf.'
            2 = 'gut inf.'
            3 = 'schlecht inf.'
            4 = 'sehr schl. inf.';
DATA STUDANF;
     INFILE 'brestud.dat' MISSOVER;
     INPUT #1 AUSBILD 17
           #2 AUSSICHT 24 KENNTNIS 27;
     LABEL AUSBILD = 'Berufsausbildung'
           AUSSICHT = 'Stellenaussichten nach dem Studium'
           KENNTNIS = 'Arbeitsmarktkenntnis';
     FORMAT AUSBILD FAUSBILD.
            AUSSICHT FAUSSICH.
            KENNTNIS FKENNTNI.;
PROC FREQ;
     TABLES AUSBILD AUSSICHT KENNTNIS;
RUN;
```

Werteetiketten werden durch eine FORMAT-Anweisung innerhalb des DATA-Steps in Verbindung mit einem vorausgehenden PROC-Step mit dem Schlüsselwort FORMAT verabredet. Die dadurch vereinbarten Etiketten werden dann innerhalb der ersten Kolumne, die mit dem Variablennamen überschrieben ist, in der Häufigkeitstabelle eingetragen. Mit Hilfe der LABEL-Anweisung innerhalb des DATA-Steps wird etwa dem Variablennamen KENNTNIS das Variablenetikett "Arbeitsmarktkenntnis" zugeordnet, das in der Häufigkeitstabelle als Überschrift ausgegeben wird (zu näheren Angaben über die FORMAT- und die LABEL-Anweisungen siehe die Abschnitte 6.3 und 6.4). Somit ergibt sich bei der Ausführung unseres erweiterten SAS-Programms das folgende (mit Hilfe des FILE-Befehls ausgedruckte) Output-Protokoll (Abbildung 5.14):

```
                            Berufsausbildung

                                        Cumulative  Cumulative
              AUSBILD   Frequency   Percent  Frequency    Percent
         ----------------------------------------------------------
         ja, begonnen          23      6.0         23        6.0
         ja, abgeschloss.     162     42.0        185       47.9
         nein                 201     52.1        386      100.0

                    Frequency Missing = 4




                    Stellenaussichten nach dem Studium

                                        Cumulative  Cumulative
              AUSSICHT   Frequency   Percent  Frequency    Percent
         ----------------------------------------------------------
         sehr gut              16      4.3         16        4.3
         gut                  154     41.0        170       45.2
         nicht gut            168     44.7        338       89.9
         schlecht              38     10.1        376      100.0

                    Frequency Missing = 14




                        Arbeitsmarktkenntnis

                                        Cumulative  Cumulative
              KENNTNIS   Frequency   Percent  Frequency    Percent
         ----------------------------------------------------------
         sehr gut inf.         21      5.5         21        5.5
         gut inf.             257     67.6        278       73.2
         schlecht inf.         99     26.1        377       99.2
         sehr schl. inf.        3      0.8        380      100.0

                    Frequency Missing = 10
```

Abbildung 5.14: Druckausgabe der Häufigkeitstabellen mit Etiketten

Fehlermeldungen im Log-Protokoll

Enthält ein SAS-Programm Fehler — z.B. Syntaxfehler wegen orthographisch falscher Schlüsselwörter bzw. wegen einer falschen Satzstellung innerhalb einer SAS-Anweisung — und kann deswegen nicht vom SAS-System ausgeführt werden, so wird im Log-Protokoll für jeden Fehler eine entsprechende Anmerkung (ERROR:) gemacht. Die Stelle, an der das SAS-System einen Fehler festgestellt hat, wird durch eine Fehlernummer markiert. Daran schließt sich eine durch diese Fehlernummer eingeleitete Zeile mit geeigneten Angaben über die Fehlerart an. Hätten wir etwa in unserem o.a. SAS-Programm im PROC-Step die Anweisungen

```
PROC FREQ;
    TABLES AUSBILD AUSSICHT KENNUNG;
RUN;
```

formuliert und somit fälschlicherweise den Namen KENNUNG als Variablennamen anstelle der (korrekten) Angabe KENNTNIS eingetragen, so wäre nach dem Absenden des SUBMIT-Befehls (siehe Abschnitt 5.2) zum Aufruf der Ausführung des SAS-Programms der Log-Schirm mit den folgenden Zeilen gefüllt worden (Abbildung 5.15):

```
8        PROC FREQ;
9            TABLES AUSBILD AUSSICHT KENNUNG;
ERROR: Variable KENNUNG not found.
10       RUN;
NOTE: The SAS System stopped processing this step because of errors.
NOTE: The PROCEDURE FREQ used 2.00 seconds.
```

Abbildung 5.15: Beispiel einer Fehlermeldung

Die vorletzte Anmerkung (NOTE:) informiert uns darüber, daß die Ausführung des PROC-Steps im SAS-Programm nicht vorgenommen wird, da der aufgetretene Fehler eine Programmausführung nicht sinnvoll erscheinen läßt. In dieser Situation kann mit dem RECALL-Befehl der Inhalt des Submit-Gedächtnisses wieder in den Editor-Schirm übertragen, die Angaben in der TABLES-Anweisung verbessert und das SAS-Programm erneut (durch den SUBMIT-Befehl) zur Ausführung gebracht werden (siehe Abschnitt 5.2).

Kapitel 6

Einrichtung einer SAS-Datei

6.1 Einleitung des DATA-Steps und Benennung der SAS-Datei (DATA-Anweisung)

Zur Durchführung einer Datenanalyse (mit einem PROC-Step) muß dem SAS-System eine SAS-Datei bereitgestellt werden, in der die auszuwertenden Daten in einem internen Ablageformat abgespeichert sind. Die Vorschrift, wie eine SAS-Datei aus einer Daten-Datei aufgebaut werden soll, muß vor dem PROC-Step innerhalb eines DATA-Steps angeben werden.

Ein DATA-Step wird durch eine *DATA-Anweisung* in der Form

```
DATA sas-dateiname ;
```

eingeleitet. Die einzurichtende SAS-Datei erhält den jeweils unter "sas-dateiname" angegebenen Dateinamen. Sie wird vom SAS-System automatisch eingerichtet und am Ende des Dialogs wieder gelöscht.

Auf der Magnetplatte erhält die SAS-Datei als Grundnamen den hinter DATA aufgeführten Namen, dem die Namensergänzung "SSD" angefügt wird. Die Datei wird in einem voreingestellten Verzeichnis angelegt (siehe Abschnitt 11.6).

Bei der Syntax-Darstellung einer SAS-Anweisung schreiben wir alle Platzhalter, die durch frei gewählte Namen oder Werte ersetzt werden können, in Kleinbuchstaben. Dadurch unterscheiden wir diese Angaben von den fest verabredeten Schlüsselwörtern, die stets in Großbuchstaben angegeben werden.

In unseren o.a. Beispielprogrammen haben wir innerhalb der DATA-Anweisung für den Platzhalter "sas-dateiname" stets den Namen "STUDANF" zur Bezeichnung einer SAS-Datei eingetragen.

Generell wird der Name einer SAS-Datei — wie der Name einer Variablen — durch einen Buchstaben eingeleitet, dem bis zu 7 Zeichen in Form von

- Buchstaben von "A" bis "Z",

- Ziffern von "0" bis "9" und

- Unterstreichungszeichen "_"

folgen dürfen.

Hinter der DATA-Anweisung ist zu beschreiben, welche Daten einzulesen sind und wie diese Daten strukturiert sind. Dahinter dürfen Anweisungen zur Bearbeitung der eingelesenden Daten angegeben werden (Abbildung 6.1):

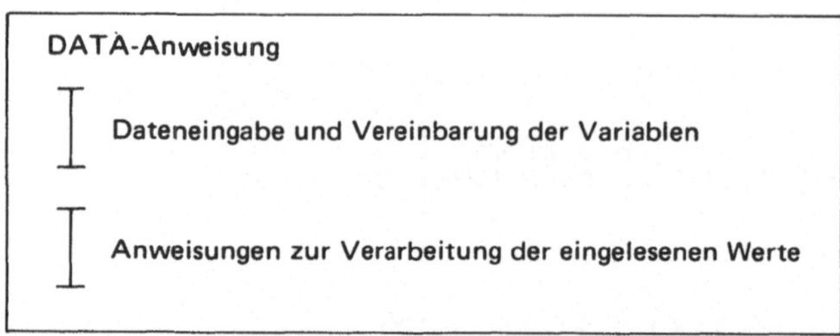

Abbildung 6.1: Struktur des DATA-Steps

Ein DATA-Step wird abgeschlossen durch

- eine PROC-Anweisung zur Einleitung der nachfolgenden SAS-Prozedur oder durch

- eine DATA-Anweisung zur Einleitung des nächsten DATA-Steps oder

- durch das Ende des SAS-Programms in Form einer abschließenden RUN-Anweisung.

Bei der Ausführung eines DATA-Steps wird zunächst die SAS-Datei mit dem in der DATA-Anweisung aufgeführten Dateinamen auf der Magnetplatte eingerichtet. Dann werden die Werte der 1. Beobachtung (d.h. die 1. Datenmatrixzeile) nach den Angaben der Eingabe-Anweisungen INPUT und INFILE (siehe Abschnitt 6.2) aus der Daten-Datei eingelesen.

Sind weitere Programmanweisungen im DATA-Step aufgeführt, so werden die Werte der ersten Beobachtung schrittweise, d.h. Anweisung für Anweisung, verarbeitet. Nach Durchlaufen der letzten Programmanweisung — am Ende des DATA-Steps — werden die für die 1. Beobachtung resultierenden Werte in die SAS-Datei übertragen. Anschließend wird die Verarbeitung für die 2. Beobachtung aus der Daten-Datei wiederholt, dann für die 3. Beobachtung usw.

Man kann sich die Durchführung eines DATA-Steps somit als Schleifenprozeß vorstellen, bei dessen Ausführung alle im DATA-Step angegebenen Anweisungen zunächst für die 1., dann für die 2. und alle anderen Beobachtungen durchlaufen werden. Dabei ist grundsätzlich zu beachten, daß am Schleifenende, d.h. am Ende des DATA-Steps, bei der Datenausgabe in die SAS-Datei die Werte aller zu diesem Zeitpunkt eingerichteten Variablen übertragen werden. So werden auch alle Hilfsgrößen, die für bestimmte Verarbeitungsschritte eingerichtet wurden, mit in die SAS-Datei übernommen (dies kann durch den Einsatz einer DROP- bzw. KEEP-Anweisung verhindert werden, siehe Abschnitt 11.7).

Nach der Abspeicherung der Werte der letzten Beobachtung in der SAS-Datei ist der DATA-Step ausgeführt, und das SAS-System fährt mit der Verarbeitung des nachfolgenden DATA- bzw. PROC-Steps fort bzw. beendet seinen Lauf, sofern das Ende des SAS-Programms erreicht ist.

Wird während des Dialogs mit dem SAS-System ein DATA-Step ausgeführt, in dessen DATA-Anweisung der Name für eine bereits vorhandene SAS-Datei angegeben ist, so wird der alte Dateiinhalt — ohne Warnung — durch die aktuelle Ausgabe überschrieben.

6.2 Dateneingabe und Vereinbarung der Variablen (INPUT-, INFILE- und CARDS-Anweisung)

INPUT-Anweisung

Wie die Werte der Datenmatrix, die in einer Daten-Datei abgespeichert sind, für die Übertragung in eine SAS-Datei einzulesen sind, muß innerhalb einer *INPUT-Anweisung* in der Form[1]

```
INPUT [#n1] varname-1 zpn1 [-zpn2] [varname-2 zpn3 [-zpn4]]...
      [ [#n2] varname-3 zpn5 [-zpn6] [varname-4 zpn7 [-zpn8]]... ] ;
```

angegeben werden.

Innerhalb unseres Beispielprogramms (siehe Abschnitt 5.1) haben wir die INPUT-Anweisung

```
INPUT #1 AUSBILD 17
      #2 AUSSICHT 24 KENNTNIS 27;
```

kodiert, die sich als der Spezialfall

```
INPUT #n1 varname-1 zpn1
      #n2 varname-3 zpn5 varname-4 zpn7 ;
```

aus der o.a. allgemeinen Form der INPUT-Anweisung ableitet. Die Platzhalter "varname-1", "varname-3" und "varname-4" haben wir dabei durch die Namen "AUSBILD", "AUSSICHT" und "KENNTNIS" ersetzt. Hinter dem Namen "AUSBILD" ist — als Ersetzung des Platzhalters "zpn1" — die Zeichenposition 17 angegeben, und hinter den Namen "AUSSICHT" und "KENNTNIS" sind die Platzhalter "zpn5" und "zpn7" für die jeweiligen Zeichenpositionen durch die konkreten Werte "24" und "27" ersetzt.

In unserem Beispiel sind die Werte für jede Beobachtung in jeweils zwei unmittelbar aufeinanderfolgenden Datensätzen abgespeichert. Daher muß festgelegt werden,

---

[1]Die in sog. Optionalklammern "[" und "]" eingeschlossenen Ausdrücke dürfen angegeben werden oder auch fehlen. Durch die drei Punkte "..." hinter dem Zeichen "]" wird angedeutet, daß der eingeklammerte Ausdruck beliebig oft aufgeführt werden darf. Die Zeichenfolge "zpn" soll das Wort "Zeichenposition" abkürzen und als Platzhalter für eine ganze Zahl fungieren. Die Platzhalter "n1" und "n2" hinter dem Nummernsymbol "#" stehen stellvertretend für jeweils eine ganze Zahl.

ob sich eine Zeichenposition auf den 1. oder den 2. Datensatz innerhalb dieser Satzfolge bezieht. Dazu sind gemäß der Syntax der INPUT-Anweisung Angaben für
die Platzhalter "n1" und "n2" hinter dem *Nummernsymbol* "#" zu machen. Die
Zeichenposition 17 bezieht sich auf den 1. Datensatz. Daher ist "n1" durch "1"
ersetzt. Die beiden weiteren Zeichenpositionen weisen auf den 2. Datensatz. Daher
ist "n2" durch den Wert "2" ersetzt.

Sind für jede Beobachtung *mehrere Satzarten* in der Daten-Datei abgespeichert,
so muß aus den Angaben innerhalb der INPUT-Anweisung die Anzahl der verschiedenen Satzarten hervorgehen, d.h. die hinter dem zuletzt aufgeführten Nummernsymbol "#" angegebene Zahl muß mit der Anzahl der verschiedenen Satzarten
übereinstimmen.

Sollen z.B. in unserem Fall nur die Werte der Variablen AUSBILD eingelesen
werden, so ist die INPUT-Anweisung

```
INPUT #1 AUSBILD 17
      #2 ;
```

anzugeben. Dabei teilt die Markierungsangabe "#2" mit, daß bei der Ausführung
der INPUT-Anweisung jeweils 2 aufeinanderfolgende Sätze aus der Daten-Datei
bereitgestellt werden, aus denen die Werte für eine Beobachtung nach den Angaben
innerhalb dieser Anweisung (in unserem Fall die Werte für AUSBILD) zu entnehmen
sind.

Für den Fall, daß keine verschiedenen Satzarten vorliegen, sondern zu jeder Beobachtung nur *ein* Datensatz gehört, kann auf die Angabe "#1" hinter dem Wort
INPUT verzichtet und die Syntax der INPUT-Anweisung in der Form

```
INPUT varname-1 zpn1 [- zpn2] [ varname-2 zpn3 [- zpn4] ]... ;
```

abkürzend beschrieben werden.

Variable

Jeder in der INPUT-Anweisung aufgeführte Name bezeichnet eine *Variable*, d.h.
eine Kolumne der SAS-Datei (vgl. Abschnitt 5.1).

Werden in die Variablen bei der Dateneingabe *numerische Werte* (Zahlen) übertragen — so wie es bei unserer Untersuchung der Fall ist — so spricht man von
numerischen Variablen. Der erste in der INPUT-Anweisung angegebene Variablenname bezeichnet die erste Variable der SAS-Datei, der zweite Variablenname die
zweite Variable usw., so daß jede SAS-Datei die folgende Struktur besitzt (Abbildung 6.2):

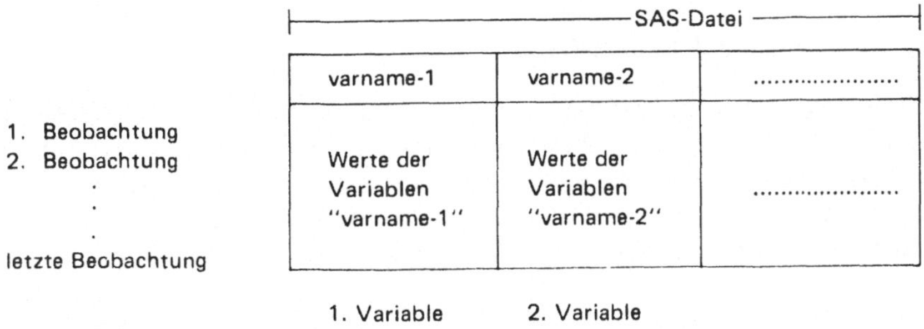

Abbildung 6.2: Struktur einer SAS-Datei

Eingabe ganzzahliger Werte

Welche Daten in welche Variablen übertragen werden sollen, wird innerhalb der INPUT Anweisung durch die Angabe der Variablennamen und der Zeichenbereiche bzw. der einzelnen Zeichenpositionen in der Form

```
varname zpn1 [ - zpn2 ]
```

beschrieben. Soll hinter dem Variablennamen "varname" kein Zeichenbereich, sondern nur eine einzige Zeichenposition angeben werden, so kodiert man

```
varname zpn1
```

und legt damit fest, daß der Inhalt der Zeichenposition "zpn1" als Wert der Variablen "varname" übernommen werden soll.

Sind die Werte im Bereich der Zeichenposition "zpn1" bis "zpn2" erfaßt, so ist[2]

```
varname zpn1 - zpn2
```

anzugeben.

Folglich wird durch die INPUT-Anweisung

```
INPUT #1 AUSBILD 17
      #2 AUSSICHT 24 KENNTNIS 27;
```

insgesamt festgelegt, daß der Variablen AUSBILD die Werte zugewiesen werden, die in der Zeichenposition 17 des jeweils 1. Datensatzes für eine Beobachtung eingetragen sind. Die Werte in den Zeichenpositionen 24 und 27 des jeweils 2. Datensatzes

---

[2]Sind in einem Zeichenbereich hinter der letzten Ziffer Leerzeichen vorhanden, so werden sie nicht als Nullen interpretiert sondern ausgeblendet. Grundsätzlich sollte jede Zahl rechtsbündig im Zeichenbereich eingetragen sein.

werden den Variablen AUSSICHT und KENNTNIS — in dieser Reihenfolge — zugeordnet.

Eingabe nicht ganzzahliger Werte

Ist die Ziffernfolge eines Zeichenbereichs als nicht ganzzahliger Wert zu interpretieren, so ist innerhalb der INPUT-Anweisung eine entsprechende Angabe zu machen. Dazu muß festgelegt werden, wie viele der am weitesten rechts kodierten Ziffern des Zeichenbereichs als Nachkommastellen aufgefaßt werden sollen. Wird diese Anzahl durch den Platzhalter "dezzahl" bezeichnet, so ist diese Vereinbarung in der Form

```
varname zpn1 [ - zpn2 ] dezzahl
```

vorzunehmen.[3]

Alphanumerische Variable

Bislang haben wir die Dateneingabe von numerischen Werten beschrieben. Mit dem SAS-System können auch *alphanumerische Werte*, d.h. Texte (aus bis zu 200 Zeichen), in Variable übertragen werden. Dazu ist in der INPUT-Anweisung hinter dem Variablennamen die Markierungsangabe "$" in der Form

```
varname $ zpn1 [ - zpn2 ]
```

einzutragen. Es ist zu beachten, daß führende Leerzeichen innerhalb des angegebenen Zeichenbereichs nicht in die Variable "varname" übertragen werden (siehe Abschnitt 11.10.1). Nach dem Einlesen alphanumerischer Werte dürfen natürlich mit diesen Werten keine numerischen Berechnungen wie etwa eine Summenbildung durchgeführt werden. Allerdings kann es sinnvoll sein, die Häufigkeitsverteilung einer derartigen *alphanumerischen Variable* ermitteln zu lassen.

Hätten wir etwa das Merkmal "Geschlecht" nicht mit den numerischen Werten 1 und 2, sondern mit den alphanumerischen Werten "M" (für "männlich") und "W" (für "weiblich") verschlüsselt, so müßten wir

```
INPUT  #1 GESCHL $ 5
       #2;
```

kodieren, falls wir in einem nachfolgenden PROC-Step z.B. eine Häufigkeitsauszählung für das Merkmal "Geschlecht" abrufen wollten.

Wir fassen die mögliche Form der INPUT-Anweisung zur Einrichtung von numerischen und alphanumerischen Variablen wie folgt zusammen:

---

[3] Ist ein nicht ganzzahliger Wert mit Dezimalpunkt im Zeichenbereich erfaßt worden, so braucht die Nachkommastellenzahl nicht angegeben zu werden, da die erforderliche Interpretation automatisch erfolgt. Für die Eingabe nicht ganzzahliger Werte gilt ebenfalls die Anmerkung in der o.a. Fußnote.

```
INPUT [#n1] varname-1 [ $ ] zpn1 [ - zpn2 ] [ dezzahl1 ]
           [ varname-2 [ $ ] zpn3 [ - zpn4 ] [ dezzahl2 ] ]...
     [ [#n2] varname-3 [ $ ] zpn5 [ - zpn6 ] [ dezzahl3 ]
           [ varname-4 [ $ ] zpn7 [ - zpn8 ] [ dezzahl4 ] ]...] ;
```

INFILE-Anweisung

Einer INPUT-Anweisung zur Eingabe von Werten, die in einer Daten-Datei auf der Magnetplatte abgespeichert sind, muß stets eine *INFILE-Anweisung* der Form

```
INFILE 'dateiname' [ MISSOVER ] ;
```

innerhalb des DATA-Steps vorausgehen.[4] Dabei gibt der Name "dateiname" an, auf welche Daten-Datei zugegriffen werden soll.

Das Schlüsselwort MISSOVER ist dann notwendig, wenn in einem Satz in der Daten-Datei weniger Datenwerte als in der INPUT-Anweisung vorgesehen gespeichert sind. Ohne die Angabe von MISSOVER würde SAS in diesem Fall bei der Ausführung des DATA-Steps die fehlenden Datenwerte von der nächstfolgenden Datenzeile einlesen. Das hätte zur Folge, daß die weiteren Variablenwerte nicht korrekt eingelesen werden.

Als Reihenfolge für die Plazierung der benötigten Anweisungen für die Dateneingabe wählen wir stets die Abfolge:

- DATA-Anweisung;

- INFILE-Anweisung;

- INPUT-Anweisung;

CARDS-Anweisung

Bei sehr kleiner Datenmatrix ist es u.U. sinnvoll, die Werte der Datenmatrix nicht getrennt in einer Magnetplatten-Datei zu erfassen, sondern zusammen mit den Programmzeilen eines DATA-Steps zur Verarbeitung bereitzustellen. Dazu verzichten wir auf die INFILE-Anweisung und geben am Ende des DATA-Steps die *CARDS-Anweisung* in der Form

```
CARDS ;
```

an.[5]

Dieser Anweisung müssen die Datenzeilen mit den Werten der Datenmatrix folgen, und der letzten Datenzeile muß entweder ein einzelnes Semikolon, eine PROC-Anweisung (zur Einleitung eines PROC-Steps), eine DATA-Anweisung (zur Ein-

---

[4]Eine alternative Form der INFILE-Anweisung wird in Kapitel 11.10 beschrieben.
[5]Alternativ zur CARDS-Anweisung lassen sich die Anweisungen LINES oder DATALINES einsetzen.

leitung eines neuen DATA-Steps) oder das Programmende in Form einer RUN-Anweisung folgen.[6]

In unserem Fall wäre das SAS-Programm wie folgt zu strukturieren:

```
DATA STUDANF;
     INPUT #1 AUSBILD 17
           #2 AUSSICHT 24 KENNTNIS 27;
     CARDS;

     Datenzeilen mit den Werten der Datenmatrix


PROC FREQ;
     TABLES AUSBILD AUSSICHT KENNTNIS;
RUN;
```

6.3   Etikettierung von Variablen (LABEL-Anweisung)

In unserem Beispielprogramm (vgl. Abschnitt 5.1) haben wir (durch die INPUT-Anweisung) die Variablen unserer SAS-Datei durch die Namen AUSBILD, AUSSICHT und KENNTNIS vereinbart. Wegen der auf maximal 8 Zeichen beschränkten Länge von Variablennamen sind in der Regel nur derart abgekürzte Bezeichnungen für die Merkmale aus dem Fragebogen verwendbar. Jedoch kann die Lesbarkeit der Druckausgabe durch den Einsatz der *LABEL-Anweisung* innerhalb eines DATA-Steps in der Form

```
LABEL varname-1 = 'etikett1'
    [ varname-2 = 'etikett2' ]...  ;
```

verbessert werden. Dadurch sind Variablennamen jeweils maximal 40 Zeichen lange *Etiketten* zuordbar, die in der SAS-Datei abgespeichert und bei der Auswertung zusammen mit den Variablennamen ins Output-Protokoll eingetragen werden.[7]

Zum Beispiel haben wir in unserem zweiten Beispielprogramm (siehe Abschnitt 5.3) die Etikettierung durch die LABEL-Anweisung

```
LABEL AUSBILD  = 'BERUFSAUSBILDUNG'
      AUSSICHT = 'STELLENAUSSICHTEN NACH DEM STUDIUM'
      KENNTNIS = 'ARBEITSMARKTKENNTNIS';
```

veranlaßt.

---

[6]Es ist auf jeden Fall darauf zu achten, daß in der Zeile, die der letzten Datenzeile folgt, ein Semikolon (z.B. als Abschluß einer Anweisung) steht.

[7]Enthält ein Etikett ein Hochkomma ('), so muß es ersatzweise durch zwei aufeinanderfolgende Hochkommata ('') dargestellt werden.

6.4 Etikettierung von Variablenwerten (FORMAT-Prozedur und FORMAT-Anweisung)

Nicht nur bei der Ausgabe von Variablennamen, sondern auch bei der Protokollierung von Variablenwerten (siehe das von der FREQ-Prozedur erzeugte Output-Protokoll im Abschnitt 5.3) ist es wichtig, die Lesbarkeit der Ausgabeinformationen zu verbessern. Die durch den Kodeplan erzwungene Umwandlung der meist "sprechenden" Merkmalsausprägungen des Fragebogens in im allgemeinen nichtssagende numerische Werte sollte bei der Präsentation von Analyseergebnissen wieder rückgängig gemacht werden können, indem nicht die Werte, sondern die ursprünglichen Bezeichnungen der Merkmalsausprägungen (vor der Kodierung) ausgegeben werden. Diese Forderung wird vom SAS-System durch die FORMAT-Prozedur und die FORMAT-Anweisung unterstützt.

FORMAT-Prozedur

Zunächst müssen die für die einzelnen Variablen gewünschten *Werteetiketten* innerhalb eines gesonderten PROC-Steps namens *FORMAT* verabredet werden. In unserem o.a. Beispiel haben wir dies innerhalb der folgenden FORMAT-Prozedur getan:

```
PROC FORMAT;
    VALUE FAUSBILD
        1 = 'ja, begonnen'
        2 = 'ja, abgeschloss.'
        3 = 'nein';
    VALUE FAUSSICH
        1 = 'sehr gut'
        2 = 'gut'
        3 = 'nicht gut'
        4 = 'schlecht';
    VALUE FKENNTNI
        1 = 'sehr gut inf.'
        2 = 'gut inf.'
        3 = 'schlecht inf.'
        4 = 'sehr schl. inf.';
```

Dabei werden z.B. hinter dem Namen FAUSBILD den numerischen Werten 1, 2 und 3 die alphanumerischen Werte (Texte) 'ja, begonnen', 'ja, abgeschloss.' und 'nein' — in dieser Reihenfolge — zugeordnet. Grundsätzlich müssen die Werteetiketten durch ein Hochkomma (') eingeleitet und beendet werden. Enthält der Text selbst ein Hochkomma, so ist dieses Zeichen ersatzweise durch zwei unmittelbar aufeinanderfolgende Hochkommata (") darzustellen.

VALUE-Anweisung

Die Zuordnung der *Werteetiketten* zu den Kodewerten ist durch *VALUE-Anweisungen* der Form

```
VALUE formatname wert1 = 'etikett1'
               [ wert2 = 'etikett2' ]... ;
```

vorgenommen worden.

Durch die VALUE-Anweisungen haben wir die *Formatnamen* FAUSBILD, FAUSSICH und FKENNTNI zur Kennzeichnung der drei Etikettenvereinbarungen verabredet.

Dabei unterliegt ein Formatname dem gleichen Bildungsgesetz wie ein Variablenname, und ein Werteetikett darf — wie ein Variablenetikett — aus maximal 40 Zeichen bestehen.[8] Einschränkend darf ein Formatname aber nicht mit einer Ziffer enden und nicht mit dem Namen einer SAS-Prozedur oder einer Funktion (vgl. Abschnitt 11.1) übereinstimmen.

Werden für eine alphanumerische Variable Werteetiketten verabredet, muß der Formatname durch das Zeichen "$" eingeleitet werden. In diesem Fall sind die zugehörigen alphanumerischen Werte (vor dem Gleichheitszeichen) in Hochkommata einzufassen.

Jede innerhalb der Prozedur FORMAT getroffene Verabredung über Werteetiketten wird in einer gesonderten, vom SAS-System intern verwalteten *FORMAT-Datei* abgespeichert. Nach der Ausführung einer FORMAT-Prozedur kann dann über die definierten Formatnamen auf die jeweils verabredeten Werteetiketten verwiesen werden. Dies setzt grundsätzlich voraus, daß die FORMAT-Prozedur stets vor dem DATA-Step ausgeführt werden muß, in dem die getroffenen Verabredungen verwendet werden sollen.

FORMAT-Anweisung

In unserem Beispielprogramm benutzen wir die in der vorausgehenden Prozedur FORMAT verabredeten Formatnamen FAUSBILD, FAUSSICH und FKENNTNI innerhalb der FORMAT-Anweisung

```
FORMAT AUSBILD FAUSBILD.
       AUSSICHT FAUSSICH.
       KENNTNIS FKENNTNI.;
```

zur Etikettierung der Werte der Variablen AUSBILD, AUSSICHT und KENNTNIS.

Generell unterliegt eine *FORMAT-Anweisung*, mit der die Formatnamen den Variablennamen zugewiesen werden, der folgenden Syntax:

---

[8]Es werden u.U. nur die jeweils ersten 8 oder ersten 16 Zeichen bei der Ausgabe verwendet — dies ist abhängig von der jeweiligen Auswertungsprozedur.

```
FORMAT varliste-1 formatname1.
     [ varliste-2 formatname2. ]...  ;
```

Es ist darauf zu achten, daß jeder Formatname durch einen Punkt (".") abgeschlossen wird. Gemäß der angegebenen Syntax darf vor einem Formatnamen eine Variablenliste aufgeführt werden, so daß eine Definition von Werteetiketten gleichzeitig mehreren Variablen zugeordnet werden kann. Dabei grenzt der Punkt als Trennsymbol den vorausgehenden Formatnamen von der nachfolgenden Variablenliste ab.

Variablenliste

Unter einer *Variablenliste* versteht man dabei eine Aneinanderreihung von Variablennamen der Form

```
varname-1 [ varname-2 ]...
```

oder eine abkürzende Zusammenfassung mehrerer, in der SAS-Datei unmittelbar aufeinanderfolgender Variablen der Form (vor und hinter den beiden Zeichen "- -" darf kein Leerzeichen stehen)

```
varname_anf--varname_end
```

so daß dadurch alle Variablen hinter "`varname_anf`" und vor "`varname_end`" (inklusive dieser beiden Variablen) spezifiziert werden (siehe die Abbildung 6.3):

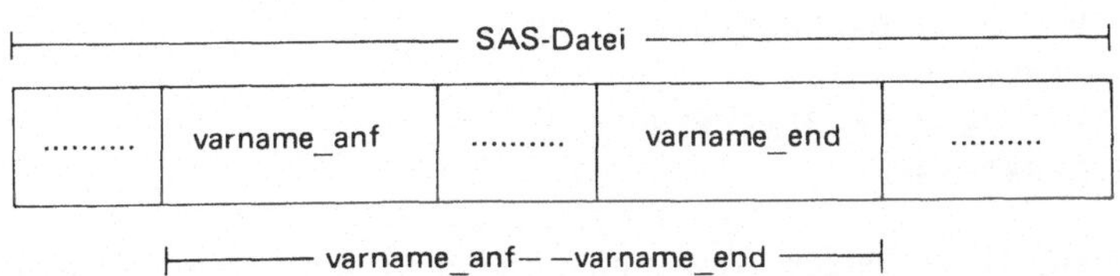

Abbildung 6.3: Zusammenfassung von Variablen durch eine Variablenliste

Als Abkürzung für die Angabe aller in einer SAS-Datei abgespeicherten Variablen darf das Schlüsselwort "_ALL_" verwendet werden. Alle numerischen bzw. alphanumerischen Variablen können durch das Schlüsselwort "_NUMERIC_" bzw. "_CHARACTER_" zusammengefaßt werden.

Als Abkürzung für die zwischen "`varname_anf`" und "`varname_end`" enthaltenen numerischen (alphanumerischen) Variablen läßt sich die Angabe

```
varname_anf-NUMERIC-varname_end
```

bzw.

```
varname_anf-CHARACTER-varname_end
```

verwenden.   Dabei ist zwischen dem Schlüsselwort "NUMERIC" bzw. "CHARACTER" und dem vorausgehenden und dem nachfolgenden Variablennamen jeweils ein Bindestrich "-" einzutragen.

6.5 Datenmodifikationen

Bevor die Werte für eine Beobachtung — nach dem Einlesen aus einer Daten-Datei — in eine SAS-Datei übertragen werden, können sie im Hinblick auf nachfolgend durchzuführende Datenanalysen geeignet modifiziert werden (Abbildung 6.4).

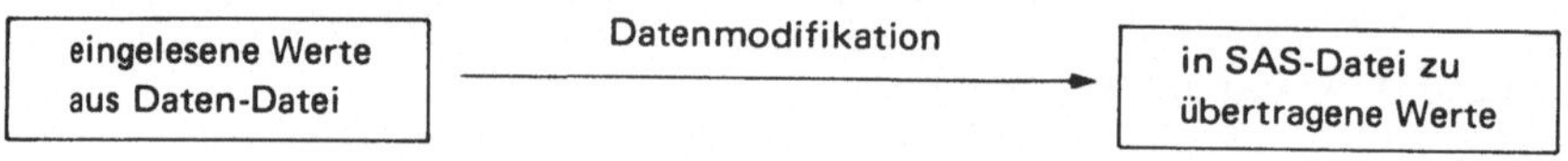

Abbildung 6.4: Datenmodifikation im DATA-Step

Dazu sind geeignete Anweisungen zur Datenmodifikation (hinter der INPUT-Anweisung) am Ende des DATA-Steps anzugeben.

Sind z.B. die 4 Antwortkategorien der Variablen KENNTNIS zu den beiden neuen Klassen "gut informiert" und "schlecht informiert" für eine nachfolgende Analyse zusammenzufassen, so kann dies durch die beiden *IF-Anweisungen*

```
IF KENNTNIS EQ 1 OR KENNTNIS EQ 2
   THEN KENNTNIS = 1;
IF KENNTNIS EQ 3 OR KENNTNIS EQ 4
   THEN KENNTNIS = 2;
```

erreicht werden. Diese beiden Anweisungen sind im o.a. Beispielprogramm hinter der INPUT- und vor der PROC-Anweisung einzufügen.

Für jeden eingelesenen Wert der Variablen KENNTNIS werden diese beiden Anweisungen nacheinander durchlaufen. Wurde für die Variable KENNTNIS der Wert 1 oder (OR) der Wert 2 eingelesen, so ist die in der 1. IF-Anweisung aufgeführte Bedingung

```
KENNTNIS EQ 1 OR KENNTNIS EQ 2
```

erfüllt, und es wird die im sog. *THEN-Zweig* eingetragene *Zuweisung*

```
KENNTNIS = 1
```

ausgeführt, d.h. es wird der Variablen KENNTNIS der Wert 1 als Variablenwert zugewiesen. Ist der Wert 1 oder 2 eingelesen, so ist die Bedingung

```
KENNTNIS EQ 3 OR KENNTNIS EQ 4
```

der nachfolgenden 2. IF-Anweisung nicht erfüllt, und folglich wird der dort angegebene THEN-Zweig nicht durchlaufen, so daß für diese Beobachtung der Wert 1 in der SAS-Datei abgespeichert wird.

Ist andererseits für eine Beobachtung der Wert 3 oder 4 aus der Daten-Datei in die Variable KENNTNIS eingelesen worden, so ist die in der 1. IF-Anweisung aufgeführte Bedingung nicht erfüllt, so daß die im dortigen THEN-Zweig eingetragene Zuweisung nicht ausgeführt wird. Da die Bedingung in der 2. IF-Anweisung erfüllt ist, wird in diesem Fall der Wert 2 als neuer Wert zugewiesen und anschließend in die SAS-Datei übertragen.

Zuweisung

Generell kann man mit einer *Zuweisung* der Form

```
varname = ausdruck ;
```

die Werte einer vorhandenen Variablen rekodieren (abändern) oder aber eine neue Variable einrichten (siehe Abschnitt 11.1). In beiden Fällen muß der Name der betreffenden Variablen auf der linken Seite des Zuweisungszeichens "–" kodiert werden. Wie die Variablenwerte zu bestimmen sind, wird durch den rechts vom Zuweisungszeichen angegebenen Ausdruck beschrieben.

So legt z.B. die Zuweisung

```
KENNTNIS = 1;
```

fest, daß die Variable KENNTNIS für jede Beobachtung den Wert 1 erhalten soll.

Ersetzen wir die beiden o.a. IF-Anweisungen zur Zusammenfassung der vier Antwortkategorien von KENNTNIS etwa durch die Anweisungen

```
KENNTNEU = KENNTNIS;
IF KENNTNIS EQ 1 OR KENNTNIS EQ 2
   THEN KENNTNEU = 1;
IF KENNTNIS EQ 3 OR KENNTNIS EQ 4
   THEN KENNTNEU = 2;
```

so wird eine neue Variable namens KENNTNEU (als 4. Variable in der SAS-Datei) eingerichtet, welche die geforderten Werte enthält. In diesem Fall werden die ursprünglichen Werte der Variablen KENNTNIS (unverändert) in die SAS-Datei übernommen. Die Zuweisung

```
KENNTNEU = KENNTNIS;
```

darf dann entfallen, wenn KENNTNIS nur die Werte 1, 2, 3 und 4 als Variablenwerte enthält.

IF-Anweisung

Generell kann mit Hilfe der *IF-Anweisung* in der Form

```
IF bedingung
   THEN varname = ausdruck ;
```

einer Variablen in Abhängigkeit von der Gültigkeit einer Bedingung der Wert eines Ausdrucks zugeordnet werden.

Im o.a. Beispiel haben wir die beiden *Vergleichsbedingungen*

```
KENNTNIS EQ 1
```

und

```
KENNTNIS EQ 2
```

mit Hilfe des logischen Operators OR (oder) zu der *komplexen Bedingung*

```
KENNTNIS EQ 1 OR KENNTNIS EQ 2
```

zusammengefaßt. Diese Bedingung ist für eine Beobachtung dann nicht erfüllt, falls der zugehörige Wert von KENNTNIS weder 1 noch 2 ist.

Allgemein lassen sich mehrere Vergleichsbedingungen durch die logischen Operatoren *OR* (oder), *AND* (und) und *NOT* (nicht) verknüpfen (zur Prioritätenfolge bei der Auswertung von komplexen Bedingungen siehe Abschnitt 11.2.1).

Innerhalb einer Vergleichsbedingung können neben der Gleichheitsabfrage mit dem Schlüsselwort "EQ" als weitere Vergleichsoperatoren die folgenden Schlüsselwörter verwendet werden:[9]

- GT für "größer als",

- LT für "kleiner als",

- NE für "ungleich",

- GE für "größer oder gleich" und

- LE für "kleiner oder gleich".

Somit hätten wir für die beiden o.a. IF-Anweisungen z.B. auch

```
IF KENNTNIS EQ 1 OR KENNTNIS EQ 2
   THEN KENNTNIS = 1;
IF KENNTNIS GT 2
   THEN KENNTNIS = 2;
```

---

[9]Bei alphanumerischen Werten wird der Vergleich gemäß der lexikographischen Ordnung durchgeführt, d.h. die Beziehung wird durch die Ordnungsbeziehung der beiden Zeichen bestimmt, die positionsgleich in den zu vergleichenden Werten enthalten sind und für die als erste keine Übereinstimmung besteht.

schreiben können.[10]

6.6 Vereinbarung von fehlenden Werten (MISSING-Anweisung)

Eingabe fehlender Werte

Für unseren Fragebogen haben wir festgelegt, daß für nicht beantwortete Fragen *Leerzeichen* als fehlende Werte kodiert werden sollen (vgl. Abschnitt 4.1).

Ist bei der Eingabe eines Variablenwerts (durch die Ausführung einer INPUT-Anweisung) der zugehörige Zeichenbereich nur mit Leerzeichen oder dem Dezimalpunkt "." als alleinigem Zeichen belegt, so wird der Beobachtung ein sog. "fehlender Wert" zugewiesen. Bei einer numerischen Variablen wird dieser Wert durch den Dezimalpunkt "." und bei einer alphanumerischen Variablen durch den Dezimalpunkt oder das Leerzeichen dargestellt.

Bei zukünftigen Auswertungen werden Beobachtungen mit fehlenden Werten nicht in die Auswertung mit einbezogen oder aber gesondert verrechnet (dies ist abhängig von der jeweiligen SAS-Prozedur).

Spezielle fehlende Werte

Sollen bei numerischen Variablen verschiedene Formen von fehlenden Werten unterschieden werden (siehe die Anmerkungen im Abschnitt 4.1), so lassen sich bis zu 27 verschiedene Arten durch die Buchstaben von "A" bis "Z" und das Unterstreichungszeichen "_" als sog. *spezielle fehlende Werte* für alle *numerischen Variablen* festlegen. Dazu ist die *MISSING-Anweisung* der Form[11]

```
MISSING spez-fehl-wert-1 [ spez-fehl-wert-2 ]... ;
```

anzugeben. Tritt ein in einer MISSING-Anweisung aufgeführter Wert bei der Dateneingabe für eine numerische Variable auf, so wird er nicht als falscher Eingabewert bemängelt, sondern als spezieller fehlender Wert interpretiert. Der Vorteil besteht darin, daß durch dieses Vorgehen verschiedenartige fehlende Werte für die weitere Verarbeitung differenziert werden können.

Um z.B. das Antwortverhalten "weiß nicht" und "trifft nicht zu" auseinanderzuhalten, könnten die Zeichen "W" und "T" als Kodewerte verabredet, diese Zeichen an den entsprechenden Zeichenpositionen in der Datenmatrix erfaßt und durch die Anweisung

```
MISSING T W;
```

als spezielle fehlende Werte ausgewiesen werden.

---

[10]Hätten wir als erste Anweisung IF KENNTHIS LE 2 THEN KENNTHIS = 1; geschrieben, so hätten wir den Fehler begangen, daß die fehlenden Werte durch den Wert "1" ersetzt worden wären (das Zeichen "." geht dem Wert "2" in der Sortierordnung voraus).

[11]Für alphanumerische Variable können keine speziellen fehlenden Werte verabredet werden.

Zuweisung von fehlenden Werten

Hätten wir nicht das Leerzeichen, sondern den Wert "0" als Kennung für eine fehlende Antwort in unserem Kodeplan festgelegt, so könnte der Wert "0" — nach der
Dateneingabe und vor der Übertragung in die SAS-Datei — durch die Ausführung
der Anweisung

```
IF KENNTNIS EQ 0
   THEN KENNTNIS = .;
```

durch den fehlenden Wert "." ersetzt werden.

Wollten wir in dieser Situation den speziellen fehlenden Wert "F" zuweisen, so
wäre zunächst "F" in der Form

```
MISSING F;
```

als spezieller fehlender Wert festzulegen und anschließend die Anweisung

```
IF KENNTNIS EQ 0
   THEN KENNTNIS = .F;
```

in den DATA-Step einzutragen. Wird nämlich ein spezieller fehlender Wert als
Konstante innerhalb einer Anweisung aufgeführt, so muß dem jeweiligen Zeichen
ein Punkt "." unmittelbar vorausgehen, wie es soeben durch die Angabe von ".F"
geschehen ist. Im Gegensatz zu ihrer Aufführung als Konstante werden spezielle
fehlende Werte bei der Datenausgabe dagegen stets ohne vorausgehenden Dezimalpunkt protokolliert.

Sortierfolge von fehlenden Werten

In gesonderten Fällen spielt die Sortierordnung der speziellen fehlenden Werte eine
Rolle. Sind nämlich für eine Variable mehrere fehlende Werte, z.B. für die Variable
V die Werte "W" und "T" durch die MISSING-Anweisung

```
MISSING T W;
```

verabredet, so können diese Werte durch die Ausführung der Anweisung

```
IF V LE .Z
   THEN V = .;
```

in den fehlenden Wert "." umgewandelt werden, da für die speziellen fehlenden
Werte die *Sortierfolgeordnung*

```
_  . A B C   ...   Z
```

gilt.

Automatische Zuordnung von fehlenden Werten

Wie o.a. wird bei der Dateneingabe für eine numerische Variable dann der fehlende Wert zugeordnet, wenn im Zeichenbereich des eingelesenen Datensatzes ein ungültiges Zeichen (wie etwa ein Fragezeichen) enthalten ist (gleichzeitig wird im Log-Protokoll eine diesbezügliche Meldung ausgegeben, siehe Abschnitt 6.7).

Bei der Einrichtung einer neuen Variablen (siehe Abschnitt 6.5) wird jeder Beobachtung zunächst der fehlende Wert zugeordnet. Dieser Wert wird in die SAS-Datei als Variablenwert übernommen, wenn für eine Beobachtung kein Variablenwert aus der Zuordnungsvorschrift gebildet werden kann (etwa bei der Division durch Null) oder bei der Auswertung eines Ausdrucks ein zu verrechnender Variablenwert als fehlend gekennzeichnet ist.

6.7 Überprüfung der Eingabedaten

Leider kann in der Regel nicht davon ausgegangen werden, daß die in den Datensätzen der Magnetplatten-Datei erfaßten Werte unserer Datenmatrix alle korrekt sind, da Erfassungsfehler nicht auszuschließen sind. Deshalb muß vor Beginn der eigentlichen Datenanalysen zunächst eine Datenprüfung durchführt werden.

Eingabefehler

Bei der Dateneingabe kontrolliert das SAS-System standardmäßig, ob die in numerische Variablen zu übertragenden Werte auch tatsächlich nur aus Ziffern bestehen, die gegebenenfalls einen Dezimalpunkt enthalten und durch ein Vorzeichen eingeleitet sein dürfen.[12]

Ist etwa versehentlich für die 3. Beobachtung in der Zeichenposition 24 des 2. Satzes der Buchstabe "A" erfaßt worden, so wird dies bei der Dateneingabe vom SAS-System durch die im Log-Protokoll eingetragene und in Abbildung 6.5 dargestellte Fehlermeldung angezeigt.

In diesem Fall muß im Fragebogen, dessen Identifikationsnummer in den ersten drei Zeichenpositionen des protokollierten Datensatzes eingetragen ist, die Kodierung der Ausprägung des Merkmals "Stellenaussichten nach dem Studium" überprüft und eine entsprechende Korrektur vorgenommen werden.

Liegen derartige Eingabefehler nicht vor, so sind als nächstes die vom SAS-System ausgedruckte Anzahl der Beobachtungen ("observations") mit der erwarteten Anzahl zu vergleichen. Stimmen diese beiden Größen nicht überein, so sind die Fragebogennummern, die in unserem Beispiel im Zeichenbereich 1-3 in jedem Datensatz eingetragen sind, zu überprüfen. Dazu lassen wir uns Häufigkeitstabellen für die Identifikationsnummern innerhalb der 1. und der 2. Satzart durch das

---

[12] Als Nichtziffernzeichen werden nur die durch eine MISSING-Anweisung verabredeten speziellen fehlenden Werte toleriert. Falls ein Zeichenbereich nur aus Leerzeichen besteht bzw. nur den Dezimalpunkt "." als alleiniges Zeichen enthält, wird — bei gleichzeitiger Protokollierung im Log-Protokoll — der Dezimalpunkt als fehlender Wert zugewiesen.

```
NOTE: Invalid data for AUSSICHT in line 6 24-24.
RULE:----+----1----+----2----+----3----+----4----+----5----+----6----+----7---
   5   312602         3                                                     745
   6   32                          A1
AUSBILD=3 AUSSICHT=. KENNTNIS=. _ERROR_=1 _N_=3
NOTE: The infile 'brestud.dat' is file C:\BRESTUD.DAT.
NOTE: 780 records were read from the infile C:\BRESTUD.DAT.
      The minimum record length was 4.
      The maximum record length was 71.
NOTE: The data set WORK.STUDANF has 390 observations and 3 variables.
NOTE: The DATA statement used 3.00 seconds.
```

Abbildung 6.5: Beispiel für eine Fehlermeldung

SAS-Programm

```
DATA TEST;
     INFILE 'brestud.dat' MISSOVER;
     INPUT #1 IDENTNR1 1-3
           #2 IDENTNR2 1-3;
PROC FREQ;
RUN;
```

ausdrucken, mit deren Hilfe wir ermitteln können, ob z.B. die Angaben zu einer
Beobachtung fehlen oder u.U. mehrfach erfaßt wurden.

Überprüfung der Satzfolge

Standardmäßig wird bei der Dateneingabe überprüft, ob die Anzahl der eingelesenen Sätze ganzzahlig durch die Anzahl der pro Beobachtung vorhandenen Satzarten
(die innerhalb der INPUT-Anweisung mitgeteilt werden muß) teilbar ist. Bei einer
Unregelmäßigkeit wird die entsprechende Fehlermeldung ins Log-Protokoll eingetragen.

Da in unserem Beispiel pro Beobachtung jeweils 2 Datensätze vorliegen, ist es
möglich, daß bei einer falschen Anzahl von Beobachtungen evtl. folgende Fehler
vorliegen:

- für eine Beobachtung fehlt eine Satzart oder

- für eine Beobachtung wurde eine Satzart fälschlicherweise mehrfach erfaßt.

Zudem ist es in jedem Fall erforderlich, die Reihenfolge der Datensätze auf Kor-
rektheit zu überprüfen, damit sichergestellt ist, daß pro Beobachtung jeweils 2 Datensätze vorliegen und der jeweils 2. Satz auf den jeweils 1. Satz folgt.

In unserem Fall überprüfen wir die richtige Satzfolge durch den DATA-Step[13]

```
DATA _NULL_;
INFILE 'brestud.dat' MISSOVER;
INPUT #1 IDENTNR1 1 - 3 SATZART1 4
      #2 IDENTNR2 1 - 3 SATZART2 4;
IF NOT (IDENTNR1 EQ IDENTNR2 AND SATZART1 EQ 1 AND SATZART2 EQ 2)
   THEN LOSTCARD;
RUN;
```

Durch die Ausführung dieses DATA-Steps werden etwaige Unregelmäßigkeiten in der Satzfolge im Log-Protokoll ausgewiesen, so daß daraufhin die Daten-Datei korrigiert werden kann. Unter Umständen ist es erforderlich, die Datensätze nach der Identifikationsnummer und diesbezüglich (bei gleicher Identifikation) nach der Satzart zu ordnen. Dazu kann die SORT-Anweisung eingesetzt werden (siehe Abschnitt 7.2).

Die interne Variable _N_

Für Datenüberprüfungen ist es oftmals nützlich, sich über die Nummer der aktuellen Beobachtung innerhalb der Reihenfolge aller Beobachtungen informieren zu können. Dazu stellt das SAS-System eine *interne Variable* namens "_N_" zur Verfügung, die innerhalb eines DATA-Steps automatisch eingerichtet und nicht mit in die SAS-Datei übernommen wird.

Überprüfung von Werten

Sind die Anzahl und die Identifikationsnummern der Beobachtungen (und die Satzfolge bei mehreren Sätzen pro Beobachtung) korrekt, so sollten zunächst die Häufigkeitsverteilungen aller zu analysierenden Variablen ausgegeben werden. Dadurch läßt sich feststellen, ob etwa infolge von Kodier- oder Erfassungsfehlern unzulässige Werte auftreten.

Nehmen wir z.B. an, daß wir für die Variable AUSSICHT dreimal den unzulässigen Wert "9" festgestellt hätten. Dann könnten wir uns die betreffenden Fragebogennummern und die relative Lage der gesuchten Beobachtungen in der Daten-Datei etwa so ausgeben lassen:

```
DATA _NULL_;
  INFILE 'brestud.dat' MISSOVER;
  INPUT #2 IDENTNR 1 - 3 AUSSICHT 24;
  IF AUSSICHT EQ 9
     THEN PUT IDENTNR = 5 - 15 AUSSICHT = 20 - 29 _N_ = 35 - 41;
  RUN;
```

---

[13]Da die Auswertung bereits innerhalb des DATA-Steps erfolgt, braucht keine SAS-Datei für einen nachfolgenden PROC-Step aufgebaut zu werden. In diesem Fall ist das Schlüsselwort "_NULL_" in der DATA-Anweisung anstelle eines Dateinamens für eine SAS-Datei anzugeben.

Für die Beobachtungen, für welche die Variable AUSSICHT den Wert 9 besitzt,
wird die *PUT-Anweisung*

```
PUT IDENTNR = 5 - 15 AUSSICHT = 20 - 29 _N_ = 35 - 41;
```

ausgeführt. Dadurch wird eine Ausgabe ins Log-Protokoll vorgenommen, wobei der
aktuelle Wert der Variablen IDENTNR in den Zeichenbereich 5 - 15, der Wert 9
von AUSSICHT (zur Kontrolle) in den Zeichenbereich 20 - 29 und die Nummer
der gerade bearbeiteten Beobachtung — diese ist in der *internen Variablen _N_*
als Wert enthalten — in den Zeichenbereich 35 - 41 der aktuellen Ausgabezeile
eingetragen wird. Vor der Fragebogennummer, dem Wert der Variablen AUSSICHT
und der Beobachtungsnummer werden die Texte "IDENTNR = ", "AUSSICHT = "
und "_N_ = " protokolliert. Insgesamt werden für die drei fehlerhaften Werte der
Variablen AUSSICHT drei Ausgabezeilen in das Log-Protokoll ausgegeben.

Allgemein läßt sich die *PUT-Anweisung* in der Form

```
PUT varname-1 [ = ] [ $ ] zpn1 [ - zpn2 ] [ dezzahl1 ]
    [ varname-2 [ = ] [ $ ] zpn3 [ - zpn4 ] [ dezzahl2 ] ]... ;
```

zur Ausgabe von Werten in das Log-Protokoll einsetzen. Die Syntax entspricht bis
auf die zusätzlich mögliche Angabe des Gleichheitszeichens "=" hinter dem Variablennamen genau der Syntax der INPUT-Anweisung. Durch die Angabe des Gleichheitszeichens ist es möglich, den zugehörigen Variablennamen vor dem auszugebenden Variablenwert ins Protokoll aufzunehmen, so daß die Zeilen des Log-Protokolls
besser lesbar sind. In diesem Fall kennzeichnet die hinter dem Gleichheitszeichen
angegebene Positionsnummer die Zeichenposition, ab welcher der Variablenname
ausgegeben werden soll. Hinter dem Variablennamen folgt unmittelbar das Gleichheitszeichen, und daran anschließend wird der Variablenwert — ohne Zwischenraum
— in die Ausgabezeile eingetragen.

Kapitel 7

Protokollierung der Daten einer SAS-Datei

7.1 Druckausgabe (PRINT-Prozedur)

Ausgabe ins Log-Protokoll

Sollen bei der Ausführung eines DATA-Steps alle oder einzelne eingelesene Datensätze in das Log-Protokoll ausgegeben werden, so kann die *LIST-Anweisung* in der Form

```
LIST ;
```

verwendet werden. Bei der Ausführung der LIST-Anweisung wird der gesamte eingelesene Datensatz — unverändert — in eine Ausgabezeile des Log-Protokolls eingetragen.

Im Hinblick auf die Diskussion im Abschnitt 6.7 könnten wir z.B. die Sätze, in denen die Variable AUSSICHT den falschen Wert 9 besitzt, durch den folgenden DATA-Step protokollieren lassen:

```
DATA _NULL_;
   INFILE 'brestud.dat' MISSOVER;
   INPUT #2 AUSSICHT 24;
   IF AUSSICHT EQ 9
      THEN LIST;
   RUN;
```

Dadurch werden die drei betroffenen Datensätze untereinander ins Log-Protokoll ausgegeben.

Ausgabe ins Output-Protokoll

Sind nicht alle, sondern evtl. nur ausgewählte Daten eines Datensatzes zu protokollieren, und soll die Druckausgabe strukturiert werden, so ist die *Prozedur PRINT* in der Form

```
PROC PRINT [ DATA = sas-dateiname ] [ LABEL ] ;
   [ VARIABLES variablenliste-1 ; ]
   [ ID variablenliste-2 ; ]
   [ FORMAT variablenliste-3 ; ]
   [ TITLE[n] 'text-1' ; ]...
   [ FOOTNOTE[m] 'text-2' ; ]...
   [ BY [DESCENDING] varname-1 [ [DESCENDING] varname-2 ]... ; |
     BY varname-3 [varname-4 ]...   NOTSORTED ; ]
```

einzusetzen.[1]

Hinter dem Schlüsselwort *"PRINT"* können eine oder mehrere der aufgeführten
Optionen angegeben werden, die — durch mindestens ein Leerzeichen voneinander
getrennt — hintereinander aufzuschreiben sind.

In der DATA-Option ist hinter dem Schlüsselwort *"DATA"* — durch ein Gleich-
heitszeichen getrennt — der Name der SAS-Datei anzugeben, deren Inhalt ins
Output-Protokoll ausgegeben werden soll. Unterbleibt die Angabe der DATA-
Option, so wird auf die Sätze derjenigen SAS-Datei zugegriffen, die vor diesem
PROC-Step als letzte SAS-Datei eingerichtet wurde.

So werden durch das SAS-Programm

```
DATA DRUCKAUF;
   INFILE 'brestud.dat' MISSOVER;
   INPUT #1 GESCHL 5 FAMSTAND 8 AUSBILD 17
         #2 AUSSICHT 24 ANSPRUCH 25 KENNTNIS 27;
PROC PRINT;
   VARIABLES GESCHL FAMSTAND AUSBILD AUSSICHT ANSPRUCH KENNTNIS;
RUN;
```

die Variablenwerte der innerhalb der VARIABLES-Anweisung

```
VARIABLES GESCHL FAMSTAND AUSBILD AUSSICHT ANSPRUCH KENNTNIS;
```

im PROC-Step aufgeführten Variablen kolumnenweise untereinander ausgegeben,
wobei jede Kolumne durch den zugehörigen Variablennamen überschrieben und jede
Ausgabezeile durch eine Kennung für die jeweilige Beobachtung eingeleitet wird.

Kennzeichnung der Werte

Standardmäßig wird die erste Kolumne durch den Namen *"OBS"* überschrieben und
in ihr werden als Kennung für die Beobachtungen die jeweiligen Werte der internen
Variablen _N_ eingetragen. Sollen stattdessen die Werte einer oder mehrerer in
der SAS-Datei enthaltener Variablen zur Kennzeichnung der Beobachtungen vor

---

[1]Der senkrechte Strich "|" besagt, daß entweder die davorstehende oder aber die dahinter
angegebene Form der BY-Anweisung verwendet werden darf. Das Schlüsselwort "VARIABLES"
kann durch "VAR" abgekürzt werden.

den Kolumnen der auszugebenden Variablenwerte protokolliert werden, so sind die
zugehörigen Variablennamen in einer *ID-Anweisung* in der Form

```
ID varname-1 [ varname-2 ]... ;
```

innerhalb der PRINT-Prozedur aufzuführen.

Soll z.B. die Fragebogennummer zu Beginn jeder Ausgabezeile protokolliert werden, so ist das SAS-Programm

```
DATA DRUCKAUF;
    INFILE 'brestud.dat' MISSOVER;
    INPUT #1 IDENTNR 1-3 GESCHL 5 FAMSTAND 8 AUSBILD 17
          #2 AUSSICHT 24 ANSPRUCH 25 KENNTNIS 27;
PROC PRINT;
    VARIABLES GESCHL FAMSTAND AUSBILD AUSSICHT ANSPRUCH KENNTNIS;
    ID IDENTNR;
RUN;
```

auszuführen.

Die Option LABEL

Zur Umstellung der standardmäßigen Form der Druckausgabe können geeignete
Optionen in der PRINT-Prozedur angeben werden. So lassen sich etwa durch die
Aufführung der Option *LABEL* anstelle der Variablennamen die in der SAS-Datei
(durch eine LABEL-Anweisung) eingespeicherten Variablenetiketten protokollieren.

Werteetiketten

Sind für eine oder mehrere Variable (etwa durch einen zuvor durchgeführten PROC-
Step mit der Prozedur FORMAT) innerhalb der SAS-Datei Werteetiketten verabredet worden, z.B. für die Variable AUSSICHT durch den Formatnamen FAUSSICH,
so wird durch die PRINT-Prozedur das jeweilige Werteetikett anstelle des Variablenwerts ausgegeben. Sollen nicht die Werteetiketten, sondern die ursprünglichen
Werte protokolliert werden, so ist eine FORMAT-Anweisung (ohne die Zuordnung
des Formatnamens) in der Form

```
FORMAT variablenliste ;
```

anzugeben. Dadurch wird für alle in dieser Variablenliste aufgeführten Variablen
vereinbart, daß die zuvor durch eine FORMAT-Prozedur vorgenommene Zuordnung
von Werteetiketten innerhalb der aktuellen Prozedur außer Kraft gesetzt wird (siehe
dazu auch Abschnitt 11.11).

In unserem Fall wäre also die Anweisung

```
FORMAT AUSBILD AUSSICHT KENNTNIS;
```

in den PROC-Step aufzunehmen.

Überschriften und Fußnoten

Ist die Ausgabe in das Output-Protokoll — auf jeder Ausgabeseite — durch eine
Überschrift einzuleiten oder durch eine Fußnote abzuschließen, so können dazu bis
zu jeweils 10 Zeilen durch geeignete TITLE-Anweisungen in der Form

```
TITLE[n] 'text-1' ;
```

bzw. FOOTNOTE-Anweisungen in der Form

```
FOOTNOTE[m] 'text-2' ;
```

formuliert werden. Dabei legen die Nummern "n" bzw. "m", für die unmittelbar hinter dem "E" von "TITLE" bzw. "FOOTNOTE" eine Zahl zwischen 1 und
10 einzusetzen ist, diejenigen Zeilennummern fest, in welche der jeweils angegebene Text zu Beginn und am Ende jeder Seite des Output-Protokolls eingetragen
wird. Anstelle von "TITLE1" und "FOOTNOTE1" darf abkürzend "TITLE" bzw.
"FOOTNOTE" geschrieben werden.

Ändern wir z.B. den o.a. PROC-Step in der Form

```
PROC PRINT;
   ID IDENTNR;
   TITLE    'Listing';
   TITLE3   'von ausgewaehlten Daten';
   TITLE4   'der SAS-Datei ''DRUCKAUF'':';
RUN;
```

ab, so erhalten wir als Anfang des Output-Protokolls die in der Abbildung 7.1
angegebene Eintragung (für die 10 ersten Datensätze):

```
                              Listing

                      von ausgewaehlten Daten
                      der SAS-Datei 'DRUCKAUF':

 IDENTNR    GESCHL    FAMSTAND    AUSBILD    AUSSICHT    ANSPRUCH    KENNTNIS

    1         2          1           2          3           1           3
    2         2          1           3          .           1           .
    3         2          2           3          2           1           .
    4         2          1           3          2           1           2
    5         1          1           2          2           1           2
    6         1          2           3          2           1           3
    7         1          1           3          2           1           2
    8         1          1           3          2           2           2
    9         1          1           3          3           2           2
   10         1          3           2          2           2           2
```

Abbildung 7.1: Anfang einer Druckausgabe durch die Prozedur PRINT

Es ist zu beachten, daß die in einer PRINT-Prozedur durch die TITLE- und die FOOTNOTE-Anweisung vereinbarten Überschrifts- und Fußnotenzeilen in der Folge solange im Output-Protokoll ausgegeben werden, bis sie durch andere TITLE- und FOOTNOTE-Anweisungen verändert oder gelöscht werden.[2]

Fehlen der VARIABLES-Anweisung

Wir haben im letzten PROC-Step zur Ausführung der PRINT-Prozedur keine VARIABLES-Anweisung angegeben, da beim Fehlen dieser Anweisung die Druckausgabe automatisch für alle Variablen der SAS-Datei durchgeführt wird. Die Angabe der VARIABLES-Anweisung ist also nur dann erforderlich, wenn die Reihenfolge der Variablen bei der Druckausgabe gegenüber der Abfolge innerhalb der SAS-Datei verändert wird oder aber nur ausgewählte Variable im Protokoll aufgenommen werden sollen.

Auswahl von Datensätzen

Oftmals sollen nicht für alle, sondern nur für eine Auswahl von Beobachtungen die Werte von Variablen protokolliert werden. Dazu ist vor der Ausführung der PRINT-Prozedur eine geeignete SAS-Datei mit den erwünschten Beobachtungen einzurichten.

Sind wir z.B. am Ausdruck der Werte für die Studentinnen interessiert, so lassen wir dazu das folgende SAS-Programm ausführen:

```
DATA STUD_W;
   INFILE 'brestud.dat' MISSOVER;
   INPUT #1 GESCHL 5 FAMSTAND 8 AUSBILD 17
         #2 AUSSICHT 24 ANSPRUCH 25 KENNTNIS 27;
   IF GESCHL EQ 1 OR GESCHL EQ .
      THEN DELETE;
PROC PRINT;
   FOOTNOTE2 'Ausdruck der Werte';
   FOOTNOTE3 'der Studentinnen';
RUN;
```

Durch die Ausführung der *DELETE-Anweisung* in der Form

```
DELETE ;
```

werden alle Werte des aktuell eingelesenen Datensatzes gelöscht, d.h. nicht in die SAS-Datei übertragen. Dies geschieht im o.a. Programm für diejenigen Sätze, für welche die Variable GESCHL den Wert 1 (Studenten) bzw. den fehlenden Wert

---

[2]Zur interaktiven Festlegung und Änderung von Überschriften (TITLE) und Fußnoten (FOOTNOTE) siehe Kapitel 11.5.

"." besitzt. Die Sätze mit den Antworten der Studentinnen werden in die SAS-Datei STUD_W übertragen, so daß sie durch den Aufruf des nachfolgenden PROC-Steps ins Output-Protokoll ausgegeben werden. Dabei wird jede Ausgabeseite durch eine Fußnote mit dem in den beiden FOOTNOTE-Anweisungen verabredeten Text beendet.

Spezifizierung einer Ausgabeseite

Standardmäßig ist eine Ausgabeseite des Output-Protokolls auf 78 Zeichen pro Zeile festgelegt. Sollen im Hinblick auf eine Druckausgabe der Ergebnisse — durch den Einsatz des PRINT-Befehls (siehe Abschnitt 5.2) — die Voreinstellung verändert werden, so geben wir eine *OPTIONS-Anweisung* der Form

```
OPTIONS [ LINESIZE = n ] [ PAGESIZE = m ] ;
```

an.[3] Über das Schlüsselwort "LINESIZE" wird die Zeichenzahl pro Zeile festgelegt, wobei für "n" ein Wert von 64 bis 256 anzugeben ist. Die neue Zeilenzahl pro Ausgabeseite wird durch die Angabe unter dem Schlüsselwort "PAGESIZE" bestimmt. Dabei darf "m" einen Wert zwischen 20 und 500 annehmen. Die Verabredung über die OPTIONS-Anweisung bleibt während des gesamten Dialogs solange in Kraft, bis sie durch eine nachfolgende OPTIONS-Anweisung geändert wird.

Ausgabe von systemspezifischen Voreinstellungen

Wollen wir uns über die aktuell eingestellten systemspezifischen Voreinstellungen (die in der Regel von Installation zu Installation verschiedenartig festgelegt sind) informieren, so können wir dazu die *Prozedur OPTIONS* in der Form

```
PROC OPTIONS ;
RUN;
```

aufrufen, woraufhin die gewünschten Angaben im Log-Protokoll ausgegeben werden.

Anzeige und Änderung aktueller Systemoptionen im Options-Schirm

Um im Dialogmodus die aktuellen Systemoptionen anzeigen zu lassen, geben wir in einer Command-Zeile den Befehl

```
OPTIONS
```

ein. Nach Ausführung des Befehls öffnet sich ein weiter Schirm, der *Options-Schirm*, mit den aktuellen Systemoptionen (siehe Abbildung 7.2). Durch geeignetes Bewegen der Cursor-Tasten oder durch Drücken der Tabulator-Tasten können wir den

---

[3] Die OPTIONS-Anweisung kann an beliebiger Stelle eines SAS-Programms stehen. Zweckmäßigerweise steht sie vor den Anweisungen, die eine bestimmte Ausgabe erzeugen sollen. In einem SAS-Programm können mehrere OPTIONS-Anweisungen eingesetzt werden.

```
 OUTPUT                                         OPTIONS
 Command ===>                                   Command ===>

                                                Option          Value
                                                CENTER          ON
                                                CHARCODE        OFF
                                                DATE            ON
                                                DEVICE
                                                ERRORS          20
                                                FIRSTOBS        1
                                                FORMCHAR        |----|+|---+=|
 LOG                                            KANJI           OFF
 Command ==->                                   LINESIZE        78
                                                MISSING         .
                                                MPRINT          OFF
                                                MTRACE          OFF
                                                NEWS
                                                NOTES           ON
                                                NUMBER          ON
 Command ===>                                   OBS             MAX
                                                OVP             OFF
 00001                                          PAGENO          1
 00002                                          PAGESIZE        21
 00003                                          PROBSIG         0
```

Abbildung 7.2: Erste Seite des Option-Schirms

Cursor auf eine gewünschte Position bewegen und Veränderungen an den Voreinstellungen vornehmen. Eine von der Syntax gültige Eintragung ist sofort wirksam
und bleibt für die Dauer des SAS-Dialogs erhalten. Um längerfristige Speicherungen
vorzunehmen, muß der Befehl

SAVE

aus der Command-Zeile des Options-Schirms ausgeführt werden. Es wird
eine entsprechende Eintragung in eine SAS-Katalog-Datei unter dem Namen
"PROFILE.SCT" vorgenommen.[4]

Der Options-Schirm wird durch die Ausführung des Befehls

END

geschlossen.

7.2 Sortierte Datenausgabe (BY-Anweisung und SORT-Prozedur)

Satzgruppe

Sind die Datensätze einer SAS-Datei nach Satzgruppen gegliedert, so kann mit der
PRINT-Prozedur eine nach diesen Satzgruppen getrennte Auflistung im Output-
Protokoll vorgenommen werden. Unter einer *Satzgruppe* versteht man dabei eine

---

[4]Vergleiche die Ausführungen zum SAVE-Befehl auf Seite 37.

Folge von Datensätzen, die durch eine charakteristische Eigenschaft gekennzeichnet sind.

Zum Beispiel kann es sinnvoll sein, die auszudruckenden Variablenwerte geschlechtsspezifisch in zwei Listen zu präsentieren. In diesem Fall muß die SAS-Datei in zwei Satzgruppen gegliedert sein, wobei zunächst alle Sätze mit der Eigenschaft "GESCHL = 1" und dann alle Sätze mit "GESCHL = 2" hintereinander in der SAS-Datei gespeichert sein müssen. Ebenso können auch alle Sätze mit "GESCHL = 1" auf die Sätze mit "GESCHL = 2" folgen, d.h. es muß eine der beiden folgenden Strukturierungen vorliegen (Abbildung 7.3):

GESCHL	weitere Variable		GESCHL	weitere Variable
1			2	
1	.		2	.
.	.	oder	.	.
.	.		.	.
1			2	
2			1	
2	.		1	.
.	.		.	.
.	.		.	.
2	.		1	.

Abbildung 7.3: SAS-Datei, sortiert nach den Werten von GESCHL

Dabei setzen wir voraus, daß alle Beobachtungen, für die GESCHL einen fehlenden Wert besitzt, von der Verarbeitung ausgeschlossen sind.

Die für die beiden Satzgruppen charakteristische Eigenschaft besteht also darin, daß die Variable GESCHL als Kriteriumsvariable eine Abfolge von Sätzen durch ihre Variablenwerte kennzeichnet.

An der Stelle, an der die Kriteriumsvariable für die Satzgruppen ihren Wert ändert, spricht man von einem *Satzgruppenwechsel.*

Satzgruppen können nicht nur durch eine, sondern auch durch mehrere Kriteriumsvariable beschrieben werden. In diesem Fall ist der Satzgruppenwechsel durch die Änderung mindestens eines Variablenwerts einer Kriteriumsvariablen gekennzeichnet.

BY-Anweisung

Sind etwa in einer SAS-Datei namens SEX_SORT zunächst die Sätze mit den Antworten der Studenten und daran anschließend die Sätze für die Studentinnen gespeichert (wie man diese Satzfolge erreichen kann, werden wir weiter unten zeigen), so läßt sich durch die Ausführung der PRINT-Prozedur eine für diese beiden

Satzgruppen *getrennte* Druckausgabe abrufen, in der zuerst die Angaben für die
1. Satzgruppe und daran anschließend — als neue Liste — die Angaben für die
2. Satzgruppe enthalten sind. Dazu ist die *BY-Anweisung*, deren generelle Syntax
durch

```
BY [ DESCENDING ] varname-1 [ [ DESCENDING ] varname-2 ]... ;
```

bzw.

```
BY varname-3 [ varname-4 ]... NOTSORTED ;
```

beschrieben ist, in geeigneter Weise innerhalb des PROC-Steps zur Ausführung der
PRINT-Prozedur anzugeben.

In dem angegebenen Fall (SEX_SORT enthält sortierte Sätze) erfüllt der PROC-
Step

```
PROC PRINT DATA = SEX_SORT;
   BY GESCHL;
RUN;
```

die Aufgabenstellung, weil der Satzgruppenwechsel durch die Änderung des Wertes
1 in den Wert 2 innerhalb der Kriteriumsvariablen GESCHL markiert ist und die
Datensätze nach den Werten von GESCHL aufsteigend sortiert sind.

Bei der Angabe der BY-Anweisung ist zu unterscheiden, ob die Satzgruppen in
sortierter Reihenfolge vorliegen oder nicht. Bei der Angabe in der Form

```
BY [ DESCENDING ] varname-1 [ [ DESCENDING ] varname-2 ]... ;
```

wird vorausgesetzt, daß die Sätze der SAS-Datei gemäß der Werte der aufgeführten Variablen sortiert sind. Sind mehrere Variablen hinter dem Wort "BY" angegeben, so müssen die Werte der zweiten Variablen innerhalb gleicher Werte
der zuerst aufgeführten Variablen auf- oder (bei der Angabe des Schlüsselwortes
"DESCENDING") absteigend sortiert sein, die Werte einer 3. Variablen innerhalb
gleicher Wertekombinationen aus 1. und 2. Variablen usw.

Werden die Satzgruppen einer SAS-Datei durch verschiedene Werte bzw. Wertekombinationen von einer oder mehreren Kriteriumsvariablen beschrieben und sind
die Sätze gemäß dieser Kriterien unsortiert, so ist zum Abruf einer nach diesen
Satzgruppen getrennten Druckausgabe eine BY-Anweisung der Form

```
BY varname-1 [ varname-2 ]... NOTSORTED ;
```

anzugeben. In diesem Fall werden — beginnend mit dem ersten Satz — solange
alle abgerufenen Variablenwerte in die erste Ausgabeliste übertragen, bis ein Satzgruppenwechsel stattfindet, d.h. ein Satz gelesen wird, bei dem für mindestens eine
der innerhalb der BY-Anweisung aufgeführten Kriteriumsvariablen ein anderer als
der bisherige Wert vorliegt. Entsprechend wird für alle nachfolgenden Satzgruppenwechsel verfahren, bis das Ende der SAS-Datei erreicht ist und damit die letzte
Ausgabeliste abgeschlossen werden kann.

SORT-Anweisung

Um die Druckausgabe nach Satzgruppen gliedern zu können, müssen die Datensätze
nach einem Sortierkriterium geordnet sein. Sind die Datensätze unsortiert in die
SAS-Datei übertragen worden, so ist vor der Druckausgabe durch die Prozedur
PRINT eine geeignete Sortierung der Sätze durchzuführen. Dazu ist die *Prozedur
SORT* in der Form

```
PROC SORT [ DATA = sas-dateiname-1 ] [ OUT = sas-dateiname-2 ] ;
     BY [DESCENDING] varname-1 [ [DESCENDING] varname-2 ]... ;
```

aufzurufen. Es werden die unsortierten Datensätze der Datei "sas-dateiname-1"
nach den in der BY-Anweisung formulierten Sortierkriterien sortiert und anschließend in eine SAS-Datei übertragen, deren Name in der OUT-Option innerhalb der PROC-Anweisung anzugeben ist. Sollen die sortierten Datensätze in die
SAS-Datei mit dem Namen "sas-dateiname-1" zurückgeschrieben werden, ist keine
OUT-Option anzugeben. Sind die Sätze der zuletzt erstellten SAS-Datei zu verarbeiten, so kann die DATA-Option entfallen.

Die Sortierordnung ist abhängig vom Internkode der Datenverarbeitungsanlage,
d.h. der Vorschrift, nach der die Zeichen im Speicher dargestellt sind.

Bei der Ausführung der SORT-Prozedur werden die Beobachtungen nach den
Werten der zuerst aufgeführten Kriteriumsvariablen "varname-1" geordnet. Sind
weitere Kriteriumsvariable angegeben, so werden die Beobachtungen anschließend
innerhalb jeder Satzgruppierung gleicher Werte für die erste Variable nach den Variablenwerten der 2. Kriteriumsvariablen "varname-2" geordnet usw. Dabei wird
standardmäßig stets eine aufsteigende Sortierung vorgenommen. Davon abweichend wird absteigend sortiert, sofern vor der betreffenden Kriteriumsvariablen das
Schlüsselwort "DESCENDING" aufgeführt ist.

Es ist zu beachten, daß die Beobachtungen, für die eine Kriteriumsvariable einen
fehlenden Wert besitzt, nicht von der Sortierung ausgeschlossen werden. Vielmehr
gibt es in diesem Fall nach der Sortierung Satzgruppen, die mit den als fehlend
markierten Werten korrespondieren.

Nach der Ausführung der SORT-Prozedur ist die resultierende SAS-Datei nach
Satzgruppen gegliedert, für welche die Werte der zugehörigen Kriteriumsvariablen
sortiert sind. Somit kann die für die Sortierung angegebene BY-Anweisung unmittelbar in eine andere Auswertungsprozedur wie z.B. die PRINT-Prozedur —
unverändert — übernommen werden. Die in der BY-Anweisung gemachten Angaben beschreiben die Satzgruppenstruktur der SAS-Datei, nach der die Auswertung
getrennt vorgenommen werden soll.

So können z.B. die unsortierten Sätze der SAS-Datei STUDANF, die durch den
DATA-Step

```
DATA STUDANF;
   INFILE 'brestud.dat' MISSOVER;
   INPUT #1 GESCHL 5 AUSBILD 17
         #2 AUSSICHT 24 ANSPRUCH 25 KENNTNIS 27;
   IF GESCHL EQ . THEN DELETE;
```

erstellt wurde, durch die Ausführung der SORT-Prozedur

```
PROC SORT OUT = SEX_SORT;
   BY GESCHL;
```

nach den Werten von GESCHL als Kriteriumsvariable aufsteigend sortiert werden,
so daß anschließend eine geschlechtsspezifische Druckausgabe durch die Ausführung
von

```
PROC PRINT;
   BY GESCHL;
RUN;
```

vorgenommen werden kann.

Soll die Druckausgabe ferner nach den Werten der Variablen ANSPRUCH gliedert sein, so sind die SORT- und die PRINT-Prozedur folgendermaßen abzuändern:

```
PROC SORT OUT = SEX_SORT;
   BY GESCHL ANSPRUCH;
PROC PRINT;
   BY GESCHL ANSPRUCH;
RUN;
```

In der Druckausgabe innerhalb des Output-Protokolls sind Eintragungen enthalten,
die mit dem als fehlend gekennzeichneten Variablenwert der Kriteriumsvariablen
ANSPRUCH korrespondieren. Diese Ausgabe kann unterdrückt werden, wenn im
vorausgehenden DATA-Step die Anweisung

```
IF GESCHL EQ . OR ANSPRUCH EQ .
   THEN DELETE;
```

ergänzt wird. In diesem Fall werden die von der Verarbeitung auszuschließenden
Beobachtungen nicht in die SAS-Datei STUDANF übernommen.[5]

Sortierung nach Satznummern

Im Hinblick auf die Diskussion im Abschnitt 6.7 geben wir als weitere Anwendung
die Sortierung nach Identifikationsnummern und Satzart durch das folgende SAS-
Programm an:

---

[5] Alternative Selektionsanweisungen (z.B. WHERE) werden in Abschnitt 11.3 vorgestellt.

```
DATA UNSORTED;
   INFILE 'brestud.dat' MISSOVER;
   INPUT IDENTNR 1 - 3 SATZART 4 SATZREST $ CHAR76.;
PROC SORT OUT = SORTIERT;
   BY IDENTNR SATZART;
RUN;
```

Die sonst übliche Festlegung des Zeichenbereichs für die Dateneingabe in der Form
"5 - 80" muß in diesem Fall durch die Angabe "CHAR76." ersetzt werden, damit
führende Leerzeichen bei der Eingabe in die Variable SATZREST mit berücksichtigt
werden (siehe die Angaben in Abschnitt 11.10.1).

Bei der Dateneingabe dürfen nicht — wie gewohnt — jeweils zwei aufeinanderfol-
gende Datensätze einer Beobachtung zugeordnet werden, sondern jede Satzart muß
mit einer eigenständigen (künstlichen) Beobachtung korrespondieren, so daß die
SAS-Datei UNSORTED jetzt 780 Beobachtungen enthält. Weil die Sortierung nach
Satzarten für jede Identifikationsnummer getrennt erfolgen muß, ist die Variable
IDENTNR als erste Kriteriumsvariable innerhalb der BY-Anweisung aufzuführen.
Nach der Sortierung sind die Datensätze innerhalb der SAS-Datei SORTIERT in
der gewünschten Reihenfolge enthalten. Jetzt sind jeweils zwei aufeinanderfolgende
Satzarten mit den Kennungen "1" und "2" (an der Zeichenposition 4), die inner-
halb der SAS-Datei SORTIERT jeweils einer Beobachtung zugeordnet sind, wieder
als Sätze einer Daten-Datei bereitzustellen, damit sie anschließend — in gewohn-
ter Weise — in eine SAS-Datei übertragen werden können. Dazu ist der folgende
DATA-Step auszuführen:

```
DATA _NULL_;
   SET SORTIERT;
   FILE 'studsort.dat';
   PUT IDENTNR 1 - 3 SATZART 4 SATZREST 5 - 80;
```

Dabei fungiert die SET-Anweisung zum Lesen der Sätze aus der SAS-Datei
SORTIERT und entspricht in ihrer Wirkung den Anweisungen INFILE und INPUT
(siehe Abschnitt 11.7). Über die FILE-Anweisung wird der Name STUDSORT.DAT
für die Ausgabe in eine Daten-Datei auf der Magnetplatte festgelegt. Mit der PUT-
Anweisung wird ein aus der aktuellen SAS-Datei eingelesener Satz in die festgelegte
Ausgabe-Datei übertragen (siehe Abschnitt 11.11).

Kapitel 8

Verarbeitung von SAS-Dateien mit SQL-Anweisungen

8.1 SAS-Dateien als SQL-Tabellen

Im Kapitel 6 haben wir beschrieben, wie sich eine SAS-Datei durch einen DATA-Step unter Einsatz einer DATA-Anweisung in Verbindung mit einer INFILE- und einer INPUT-Anweisung einrichten läßt.

Um eine SAS-Datei mit den Variablen AUSBILD, AUSSICHT und KENNTNIS zu erstellen, muß das folgende Programm ausgeführt werden:

```
DATA STUDANF;
     INFILE 'brestud.dat' MISSOVER;
     INPUT #1 AUSBILD 17
           #2 AUSSICHT 24 KENNTNIS 27;
RUN;
```

Die resultierende SAS-Datei STUDANF besitzt die Struktur einer *Tabelle*, die in *Spalten* und *Zeilen* gegliedert ist. Sie besteht aus drei Tabellenspalten mit den Spaltennamen AUSBILD, AUSSICHT und KENNTNIS. Sie enthält 390 Tabellenzeilen, weil die Werte von 390 Beobachtungen gespeichert sind.

Um die Werte von STUDANF protokollieren zu lassen, können wir die LIST-Anweisung oder die Prozedur PRINT einsetzen. Wie diese Anforderungen zu formulieren sind, haben wir im Kapitel 7 kennengelernt. Alternativ zu diesen Möglichkeiten stellt das SAS-System dem Anwender die Prozedur *SQL*[1] zur Verfügung. Durch diese Prozedur kann man SAS-Dateien mit Anweisungen der *Programmiersprache SQL* bearbeiten.

SQL (Abkürzung von *"Structured Query Language"*) ist eine international genormte Sprache. In SQL kann man in sehr einfacher Form beschreiben, wie *SQL-Tabellen* aufgebaut, angezeigt und verändert werden sollen.

Da eine SAS-Datei innerhalb der Prozedur SQL als *SQL-Tabelle* angesehen wird, kann sie mit SQL-Anweisungen bearbeitet werden. Umgekehrt wird eine SQL-Tabelle, die innerhalb der Prozedur SQL mit SQL-Anweisungen aufgebaut wurde,

---

[1] Die Prozedur SQL steht nicht unter MS-DOS, sondern nur unter UNIX, OS/2, OS/MVS sowie CMS (seit der Systemversion 6.06) zur Verfügung.

außerhalb der SQL-Prozedur als SAS-Datei aufgefaßt. Somit sind *"SAS-Datei"* und *"SQL-Tabelle"* innerhalb des SAS-Systems *synonyme* Begriffe.

Um eine Vorstellung davon zu erhalten, daß sich Anforderungen oftmals *leichter* durch den Einsatz der SQL-Prozedur als in Form von SAS-Anweisungen angeben lassen, betrachten wir die folgenden Programmzeilen:

```
PROC SORT DATA = STUDANF OUT = KENNSORT;
     BY KENNTNIS;
PROC PRINT;
     VARIABLES AUSBILD AUSSICHT KENNTNIS;
     BY KENNTNIS;
RUN;
```

Hierdurch werden die Werte von AUSBILD, AUSSICHT und KENNUNG aufsteigend nach den Werten von KENNTNIS sortiert und anschließend in dieser Reihenfolge angezeigt. Um dies zu ereichen, läßt sich abkürzend die folgende *SQL-Prozedur* angeben:

```
PROC SQL;
     SELECT AUSBILD, AUSSICHT, KENNTNIS FROM STUDANF
        ORDER BY KENNTNIS;
```

Innerhalb der Prozedur SQL wird die *SQL-Anweisung* SELECT eingesetzt, mit der sich Inhalte von Tabellen ermitteln und anzeigen lassen.

Grundsätzlich können eine oder mehrere *SQL-Anweisungen* in der folgenden Form als Bausteine der *Prozedur SQL* angegeben werden:

```
PROC SQL [ option ]... ;

   SQL-anweisung-1 ;
 [ SQL-anweisung-2 ; ]...
```

Hinter dem Schlüsselwort *SQL* lassen sich eine oder mehrere *Optionen* aufführen, die die Rahmenbedingungen für die nachfolgenden SQL-Anweisungen festlegen. Zum Beispiel bestimmt man durch die Angabe von *NOEXEC*, daß die SQL-Anweisungen nur auf ihre syntaktische Richtigkeit geprüft und *nicht* ausgeführt werden.

Als weitere Option steht z.B. *NUMBER* zur Verfügung, so daß neben den Werten aus den Tabellenzeilen zusätzlich die Zeilennummern protokolliert werden können.

Welche SQL-Anweisungen innerhalb der SQL-Prozedur angegeben werden dürfen, stellen wir in den folgenden Abschnitten vor.

8.2   Anzeige von Daten mit der SELECT-Anweisung

Anzeige von Tabellenspalten

Um den *gesamten* Inhalt einer SQL-Tabelle auszugeben, läßt sich die SQL-Anweisung *SELECT* in der folgenden Form verwenden:

```
SELECT * FROM tabellenname
```

So können wir z.B. *alle* Werte der SAS-Datei STUDANF durch die Angabe

```
PROC SQL;
    SELECT * FROM STUDANF;
```

anzeigen.

Sollen *ausgewählte* Tabellenspalten ausgegeben werden, so muß die *SELECT-Anweisung* gemäß der folgenden Syntax eingesetzt werden:

```
SELECT spaltenname-1 [ , spaltenname-2 ]... FROM tabellenname
```

Folglich können wir z.B. durch

```
PROC SQL;
    SELECT AUSBILD, KENNTNIS FROM STUDANF;
```

erreichen, daß die Anzeige der Werte von AUSSICHT unterdrückt wird.

Auswahl von Tabellenzeilen

Sollen aus einer SAS-Datei *gezielt* einzelne Tabellenzeilen ausgewählt werden, so können wir dies durch eine *WHERE-Klausel* mit dem Schlüsselwort *WHERE* in der folgenden Form anfordern:

```
SELECT { * | spaltenname-1 [ , spaltenname-2 ]... }
    FROM tabellenname
    WHERE bedingung
```

Als Bedingung können *Vergleichsbedingungen* mit den Vergleichsoperatoren "=" (gleich), "NOT =" (ungleich), "<" (kleiner als), "<=" (kleiner gleich), ">" (größer als) und ">=" (größer gleich) angegeben werden.

So lassen sich z.B. aus der SAS-Datei STUDANF alle Tabellenzeilen, in denen KENNTNIS den Wert 1 enthält, durch die folgende Angabe abrufen:

```
PROC SQL;
    SELECT * FROM STUDANF WHERE KENNTNIS = 1;
```

Auf der linken und rechten Seite einer Vergleichsbedingung können nicht nur Variablennamen und konstante Werte, sondern auch Ausdrücke angegeben werden.

Ferner lassen sich innerhalb einer WHERE-Klausel zwei oder mehrere Vergleichsbedingungen durch die *logischen Operatoren* "OR" (logisches Oder), "AND" (logisches Und) sowie "NOT" (logische Verneinung) miteinander verknüpfen.

Daher können wir z.B. durch

```
PROC SQL;
     SELECT AUSBILD FROM STUDANF
                    WHERE KENNTNIS = 1 OR KENNTNIS = 2;
```

diejenigen Werte der Variablen AUSBILD anzeigen lassen, für die die korrespondierenden Werte der Variablen KENNTNIS gleich 1 oder 2 sind.

Das Komplement dieser Werte bilden alle Tabellenzeilen mit der Eigenschaft "KENNTNIS = 3 OR Kenntnis = 4" sowie die Tabellenzeilen, die für KENNTNIS einen *fehlenden* Wert enthalten. Sollen alle diese Zeilen ausgegeben werden, so können wir den logischen *NOT-Operator* in der folgenden Form verwenden:

```
PROC SQL;
     SELECT AUSBILD FROM STUDANF
                    WHERE NOT ( KENNTNIS = 1 OR KENNTNIS = 2 );
```

Prüfung auf fehlende Werte

Sollen *fehlende* Werte bei der Auswahl von Tabellenzeilen berücksichtigt werden, so läßt sich das Schlüsselwort *NULL* in der folgenden Form verwenden:

```
operand IS NULL
```

Diese Bedingung ist für alle diejenigen Tabellenzeilen zutreffend, bei denen der Operand einen fehlenden Wert besitzt.

Zum Beispiel kann die Ausgabe der fehlenden Werte von AUSBILD durch die Angabe

```
PROC SQL;
     SELECT AUSBILD FROM STUDANF
                    WHERE NOT ( AUSBILD IS NULL );
```

unterdrückt werden.

Die Auswahl-Operatoren IN, BETWEEN und LIKE

Um umfangreichere Auswahlbedingungen komprimiert angeben zu können, läßt sich der *SQL-Operator IN* in der Form

```
operand IN ( wert-1 [ , wert-2 ]... )
```

einsetzen. Diese Bedingung ist dann erfüllt, wenn die Gleichheit von Operand und Wert für *mindestens* einen Wert festgestellt wird.

Somit kann die oben angegebene WHERE-Klausel durch

```
WHERE NOT ( KENNTNIS IN ( 1 , 2 ) );
```

abgekürzt werden.

In bestimmten Fällen ist es hilfreich, die Schlüsselwörter *BETWEEN* und *AND* in der folgenden Form zu verwenden:

```
operand BETWEEN wert-1 AND wert-2
```

Dadurch wird der Operand daraufhin geprüft, ob sein Wert größer gleich "wert-1" und *gleichzeitig* kleiner gleich "wert-2" ist. Nur in diesem Fall ist die angegebene Bedingung zutreffend. In allen anderen Fällen ist sie nicht erfüllt.

Somit können wir durch

```
PROC SQL;
     SELECT * FROM STUDANF
             WHERE KENNTNIS BETWEEN 1 AND 3;
```

alle die Zeilen von STUDANF anzeigen lassen, für die die Variable KENNTNIS den Wert 1 oder 2 oder 3 besitzt.

Um bei alphanumerischen Variablen Textvergleiche durchführen zu können, steht der *SQL-Operator LIKE* zur Verfügung.

Durch die Angabe von

```
spaltenname LIKE "zeichenkette"
```

wird der Inhalt der Tabellenspalte "spaltenname", die alpanumerische Werte enthalten muß, auf Übereinstimmung mit der Zeichenkette verglichen. Dabei können die sogenannten *Wildcardzeichen* "_" und "%" innerhalb der Zeichenkette angegeben werden.

Das Wildcardzeichen *Unterstrich* "_" kennzeichnet ein beliebiges einzelnes Zeichen innerhalb der Zeichenkette. Das Wildcardzeichen *Prozent* "%" beschreibt eine beliebige Zeichenkette.

So werden etwa durch die Zeichenkette "st_t%" alle diejenigen Zeichenketten beschrieben, die mit den Buchstaben "st" eingeleitet werden und als vierten Buchstaben ein "t" besitzen. Eingeschlossen sind also unter anderem sowohl die Zeichenkette "statistik" als auch die Zeichenkette "statisch".

Sortierte Ausgabe

Standardmäßig werden die durch die SELECT-Anweisung abgerufenen Ausgaben in der Reihenfolge vorgenommen, wie die Tabellenzeilen innerhalb der SAS-Datei gespeichert sind. Wollen wir auf die *Reihenfolge* der Zeilen Einfluß nehmen, so müssen wir eine *ORDER-Klausel* mit den Schlüsselwörtern *ORDER BY* innerhalb der *SELECT-Anweisung* angeben:

```
SELECT { * | spaltenname-1 [ , spaltenname-2 ]... }
     FROM tabellenname
   [ WHERE bedingung ]
     ORDER BY spaltenname-3 [ DESC ]
          [ , spaltenname-4 [ DESC ] ]...
```

Die Spalten (Sortierkriterien), nach deren Inhalten die Tabellenzeilen sortiert werden sollen, sind im Anschluß an das Schlüsselwort *BY* anzugeben. Darüberhinaus müssen ihre Namen implizit oder explizit *vor* dem Schlüsselwort *FROM* aufgeführt sein. Soll durch ein Sortierkriterium eine *fallende* Sortierung festgelegt werden, so ist das Schlüsselwort *DESC* hinter dem Spaltennamen anzugeben. Eine aufsteigende Sortierung wird immer dann vorgenommen, wenn das Schlüsselwort DESC *fehlt*, weil die aufsteigende Sortierrichtung voreingestellt ist.

So erfolgt etwa durch

```
PROC SQL;
     SELECT AUSBILD, AUSSICHT, KENNTNIS FROM STUDANF
          ORDER BY KENNTNIS;
```

eine Anzeige der Werte von AUSBILD, AUSSICHT und KENNTNIS, wobei die ausgegebenen Zeilen aufsteigend nach den Werten von KENNTNIS sortiert sind.

Soll die Reihenfolge bei der Ausgabe nicht nur nach einem, sondern nach mehreren Sortierkriterien festgelegt werden, so sind die diesbezüglichen Spaltennamen (mit evtl. ergänzender Angabe der fallenden Sortierrichtung durch das Schlüsselwort DESC) hintereinander aufzuführen. Dabei legt die zuerst angegebene Spalte das oberste Kriterium fest, die nächste Spalte das dazu untergeordnete Kriterium, usw.

Zum Beispiel erfolgt durch

```
PROC SQL;
     SELECT AUSBILD, AUSSICHT, KENNTNIS FROM STUDANF
          ORDER BY AUSSICHT, KENNTNIS;
```

eine nach Stellenaussichten sortierte Ausgabe, wobei die Zeilen mit gleichen Werten von AUSSICHT zusätzlich nach den Werten von KENNTNIS sortiert sind.

Beschleunigte Datenauswahl und Sortierung

Sollen größere Datenbestände bearbeitet werden, so läßt sich der Zugriff auf die Zeilen einer Tabelle oftmals dadurch *beschleunigen*, daß ein oder mehrere *Indizes* für die betreffende Tabelle festgelegt werden. Diese Indizes werden intern verwaltet.

Sie dienen allein dazu, Suchanfragen im Hinblick auf das Antwortzeitverhalten zu verbessern.

Zur Indizierung einer Tabelle ist die *CREATE INDEX-Anweisung* in der Form

```
CREATE INDEX index-name ON tabellenname
         ( spaltenname-1 [ , spaltenname-2 ]... )
```

zu verwenden. Es wird ein *Index* mit dem *Indexnamen* "index-name" für die Tabelle "tabellenname" vereinbart. Es lassen sich die Inhalte einer oder mehrerer Spalten zu Indexwerten zusammenfassen. Bei der Angabe nur eines Spaltennamens muß der gewählte Indexname mit dem angegebenen Spaltennamen übereinstimmen.

Um etwa für die SQL-Tabelle STUDANF eine Indizierung über die Werte von KENNTNIS einzurichten, müssen wir eingeben:

```
PROC SQL;
    CREATE INDEX KENNTNIS ON STUDANF(KENNTNIS);
```

Anschließend können wir uns z.B. die Werte von STUDANF wie folgt ausgeben lassen:

```
PROC SQL;
    SELECT * FROM STUDANF WHERE KENNTNIS = 3;
```

Dieses Beispiel zeigt, daß innerhalb der hinter dem Schlüsselwort WHERE aufgeführten Auswahl-Bedingung *kein* Indexname erscheint. Vielmehr wird *automatisch* festgestellt, ob die gestellte Anfrage auf der Basis eines zuvor vereinbarten Indexes optimiert werden kann.

Grundsätzlich sollten Indizes nur dann eingerichtet werden, wenn die jeweiligen Tabellen eine genügend große Zahl von Zeilen besitzen. Für Suchzugriffe mit SELECT-Anweisungen, die in ihrer WHERE-Klausel eine Bedingung mit nur einem Spaltennamen besitzen, ist es immer empfehlenswert, bei genügend großer Zeilenzahl einen Index für die betreffende Tabelle festzulegen. Sind in einer Auswahl-Bedingung mehrere Spaltennamen enthalten, so sollten sie gemeinsam für die Einrichtung eines Indexes verwendet werden.

Sind Indizes zu löschen, so ist die *DROP INDEX-Anweisung* in der Form

```
DROP INDEX index-name FROM tabellenname
```

einzugeben.

8.3   Veränderung von SQL-Tabellen

Veränderung von Werten

Zur Änderung von Tabelleninhalten steht die *UPDATE-Anweisung* in der folgenden
Form zur Verfügung:

```
UPDATE tabellenname
      SET spaltenname-1 = ausdruck-1
      [ , spaltenname-2 = ausdruck-2 ]...
   [ WHERE bedingung ]
```

Dadurch werden die Werte aller angegebenen Spalten der SQL-Tabelle "tabellenname" durch diejenigen Werte ersetzt, die durch die jeweiligen Ausdrücke spezifiziert sind. Diese Ersetzung wird in allen Tabellenzeilen durchgeführt, sofern das
Schlüsselwort WHERE *nicht* angegeben wird. Ansonsten erfolgt die Ersetzung *nur*
in denjenigen Tabellenzeilen, die durch die hinter dem Schlüsselwort WHERE aufgeführte Bedingung gekennzeichnet sind.

Sollen z.B. bei der Variablen KENNTNIS die ursprünglichen Werte 1, 2, 3 und
4 in die Werte 6, 7, 8, 9 (in dieser Reihenfolge) abgeändert werden, so können wir
die folgende UPDATE-Anweisung einsetzen:

```
PROC SQL;
     UPDATE STUDANF SET KENNTNIS = KENNTNIS + 5;
```

Dadurch wird jeder alte Wert in der Variablen KENNTNIS durch einen Wert ersetzt,
der sich aus der Addition des alten Werts mit der Zahl 5 ergibt.

Löschen von Tabellenzeilen

Sollen eine oder mehrere Zeilen aus einer Tabelle gelöscht werden, so ist die
DELETE-Anweisung in der Form

```
DELETE FROM tabellenname [ WHERE bedingung ]
```

einzusetzen. Dadurch werden alle Zeilen der SQL-Tabelle "tabellenname" entfernt,
die die hinter dem Schlüsselwort *WHERE* aufgeführte Bedingung erfüllen. Ohne
Angabe dieser Auswahl-Bedingung werden *sämtliche* Tabellenzeilen gelöscht.

Sind z.B. innerhalb der SQL-Tabelle STUDANF alle Tabellenzeilen zu löschen,
die innerhalb der Spalte AUSBILD den Wert 1 besitzen, so führt die Eingabe von

```
PROC SQL;
     DELETE FROM STUDANF WHERE AUSBILD = 1;
```

zum gewünschten Ergebnis.

8.4 Das Arbeiten mit Views

Vereinbarung von Views

Soll über einen längeren Zeitraum mit einem Ausschnitt einer SQL-Tabelle gearbeitet werden, so empfiehlt es sich, diesen Ausschnitt als ein *View* (eine Sicht) einzurichten.

Ein *View* ist eine *virtuelle SQL-Tabelle*, die den Zugriff auf bestimmte Spalten (und Zeilen) einer oder mehrerer SQL-Tabellen zuläßt und den Zugriff auf die restlichen Spalten (und Zeilen) dieser Tabellen verdeckt.

Ein View enthält somit selbst *keine Daten*, sondern setzt sich aus Teilen einer oder mehrerer zuvor eingerichteter SQL-Tabellen (evtl. auch Views, siehe unten) zusammen. Es stellt somit eine Struktur-Beschreibung für den Aufbau einer SQL-Tabelle dar. Der zugehörige View-Inhalt läßt sich auf eine Anforderung hin — mittels einer SELECT-Anweisung — aus den Tabellenzeilen derjenigen Tabellen ermitteln, die als Ganzes oder als Bestandteile innerhalb des Views einbezogen sind.

Views werden durch die *CREATE VIEW-Anweisung* in der folgenden Form vereinbart:

```
CREATE VIEW view-name
      AS SELECT-anweisung
```

Dadurch wird ein View namens "view-name" aufgebaut. Dieses View stellt sich als diejenige Tabellen-Struktur dar, die aus der Ausführung der hinter dem Schlüsselwort *AS* angegebenen SELECT-Anweisung resultieren würde.

Zum Beispiel können wir durch die Angabe

```
PROC SQL;
      CREATE VIEW AUSKENN AS
            SELECT AUSBILD, KENNTNIS FROM STUDANF
                        WHERE AUSSICHT = 1;
```

das View AUSKENN einrichten, das auf der SQL-Tabelle STUDANF basiert. Es enthält zwei Tabellenspalten mit den Namen AUSBILD und KENNTNIS, die auf die korrespondierenden Tabellenspalten der SQL-Tabelle STUDANF weisen. Es werden aus der Basistabelle STUDANF die Tabellenspalte AUSSICHT und ferner alle diejenigen Tabellenzeilen ausgeblendet, welche die Auswahl-Bedingung "AUSSICHT =1" nicht erfüllen.

Folglich führt etwa die Angabe

```
PROC SQL;
      SELECT * FROM AUSKENN WHERE KENNTNIS IN (1, 2, 3);
```

zur Ausgabe der Werte von AUSBILD und KENNTNIS für alle die Tabellenzeilen, deren Wert von AUSSICHT gleich 1 und deren Wert von KENNTNIS gleich 1, 2 oder 3 ist.

Es ist erlaubt, bei der Einrichtung von Views auf bereits vorhandene Views Bezug zu nehmen.

So können wir z.B. einen Ausschnitt aus den Werten des Views AUSKENN wie folgt festlegen:

```
PROC SQL;
      CREATE VIEW AUSKENN1 AS
            SELECT AUSBILD, KENNTNIS FROM AUSKENN
                  WHERE KENNTNIS = 1;
```

Dadurch ist das View AUSKENN1 eingerichtet. Es enthält die Werte der Tabellenspalten AUSBILD und KENNTNIS, in deren Tabellenzeilen die Werte von AUSSICHT und KENNTNIS beide gleich 1 sind.

Löschung von Views

Views bleiben solange vereinbart, bis sie gelöscht werden. Die Löschung läßt sich durch die *DROP VIEW-Anweisung* in der Form

```
DROP VIEW view-name
```

abrufen.

Zum Beispiel können wir das oben aufgebaute View AUSKENN1 durch

```
PROC SQL;
      DROP VIEW AUSKENN1;
```

entfernen.

Anzeige von View-Definitionen

Wollen wir uns anzeigen lassen, welche SELECT-Anweisung bei der Vereinbarung eines Views verwendet wurde, so können wir die *DESCRIBE-Anweisung* in der folgenden Form einsetzen:

```
DESCRIBE VIEW view-name
```

8.5   Einrichtung von SQL-Tabellen

Aufbau von SQL-Tabellen aus SQL-Tabellen

Sollen keine Views, sondern SQL-Tabellen aus bestehenden SQL-Tabellen aufgebaut
werden, so läßt sich dazu eine *CREATE TABLE-Anweisung* einsetzen. Die neue
SQL-Tabelle wird unmittelbar aus den Ergebniszeilen einer SELECT-Anweisung
aufgebaut, wobei die Kenndaten der neu eingerichteten Tabelle *automatisch* aus
den Angaben innerhalb der *SELECT-Anweisung* ermittelt werden.

Die *CREATE TABLE-Anweisung* ist in der folgenden Form zu verwenden:

```
CREATE TABLE tabellenname-1 AS
      SELECT { * | spaltenname-1 [ , spaltenname-2 ]... }
             FROM tabellenname-2
             [ WHERE bedingung ]
```

Dadurch wird eine SQL-Tabelle namens "tabellenname-1" aufgebaut. Diese Tabelle besitzt diejenige Struktur, die aus der Ausführung der SELECT-Anweisung
resultiert.

Zum Beispiel läßt sich das oben angegebene View AUSKENN1 wie folgt als SQL-
Tabelle AUSKENN2 einrichten:

```
PROC SQL;
     CREATE TABLE AUSKENN2 AS
          SELECT AUSBILD, KENNTNIS FROM STUDANF
               WHERE AUSSICHT = 1 AND KENNTNIS = 1 ;
```

Vereinbarung von SQL-Tabellen und Dateneingabe

Zur Vereinbarung einer SQL-Tabelle, die *nicht* aus einer anderen SQL-Tabelle aufgebaut werden soll, läßt sich die *CREATE TABLE-Anweisung* gemäß der Form

```
CREATE TABLE tabellenname
          ( spaltenname-1 datentyp-1
          [ , spaltenname-2 datentyp-2 ]... )
```

einsetzen. Dadurch wird eine SQL-Tabelle namens "tabellenname" eingerichtet.
Der Tabellenname muß den Konventionen für die Vergabe von Namen für SAS-
Dateien entsprechen. Durch die Spaltennamen, deren Aufbau dem Bildungsgesetz
von Tabellennamen gleicht, werden die Tabellenspalten gekennzeichnet, die 1. Spalte
durch den zuerst aufgeführten Spaltennamen, die 2. Spalte durch den anschließend
angegebenen Spaltennamen, usw. Alle Spaltennamen müssen voneinander verschie-
den sein. Von welchem *Datentyp* die Spalteninhalte sind, muß durch ein Schlüsselwort festgelegt werden, das im Anschluß an den jeweiligen Spaltennamen anzugeben
ist. Hierzu stehen die folgenden *Schlüsselwörter* zur Verfügung:

CHARACTER (n)	Zeichenkette mit n Zeichen
DECIMAL (n [, m])	numerischer Wert, bestehend aus exakt n Ziffern, mit exakt m Ziffern hinter dem Dezimalpunkt
INTEGER	ganzzahliger numerischer Wert
REAL	beliebiger numerischer Wert, der approximativ mit einer Genauigkeit gespeichert wird, die durch das SAS-System bestimmt ist
DATE	Datumswert

Die Wörter CHARACTER, DECIMAL und INTEGER können durch *CHAR*, *DEC* bzw. *INT* abgekürzt werden.

Zum Beispiel läßt sich die Struktur der SAS-Datei STUDANF in der folgenden Form festlegen:

```
PROC SQL;
     CREATE TABLE STUDANF ( AUSBILD  DEC(1,0),
                            AUSSICHT DEC(1,0),
                            KENNTNIS DEC(1,0) );
```

Um Daten in diese SQL-Tabelle einzutragen, kann die *INSERT-Anweisung* in der folgenden Form eingesetzt werden:

```
INSERT INTO tabellenname
       [ ( spaltenname-1 [ , spaltenname-2 ]... ) ]
       VALUES ( wert-1 [ , wert-2 ]... )
```

Dadurch wird die durch "tabellenname" gekennzeichnete SQL-Tabelle um eine neue Tabellenzeile ergänzt. Die in diese Tabellenzeile aufzunehmenden Werte sind im Anschluß an das Schlüsselwort *VALUES* hintereinander — durch jeweils ein Komma "," voneinander abgegrenzt — einzugeben. Dabei ist vor dem ersten Wert die öffnende Klammer "(" und hinter dem letzten Wert der Tabellenzeile die schließende Klammer ")" aufzuführen.

Zeichenketten sind im SQL-Sprachstandard durch einleitende und abschließende Anführungszeichen (") zu markieren. Ein Anführungszeichen innerhalb einer Zeichenkette wird durch *zwei* aufeinanderfolgende Anführungszeichen gekennzeichnet.

Sollen Werte in *sämtlichen* Tabellenspalten eingetragen werden, so brauchen vor dem Schlüsselwort VALUES *keine* Spaltennamen aufgeführt werden. In diesem Fall müssen die hinter VALUES angegebenen Werte anzahlmäßig mit der Zahl der Tabellenspalten übereinstimmen und in derjenigen Abfolge angeordnet sein, die der Reihenfolge der innerhalb der Tabelle vereinbarten Spalten entspricht.

Um Schreibarbeit bei der Eingabe mehrerer aufeinanderfolgender Tabellenzeilen zu sparen, darf eine *INSERT-Anweisung* auch in der folgenden Form eingesetzt werden:

```
INSERT INTO tabellenname
      [ ( spaltenname-1 [ , spaltenname-2 ]... ) ]
      VALUES ( wert-1 [ , wert-2 ]... )
      [ VALUES ( wert-3 [ , wert-4 ]... ) ]...
```

Sämtliche Zeilen lassen sich somit innerhalb einer *einzigen* INSERT-Anweisung angeben. Die Werte jeder einzelnen Zeile sind durch eine einleitende und eine abschließende runde Klammer einzufassen und hinter dem Schlüsselwort VALUES einzutragen.

So können wir z.B. die SAS-Datei STUDANF, die von uns ursprünglich in der Form

```
DATA STUDANF;
      INFILE 'brestud.dat' MISSOVER;
      INPUT #1 AUSBILD 17
            #2 AUSSICHT 24 KENNTNIS 27;
RUN;
```

vereinbart wurde, alternativ durch die Ausführung der folgenden SQL-Prozedur einrichten lassen:

```
PROC SQL;
      CREATE TABLE STUDANF ( AUSBILD  DEC(1,0),
                             AUSSICHT DEC(1,0),
                             KENNTNIS DEC(1,0) );
      INSERT INTO STUDANF
            VALUES ( 2, 3, 3 )
            VALUES ( 3, ., . )

            ...

            VALUES ( 2, 2, . );
```

In der Werteliste für die 2. Tabellenzeile ist der Punkt "." an den beiden letzten Wertepositionen eingetragen. Dies bedeutet, daß in der durch AUSBILD gekennzeichneten Spalte der Wert 3 und in den beiden anderen Spalten jeweils der fehlende Wert abgespeichert wird.

Sind fehlende Werte zuzuordnen, so kann man eine modifizierte Form der *INSERT-Anweisung* einsetzen. Dabei ist die folgende Syntax zu beachten:

```
INSERT INTO tabellenname
      SET spaltenname-1 = wert-1
      [ , spaltenname-2 = wert-2 ]...
      [ SET spaltenname-3 = wert-3
      [ , spaltenname-4 = wert-4 ]... ]...
```

Das Schlüsselwort *SET* leitet die Dateneingabe für jeweils eine Tabellenzeile ein. Tabellenspalten, deren Spaltenname nicht aufgeführt ist, erhalten den fehlenden Wert zugewiesen.

Somit kann die obige INSERT-Anweisung durch

```
INSERT INTO STUDANF
        SET AUSBILD = 2, AUSSICHT = 3, KENNTNIS = 3
        SET AUSBILD = 3


        ...


        SET AUSBILD = 2, AUSSICHT = 2
```

ersetzt werden.

Löschung von SQL-Tabellen

Sollen nicht nur einzelne Tabellenzeilen, sondern die gesamte SQL-Tabelle gelöscht werden, so ist die *DROP TABLE-Anweisung* in der Form

```
DROP TABLE tabellenname
```

zu verwenden. Dadurch wird der gesamte Datenbestand von "tabellenname" und zusätzlich die Struktur-Vereinbarung dieser SQL-Tabelle entfernt.

Kapitel 9

Beschreibung von Merkmalen

In den vorangegangenen Abschnitten wurden die Vorarbeiten für eine Analyse beschrieben, nämlich die Datenerfassung, Datenüberprüfung und Einrichtung einer SAS-Datei. Dabei sind bereits verschiedene Möglichkeiten des SAS-Systems, wie zum Beispiel der "Display Manager" und Anweisungen des DATA-Steps, genutzt worden. Eine vertiefende Darstellung der Leistungen des DATA-Steps folgt in Kapitel 11. Im folgenden werden wir auf eine Reihe von in der Forschungspraxis am häufigsten gebrauchten *SAS-Prozeduren* eingehen und exemplarisch — geleitet von den in Kapitel 3 formulierten Auswertungsfragen — ihren Einsatz beschreiben.

Struktur von SAS-Programmen

Bei der Arbeit mit SAS können DATA- und PROC-Steps zur Ausführung gebracht werden. Im DATA-Step erfolgt die Dateneingabe, -definition und -modifikation sowie die Übertragung in eine SAS-Datei, so daß die Analyse der SAS-Datei in einem nachfolgenden PROC-Step vorgenommen werden kann. Im einfachen Fall haben wir eine Reihe, die aus einem DATA-Step und einem oder mehreren PROC-Steps zusammengesetzt ist:

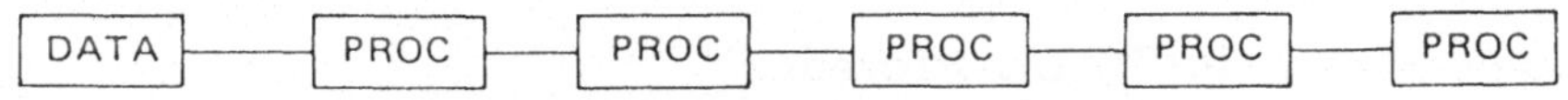

Abbildung 9.1: Schema eines einfachen SAS-Programms

Ein besonderer Vorteil des Arbeitens mit SAS liegt nun darin, daß beliebig oft und in beliebiger Reihenfolge DATA- und PROC-Steps hintereinandergesetzt werden können. Beim Dialog mit dem SAS-"Display Manager" kann mehr als eine SAS-Datei aufgebaut und für die Datenanalyse in nachfolgenden PROC-Steps verfügbar gehalten werden. Darüberhinaus ist die Reihenfolge von DATA- und PROC-Steps beliebig mit der einzigen Einschränkung, daß die durch einen PROC-Step zu analysierenden Daten in Form einer SAS-Datei zur Verfügung stehen müssen.[1]

---

[1] Die Daten können langfristig als SAS-Datei auf einer Magnetplatte gespeichert sein (siehe Abschnitt 11.6). Eine Reihe von Prozeduren geben — auf Anforderung — Daten als SAS-Datei aus, die in einem folgenden DATA-Step modifiziert oder in einem weiteren PROC-Step analysiert werden können.

Auf PROC-Steps können somit auch DATA-Steps folgen:

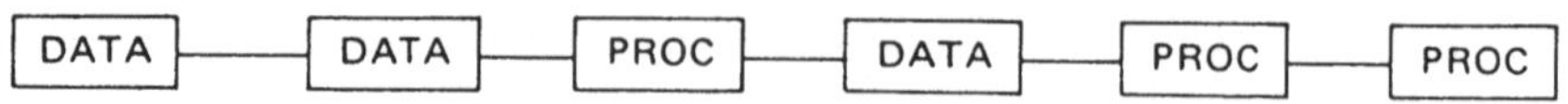

Abbildung 9.2: Schema eines komplexeren SAS-Programms

Auswertungsziele

Das erste Ziel bei Auswertungen empirischer Untersuchungen ist eine übersichtliche Darstellung der Untersuchungsergebnisse. Die Auflistung aller Daten, wie sie die Prozedur PRINT vornimmt (vergleiche deren Beschreibung in Abschnitt 7.1), eignet sich nur im Falle weniger Beobachtungen. Bei einer Vielzahl von Merkmalsträgern sollten wir Verfahren anwenden, die die Meßergebnisse zusammenfassen und in übersichtlicher Form zum Ausdruck bringen. Als geeignete Darstellung der Analyseergebnisse können wir in SAS die folgenden Präsentationen wählen:

- tabellarische Darstellung mit den Prozeduren FREQ und TABULATE (9.1),

- graphische Darstellung mit der Prozedur CHART (9.2) und

- Verteilungskennwerte mit den Prozeduren UNIVARIATE und MEANS (9.3).

9.1   Tabellarische Ausgabe von Häufigkeitsverteilungen (FREQ)

Allgemeine Form der FREQ-Prozedur

Im SAS steht die Prozedur FREQ für die Darstellung von einfachen Häufigkeitsverteilungen zur Verfügung. Häufigkeitstabellen zeigen die Verteilung der Ausprägungen eines Merkmals, nämlich wie oft welche Antwort auf eine bestimmte Frage gegeben wurde. Der Prozeduraufruf erfolgt mit der Anweisung

```
PROC FREQ;
```

Diese Anweisung allein — ohne Ergänzung — bewirkt die Ausgabe *aller* Merkmalsverteilungen der Variablen der zuletzt gebildeten SAS-Datei. Alle Voreinstellungen des Systems werden genutzt. Wollen wir hiervon abweichen — sei es, daß wir nur einige diskrete Merkmale tabellarisch dargestellt haben wollen oder eine bestimmte Form der Tabellendarstellung wünschen —, so müssen wir die PROC-Anweisung ergänzen:

```
PROC FREQ   [ DATA=sas-dateiname-1 ]
            [ ORDER=INTERNAL | FREQ | DATA | FORMATTED ] ;
  [ TABLES   varliste
                 / [ MISSING ] [ OUT=sas-dateiname-2 ]
                    [ NOCUM ] [ NOPRINT ] ; ]
  [ WEIGHT   varname-1; ]
  [ BY [DESCENDING] varname-2 [ [DESCENDING] varname-3 ]... ; |
  [ BY varname-4 [varname-5]... NOTSORTED ; ]
```

Optionen zur PROC FREQ-Anweisung

Die möglichen Ergänzungen zur oben angegebenen Kurzform der PROC FREQ-
Anweisung, mit denen die Art der Ausgabe der gewünschten Tabellen beeinflußt
werden kann, sind die DATA- und die ORDER-Option. Die DATA-Option bestimmt die zu analysierende SAS-Datei, und die ORDER-Option legt die Reihenfolge fest, in der die Werte tabellarisch dargestellt werden. Im einzelnen ist die
Wirkung dieser Optionen wie folgt zu beschreiben:

DATA=sas-dateiname
: Hiermit wird explizit der Name einer SAS-Datei angegeben, die mit der FREQ-Prozedur ausgewertet werden
soll. Fehlt diese Angabe, wird die zuletzt gebildete Datei
ausgewertet.

ORDER=
: Diese Option bestimmt die Reihenfolge der dargestellten
Merkmalswerte in der Häufigkeitstabelle. Folgende vier
Spezifikationen sind alternativ möglich:

    INTERNAL
: Die Ausgabe erfolgt aufsteigend nach den *Werten* der
Merkmalsausprägungen. Diese Spezifikation ist vorein-
gestellt.

    FREQ
: Die Ausgabe erfolgt absteigend nach den *Häufigkeiten*
der einzelnen Merkmalsausprägungen.

    DATA
: Die Ausgabe erfolgt *unsortiert* in der Reihenfolge des
jeweils *ersten Auftretens* von Merkmalswerten im Datensatz.

    FORMATTED
: Die Ausgabe erfolgt nach der *alphabetischen Reihenfolge*
der durch eine FORMAT-Anweisung (siehe Abschnitt
6.4) zugewiesenen Werteetiketten.

Die TABLES-Anweisung

Mit der *TABLES-Anweisung* geben wir an, für welche Merkmale Häufigkeitstabellen
ausgegeben werden sollen. Auch hier stehen eine Reihe von Optionen zur Verfügung, mit denen bestimmte Modifikationen bei der Ausgabe vorgenommen werden
können:

```
TABLES  varliste / [MISSING] [OUT=sas-dateiname]
                   [NOCUM] [NOPRINT] ;
```

Die Spezifikationen haben die folgende Bedeutung:

varliste	An dieser Stelle können die Variablennamen von einem oder mehreren Merkmalen aufgelistet werden. Sie sind jeweils durch ein Leerzeichen zu trennen.
MISSING	Die vom System als fehlend identifizierten Merkmalswerte werden für die angeforderten Tabellen als nicht fehlend behandelt und bei der Berechnung von kumulierten und prozentualen Werten einbezogen.
OUT=sas-dateiname	Die Tabelle wird in der durch "sas-dateiname" spezifizierten SAS-Datei gespeichert. Dies kann eine bereits bestehende oder auch eine neue Datei sein. Wenn in der TABLES-Anweisung mehr als ein Merkmal aufgeführt ist, wird nur für das letzte Merkmal eine Tabelle gespeichert.
NOCUM	Der Ausdruck kumulierter Häufigkeiten und Prozente wird unterdrückt.
NOPRINT	Es wird keine Häufigkeitstabelle ausgegeben. Diese Option ist zusammen mit "OUT=sas-dateiname" sinnvoll.

Die WEIGHT-Anweisung

Bei der Berechnung von Häufigkeitsverteilungen mit der Prozedur FREQ wird jede Beobachtung gleichwertig mit dem Gewicht 1 gezählt. Wir können mit der *WEIGHT-Anweisung* diese gleichgewichtige Behandlung der Beobachtungen ändern (genaue Angaben erfolgen in Abschnitt 11.4).

Die Gewichtung erfolgt mit der Anweisung

```
WEIGHT varname ;
```

Der Name "varname" kennzeichnet eine Variable der SAS-Datei, die den Gewichtungsfaktor beinhaltet. Die einzelnen Werte sind entweder schon bei der Dateneingabe in die Daten-Datei aufgenommen oder durch nachträgliche Anweisungen im DATA-Schritt definiert worden, zum Beispiel durch:[2]

```
IF GESCHL=1 THEN GEWICHT=0.5;
ELSE IF GESCHL=2 THEN GEWICHT=1;
```

Die Anweisungen für eine gewichtete Häufigkeitsverteilung könnten dann so lauten:

```
PROC FREQ;  TABLES AUSBILD;  WEIGHT GEWICHT; RUN;
```

---

[2] Zur ELSE-Anweisung siehe Abschnitt 11.2.

Diese Anweisungen bewirken, daß die Häufigkeitswerte der Merkmalsträger mit dem Kodewert 1 bei dem Merkmal Geschlecht nur zur Hälfte gezählt werden.

Als Gewichtungsfaktoren sind negative und positive Werte sowie der Wert Null zulässig. Wie das obige Beispiel zeigt, brauchen sie aber nicht ganzzahlig zu sein. Die gewichteten Werte werden summiert, und erst die Summe wird gerundet und dann ausgegeben. Eine WEIGHT-Anweisung gilt für alle Tabellen einer PROC FREQ-Anweisung.

Die BY-Anweisung

Die BY-Anweisung kann benutzt werden, um für die nach Satzgruppen gegliederte SAS-Datei jeweils getrennte Häufigkeitsverteilungen ausgeben zu können, ohne daß für jede Gruppe eine eigene SAS-Datei erstellt werden muß. Satzgruppen definieren sich über gemeinsame Werte bei einem oder mehreren Merkmalen (siehe ausführliche Beschreibung in Abschnitt 7.2).

Beispiel einer Standard-Tabelle

Im folgenden orientieren wir uns an den in Kapitel 3 formulierten Fragen. Wir werden somit Häufigkeitsauszahlungen der Merkmale Geschlechtszugehörigkeit, Familienstand und Bundesland mit Hilfe der Prozedur FREQ berechnen lassen und dabei einige der oben vorgestellten Optionen einsetzen.

Wir beginnen mit der Anforderung einer Häufigkeitsauszählung, bei der wir alle Voreinstellungen des Systems nutzen. Zunächst wollen wir wissen, wieviel Männer und wieviel Frauen befragt worden sind. Dazu bringen wir das folgende SAS-Programm zur Ausführung:

```
DATA STUDANF;
     INFILE 'brestud.dat' MISSOVER;
     INPUT #1 GESCHL 5  #2 ;
PROC FREQ;
RUN;
```

Wir erhalten folgende Standard-Tabelle:

```
                                    Cumulative  Cumulative
GESCHL   Frequency    Percent    Frequency     Percent
-------------------------------------------------------
     1       211        55.8          211         55.8
     2       167        44.2          378        100.0

        Frequency Missing = 12
```

Abbildung 9.3: Standard-Häufigkeitstabelle

In der ersten Kolumne sind die Ausprägungen des Merkmals GESCHL (Werte 1 und 2) aufgelistet. Die zweite und die dritte Kolumne zeigen uns die absolute und

die relative Häufigkeitsverteilung des Merkmals Geschlecht: 211 Männer (55.8 %)
und 167 Frauen (44.2 %) wurden befragt. 12 Personen haben keine Angaben zu ihrer
Geschlechtszugehörigkeit gemacht. Dies entnehmen wir den Angabe "Frequency
Missing". Bei der Berechnung der Prozentwerte werden diese Fälle standardmäßig
ausgeschlossen. Die vierte und fünfte Kolumne zeigen uns die kumulierten absoluten
und relativen Häufigkeiten. Der letzte Wert in der vierten Kolumne zeigt die Anzahl
der gültigen Fälle.

Beispiel mit MISSING- und NOCUM-Option

Die nächste Frage, die wir beantworten wollen, ist die nach dem Familienstand
der befragten Studenten. Wir holen uns über den RECALL-Befehl das zuvor
ausgeführte Programm wieder in den Editor-Schirm. Wir ergänzen die INPUT-
Variablen durch die Angabe einer weiteren Variablen und die PROC-Anweisung
durch eine TABLES-Anweisung mit den Optionen MISSING und NOCUM:

```
DATA STUDANF;
     INFILE 'brestud.dat' MISSOVER;
     INPUT #1 GESCHL 5 FAMSTAND 8  #2;
PROC FREQ;
     TABLES FAMSTAND / MISSING NOCUM;
RUN;
```

Wir erhalten folgende Tabelle:

FAMSTAND	Frequency	Percent
.	4	1.0
1	285	73.1
2	32	8.2
3	54	13.8
4	15	3.8

Abbildung 9.4: Häufigkeitstabelle (MISSING- und NOCUM-Option)

Wir sehen, daß — als Folge der MISSING-Option — bei der Berechnung der
Prozentzahlen die vier Fälle mit fehlender Angabe berücksichtigt und — als Folge
der NOCUM-Option — keine absoluten und prozentualen kumulierten Werte ausgegeben worden sind.

Beispiel mit der Option ORDER=FORMATTED

Die Merkmalsausprägungen sind in den oben abgedruckten Tabellen in aufsteigen-
der Reihenfolge ausgegeben worden. Hiervon kann mit der ORDER-Option abgewichen werden. Wir wollen die Wirkung dieser Option anhand der Häufigkeitsverteilung des Merkmals Bundesland zeigen. Um die Spezifikation FORMATTED
einsetzen zu können, müssen zuvor geeignete Werteetiketten festgelegt werden (siehe

Abschnitt 6.4). Wir fügen in das SAS-Programm eine FORMAT-Prozedur ein und legen den Namen LANDFMT für das Ausgabeformat fest. Die Anweisungen der Prozedur FREQ müssen um eine FORMAT-Anweisung ergänzt werden, so daß wir das folgende SAS-Programm erhalten:

```
PROC FORMAT;
      VALUE LANDFMT
       1 = 'Baden-Wuerttemberg'
       2 = 'Bayern'
       3 = 'Berlin'
       4 = 'Bremen'
       5 = 'Hamburg'
       6 = 'Hessen'
       7 = 'Niedersachsen'
       8 = 'Nordrhein-Westfalen'
       9 = 'Schleswig-Holstein'
      10 = 'Rheinland-Pfalz'
      11 = 'Saarland'   ;
DATA STUDANF;
      INFILE 'brestud.dat' MISSOVER;
      INPUT #1 GESCHL 5 FAMSTAND 8  REGION 13-14 #2;
PROC FREQ ORDER=FORMATTED;
      TABLES REGION;
      FORMAT REGION LANDFMT.;
RUN;
```

In der Tabelle auf der folgenden Seite (Abbildung 9.5) sind in der ersten Kolumne anstelle der standardmäßig ausgegebenen Kodewerte die innerhalb der FORMAT-Prozedur festgelegten Werteetiketten protokolliert. Zu beachten ist allerdings, daß nur *maximal 16 Zeichen* ausgegeben werden. Die zu langen Namen einiger Bundesländer werden rechtsbündig abgeschnitten. Die Wirkung der FORMATTED-Option zeigt sich in der alphabetischen Reihenfolge der Namen.

9.2   Graphische Ausgabe von Häufigkeitsverteilungen (CHART)

Häufigkeitstabellen beschreiben die Verteilung von Merkmalen rein zahlenmäßig. Oftmals ist es sinnvoll, die Verteilung graphisch zu präsentieren, weil wir dadurch einen schnellen Einblick in die Verteilungsstruktur erhalten. Im Programmsystem SAS gibt es die Prozeduren CHART und GCHART, mit der u.a. einfache Häufigkeitsverteilungen diskreter Merkmale bildlich dargestellt werden können. Die Prozedur CHART ist für eine Ausgabe auf einem Drucker in zeichenorientierter Darstellung vorgesehen. Mit GCHART und allen weiteren Graphikprozeduren[3] können

---

[3]Der Buchstabe "G" steht für "Graphik". Die Prozedur GCHART gehört nicht zum SAS-Basispaket, sondern zu den ergänzenden SAS/GRAPH-Prozeduren.

```
                                   Cumulative  Cumulative
         REGION    Frequency    Percent    Frequency    Percent
--------------------------------------------------------------
Baden-Wuerttembe        7         1.9           7         1.9
Bayern                  5         1.3          12         3.2
Berlin                  1         0.3          13         3.5
Bremen                183        49.2         196        52.7
Hamburg                12         3.2         208        55.9
Hessen                 10         2.7         218        58.6
Niedersachsen         114        30.6         332        89.2
Nordrhein-Westfa       27         7.3         359        96.5
Rheinland-Pfalz         4         1.1         363        97.6
Schleswig-Holste        9         2.4         372       100.0

              Frequency Missing = 18
```

Abbildung 9.5: Häufigkeitstabelle (FORMATTED-Option)

graphische Darstellungen auf Druckern sowie Plottern (Zeichengeräte) oder graphikfähigen Bildschirmen ausgegeben werden. Mit der CHART-Prozedur können wir horizontale und vertikale Balkendiagramme, Blockdiagramme, Kreisdiagramme und Sterndiagramme ausgeben lassen.

Horizontale Balkendiagramme

Für ein horizontales Balkendiagramm sind folgende Anweisungen vorgesehen:

```
PROC CHART [ DATA=sas-dateiname ] ;
    HBAR varliste / [ MISSING ] [ DISCRETE ]
        [ TYPE=FREQ | PERCENT | CFREQ | CPERCENT | SUM | MEAN ]
        [ SYMBOL='zeichen' ]   [ NOSTAT ] [ FREQ ] [ PERCENT ]
        [ CFREQ ] [ CPERCENT ] ;
```

wobei die Gestaltung der Verteilungsdarstellung durch die angegebenen Optionen in folgender Weise spezifiziert werden können:

MISSING	Die Kategorie der fehlenden Werte wird in die graphische Darstellung einbezogen.
DISCRETE	Für jede Merkmalsausprägung wird ein "Balken" ausgegeben — im Gegensatz zum Standardfall, in dem die "Balken" automatisch auf vom System gewählte Intervallmittelpunkte gesetzt werden.
TYPE = FREQ | PERCENT | CFREQ | CPERCENT | SUM | MEAN	Hiermit läßt sich spezifizieren, ob die "Balken" jeder Merkmalsausprägung die Häufigkeiten (FREQ), Prozentanteile (PERCENT), kumulierten Häufigkeiten (CFREQ), Summen (SUM) oder Mittelwerte (MEAN) repräsentieren. Voreingestellt ist TYPE=FREQ.
SYMBOL='zeichen'	Diese Option definiert das Zeichen, mit dem die "Balken" in den Diagrammen dargestellt werden sollen. Die Voreinstellung lautet SYMBOL='*'.
NOSTAT	Die standardmäßige Ausgabe von absoluten und kumulierten Häufigkeiten und Prozenten entfällt.
FREQ	Absolute Häufigkeiten werden ausgegeben.
PERCENT	Prozentwerte werden ausgegeben.
CFREQ	Kumulierte Häufigkeiten werden ausgegeben.
CPERCENT	Kumulierte Prozentwerte werden ausgegeben.

Die Verteilung des Merkmals Familienstand soll durch ein horizontales Balkendiagramm dargestellt werden. Um die Lesbarkeit der Darstellung zu erhöhen, sollen anstelle der Kodewerte die durch eine FORMAT-Prozedur festgelegten Etiketten ausgegeben werden. Dazu lassen wir folgendes Programm ausführen:

```
PROC FORMAT; VALUE STANDFMT
          1='ledig'
          2='verlobt'
          3='verheiratet'
          4='getrennt'
          5='verwitwet' ;
DATA STUDANF;
     INFILE 'brestud.dat' MISSOVER;
INPUT #1 FAMSTAND 8 #2;
PROC CHART;
     HBAR FAMSTAND / DISCRETE;
     FORMAT FAMSTAND STANDFMT. ;
RUN;
```

In das Output-Protokoll wird das Diagramm in Abbildung 9.6 ausgegeben.

Diese Darstellung vereint die Vorteile einer Tabelle (exakte Zahlen) und die eines Diagramms (Anschaulichkeit der Größenverhältnisse).

```
                          FREQUENCY OF FAMSTAND

     FAMSTAND                                            CUM              CUM
                                                 FREQ   FREQ   PERCENT  PERCENT

       ledig        |**************************** 285    285    73.83    73.83

       verlobt      |***                           32    317     8.29    82.12

       verheiratet  |*****                         54    371    13.99    96.11

       getrennt     |**                            15    386     3.89   100.00
                    ----+----+----+----+----+----
                        50  100  150  200  250

                              FREQUENCY
```

Abbildung 9.6: Horizontales Balkendiagramm

Vertikale Balkendiagramme

Zur Ausgabe eines vertikalen Balkendiagramms muß die CHART-Prozedur wie folgt
angegeben werden:

```
PROC CHART [ DATA=sas-dateiname ] ;
    VBAR varliste / [ MISSING ] [ DISCRETE ]
         [ TYPE=FREQ | PERCENT | CFREQ | CPERCENT | SUM | MEAN ]
         [ SYMBOL='zeichen' ] ;
```

Gegenüber der o.a. Struktur für den Abruf eines horizontalen Balkendiagramms
stehen die Optionen NOSTAT, FREQ, PERCENT, CFREQ und CPERCENT nicht
zur Verfügung.

In dem folgenden Beispiel eines vertikalen Balkendiagrammes wollen wir in der
Vertikalen nicht die Häufigkeiten, sondern die Prozentanteile dargestellt haben.
Dazu muß die TYPE=PERCENT-Option angegeben werden. Das Programm

```
PROC CHART DATA=STUDANF;
    VBAR FAMSTAND / TYPE=PERCENT DISCRETE;
    FORMAT FAMSTAND STANDFMT.;
RUN;
```

liefert das Ergebnis in Abbildung 9.7 auf der folgenden Seite.

Blockdiagramme

Blockdiagramme eignen sich besonders gut für die Darstellung der gemeinsamen
Verteilung mehrerer Merkmale. Aber auch für die Darstellung eines Merkmals sind
sie einsetzbar. Wie bei den horizontalen Balkendiagrammen enthält ein Blockdiagramm auch die Ausgabe der Häufigkeiten.

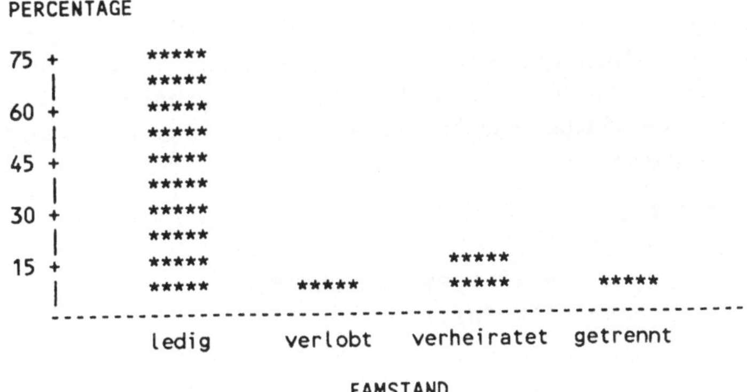

Abbildung 9.7: Vertikales Balkendiagramm

Für ein Blockdiagramm geben wir folgende Anweisungen ein:

```
PROC CHART DATA=STUDANF;
     BLOCK FAMSTAND / TYPE=PERCENT DISCRETE;
     FORMAT FAMSTAND STANDFMT.;
RUN;
```

und erhalten das Ergebnis in Abbildung 9.8:

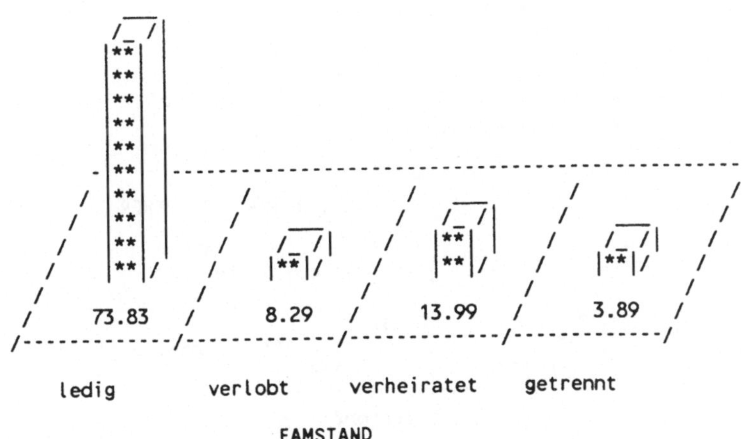

Abbildung 9.8: Blockdiagramm

In die BLOCK-Anweisung sind ergänzende Optionen wie bei der VBAR-Anweisung einzusetzen (siehe dort).

Kreis- und Sterndiagramme

Kreis- und Sterndiagramme stellen weitere Möglichkeiten der Darstellung von Merkmalsverteilungen dar. Nicht die Länge oder Höhe eines Balkens oder Blocks repräsentiert die relative Häufigkeit einer Merkmalsausprägung, sondern die Größe eines Segments einer Kreisfläche. Zur Ausgabe eines Kreisdiagramms sind folgende SAS-Anweisungen einzusetzen:

```
OPTIONS PAGESIZE=40;
PROC CHART DATA=STUDANF;
     PIE FAMSTAND / TYPE=PERCENT DISCRETE;
     FORMAT FAMSTAND STANDFMT.;
RUN;
```

Ist ein Diagramm nicht darstellbar, weil die Anzahl der Zeilen einer Ausgabeseite nicht angemessen ist, wird in das Log-Protokoll eine entsprechende Meldung gegeben, und SAS erstellt statt eines Kreisdiagramms ein horizontales Balkendiagramm. Um aber die gewünschte Graphik zu erhalten, müssen wir die Zahl der Zeilen pro Seite des Output-Protokolls verändern (max. auf 500). Um eine kreisrunde Darstellung zu bekommen ist in unserem Beispiel eine Zeilenzahl von 40 angemessen. Um diese Zahl einzustellen, ist vor dem Prozeduraufruf die Anweisung "OPTIONS PAGESIZE=40" auszuführen. Mit den oben formulierten Anweisungen erhalten wir das Ergebnis in Abbildung 9.9:

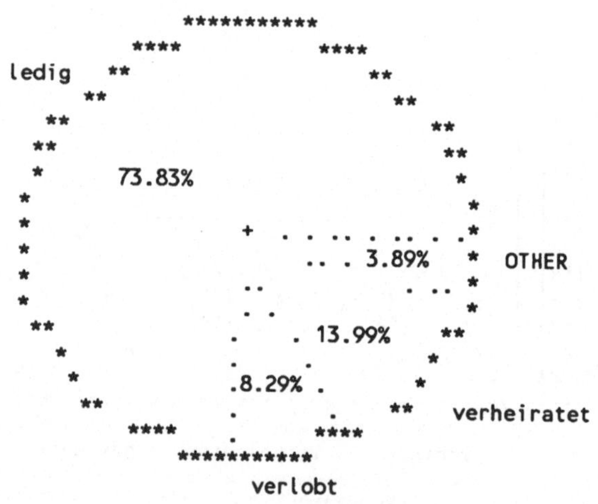

Abbildung 9.9: Kreisdiagramm

Wollen wir ein *Sterndiagramm* erstellen lassen, müssen wir das Schlüsselwort PIE durch STAR ersetzen. Sowohl bei der PIE- wie bei der STAR-Anweisung sind Optionen wie bei der VBAR-Anweisung anzugeben. Sterndiagramme sind besonders zur Präsentation von zyklischen Daten (z.B. Monats- oder Wochentagsverteilungen) geeignet.

9.3 Ausgabe von Verteilungskennziffern (UNIVARIATE, MEANS)

Die bisher vorgestellten Formen, empirische Informationen aufzubereiten (Häufigkeitstabellen, Diagramme), sind insbesondere geeignet, Verteilungen von diskreten Merkmalen, die nicht unübersichtlich viele Ausprägungen aufweisen, darzustellen. Wollen wir aber Ergebnisse der Messung kontinuierlicher Merkmale mit sehr vielen Merkmalsausprägungen präsentieren oder Verteilungen zweier Merkmale vergleichen, kommen wir mit Häufigkeitsverteilungen oder Diagrammen sehr schnell an die Grenze der Übersichtlichkeit. In diesem Fall besteht die Möglichkeit, für einzelne Merkmalsverteilungen Kennwerte (Verteilungsparameter) berechnen zu lassen, die eine kompakte charakteristische Information darstellen. Es handelt sich u.a. um Kennwerte der zentralen Tendenz einer Verteilung (z.B. Mittelwert) oder Kennwerte der Variablilität (z.B. Varianz). Im SAS-System sind vor allem zwei Prozeduren für die Berechnung von Verteilungskennwerten (Parameter) vorgesehen, und zwar UNIVARIATE und MEANS [4]

Skalenqualität und Verteilungskennwerte

Die Prozedur UNIVARIATE berechnet standardmäßig eine Reihe von Verteilungskennwerten, die aber nur in Abhängigkeit vom Skalenniveau des betreffenden Merkmals diskutiert werden dürfen. Einige Parameter haben nur Sinn für nominalskalierte Merkmale, andere für ordinalskalierte und wieder andere für intervallskalierte.[5] Die von UNIVARIATE berechneten Parameter ordnen wir in der nachfolgenden Übersicht (siehe Seite 102) den genannten Skalenniveaus zu, wobei anzumerken ist, daß Kennwerte für nominal- und ordinalskalierte Merkmale auch auf intervallskalierte Merkmale anzuwenden sind und Kennwerte für nominalskalierte Merkmale auch auf ordinalskalierte.

---

[4]Für die genannten Zwecke sind außerdem die Prozeduren SUMMARY und TABULATE geeignet.

[5]Vergleiche die Ausführungen zum Skalenniveau in Abschnitt 4.1.

Merkmal ist	Verteilungskennwerte[6] (Parameter)	Bezeichnung in der UNIVARIATE-Ausgabe
intervallskaliert	arithmetisches Mittel Standardabweichung Varianz	Mean Std Dev Variance
ordinalskaliert	Median 1. Quartil 3. Quartil Interquartilsabstand Höchster Wert Niedrigster Wert Range 1., 5., 10., 90., 95. und 99. Perzentil	50% Med 25% Q1 75% Q3 Q3-Q1 100% Max 0% Min Range 1%, 5%, 10%, 90%, 95%, 99%
nominalskaliert	häufigster Wert	Mode

9.3.1   Die UNIVARIATE-Prozedur

Zur Berechnung von Verteilungskennzahlen geben wir die Anweisung

```
PROC UNIVARIATE;
```

an, so daß die Analyse für alle numerischen Variablen der durch einen vorangehenden DATA-Step eingerichteten SAS-Datei durchgeführt wird.

Wollen wir nur die Kennwerte des Merkmals Alter ermitteln, so geben wir an:

```
DATA STUDANF;
     INFILE 'brestud.dat' MISSOVER;
     INPUT #1 GEBJAHR 6-7 #2;
     ALTER = 79 - GEBJAHR;
PROC UNIVARIATE;
     VARIABLES ALTER;
RUN;
```

Die Variable ALTER ist in der Daten-Datei nicht erfaßt, kann aber mit Hilfe des jeweiligen Geburtsjahres und der Information über das Jahr der Erhebung annäherungsweise berechnet werden. Das Alter ergibt sich aus der Subtraktion von Erhebungsjahr und Geburtsjahr, was mit der Anweisung

```
ALTER = 79 - GEBJAHR;
```

realisiert wird (zur VARIABLES-Anweisung siehe unten).

Die resultierenden Tabellen werden wie folgt in das Output-Protokoll ausgegeben (Abbildung 9.10):

---

[6]Die statistischen Grundlagen der einzelnen Parameter können jedem einführenden Statistiklehrbuch entnommen werden.

```
                         UNIVARIATE PROCEDURE

Variable=ALTER

                                Moments

        N                363    Sum Wgts             363
        Mean         24.13223   Sum                 8760
        Std Dev      4.822728   Variance         23.25871
        Skewness     1.429081   Kurtosis          2.55745
        USS            219818   CSS              8419.653
        CV           19.98459   Std Mean         0.253128
        T:Mean=0     95.33623   Prob>|T|           0.0001
        Sgn Rank       33033    Prob>|S|           0.0001
        Num ^= 0        363


                           Quantiles(Def=5)

        100% Max         47        99%            41
         75% Q3          27        95%            32
         50% Med         23        90%            30
         25% Q1          20        10%            19
          0% Min         19         5%            19
                                    1%            19

        Range            28
        Q3-Q1             7
        Mode             20


                              Extremes

        Lowest      Obs        Highest      Obs
           19(      370)          40(        67)
           19(      367)          41(        66)
           19(      329)          41(       109)
           19(      323)          42(        65)
           19(      322)          47(       383)


                  Missing Value            .
                  Count                   27
                  % Count/Nobs          6.92
```

Abbildung 9.10: Ausgabe der Prozedur UNIVARIATE

Die Ausgabe umfaßt eine Tabelle mit statistischen Kennziffern (Moments), eine mit Quantilen (Quantiles) sowie eine weitere mit den fünf höchsten und den fünf niedrigsten Werten (Extremes).

Im einzelnen läßt sich den Tabellen zur Altersverteilung der Befragten folgendes entnehmen: Von den 390 Personen haben 363 eine Angabe zu ihrem Geburtsjahr gemacht (N), das heißt auf der anderen Seite, daß die Werte von 27 Personen (6.92%) fehlen (% Count/Nobs). Das Durchschnittsalter der Studienanfänger liegt bei etwa 24 Jahren (Mean). Die Alterswerte streuen durchschnittlich 4.8 Jahre um das arithmetische Mittel (Std Dev). Dieser als Standardabweichung bezeichnete Wert ist definiert als die positive Quadratwurzel aus der Varianz (Variance). Aus

dem relativ geringen Wert der Streuung läßt sich schließen, daß die Gruppe der
Studienanfänger altersmäßig relativ homogen ist. Eine Maßzahl für Homogenität
oder Heterogenität bietet der Variationskoeffizient (CV). Dieser beschreibt den Anteil der Standardabweichung am Mittelwert in Prozent. Das Mindestalter liegt in
der Befragtengruppe bei 19 Jahren (0% Min), das Höchstalter bei 47 Jahren (100%
Max), was einer zahlenmäßigen Spannweite von 28 Jahren entspricht (Range). Das
Alter von 20 Jahren kommt dabei am häufigsten vor (Mode).

Das Maß der Schiefe (Skewness) zeigt an, ob und in welche Richtung eine Verteilung von dem theoretischen Modell der Symmetrie einer Normalverteilung abweicht.
Ist der Wert gleich Null, liegt Symmetrie vor, bei einem negativen Wert ist die Verteilung "linksschief", bei einem positiven Wert "rechtsschief". Der hier vorliegende
Wert von etwa 1.4 indiziert eine vergleichsweise größere Konzentration bei den unteren Alterswerten (Rechtsschiefe).

Der ebenfalls positive Wert der Wölbung (Kurtosis) zeigt eine stärkere Zentrie-
rung der Alterswerte im Vergleich zu einer Normalverteilung mit gleichem Mittelwert und gleicher Varianz. Ein negativer Wert würde eine vergleichsweise breitere
Streuung anzeigen, der Wert 0 eine Übereinstimmung mit der theoretischen Normalverteilung.

Auf das Vorliegen einer rechtsschiefen Verteilung läßt sich auch aus einem bestimmten zahlenmäßigen Verhältnis von Modalwert (Mode), Median (Med) und
arithmetischem Mittel (Mean) schließen, und zwar wenn die Rangfolge

```
Mode < Med < Mean
```

gegeben ist. Dies ist bei der Altersverteilung der Fall:

```
(Mode=) 20 < (Med=) 23 < (Mean=) 24.1
```

Standardmäßig werden eine Reihe weiterer Kennwerte ausgegeben, die im Falle der
Altersvariablen der vorliegenden Untersuchung keine oder nur eine untergeordnete
Bedeutung haben:

Sum	Summe aller Merkmalswerte.
Sum Wgts	Summe aller gewichteten Merkmalswerte. Sie unterscheidet sich von N nur dann, wenn mit einer WEIGHT-Anweisung (s.u.) der einheitliche Gewichtungsfaktor 1 verändert wird.
USS	Summe der quadrierten Merkmalswerte.
CSS	Korrigierte Summe der quadrierten Merkmalswerte (USS-Mean*Mean*N).

Std Mean	Standardfehler des Mittelwertes. Dieser ist im Falle von Zufallsstichproben als Gütemaß für den Schluß vom errechneten Stichprobenmittelwert auf den "wahren" Wert der zentralen Tendenz der Grundgesamtheit zu interpretieren. Er dient zur Schätzung von sog. Konfidenzintervallen.
T:Mean=0	Realisation einer t-verteilten Teststatistik (T-Wert) für einen Test der Hypothese, daß der Mittelwert der Grundgesamtheit gleich Null ist (parametrischer Test).
Prob> |T|	Wahrscheinlichkeit dafür, daß eine Realisation der t-verteilten Teststatistik absolutmäßig größer oder gleich dem errechneten T-Wert ist (Signifikanzniveau).
Sng Rank	Vorzeichentest zur Prüfung der Hypothese, daß der Mittelwert der Grundgesamtheit gleich Null ist (nichtparametrischer Test).
Prob> |S|	Signifikanzniveau für den errechneten Sng Rank-Wert.
Num ^ = 0	Anzahl der Merkmalswerte, die ungleich Null sind.

Ausgabe von kompakten Häufigkeitstabellen

Sind wir zusätzlich zu den oben erläuterten statistischen Kennwerten an der Ausgabe einer detaillierten Häufigkeitstabelle der Alterswerte interessiert, müssen wir beim o.a. Prozeduraufruf ergänzend die Option FREQ angeben:

```
PROC UNIVARIATE FREQ;
```

Die Häufigkeitstabelle wird in einer kompakten Form in das Output-Protokoll geschrieben (Abbildung 9.11).

Die Tabelle hat vier Kolumnen: Die erste (überschrieben mit Value) bezeichnet die Merkmalswerte, die zweite (Count) die absoluten Häufigkeiten, die dritte (Percents Cell) die den Häufigkeiten entsprechenden Prozentwerte und die vierte (Percents Cum) die kumulierten Prozentwerte.

Graphische Darstellung von Verteilungen mit UNIVARIATE

Die Option PLOT innerhalb der PROC UNIVARIATE-Anweisung bewirkt zusätzlich zu den oben erläuterten statistischen Kennziffern die Ausgabe einer graphischen Darstellung der Merkmalsverteilungen:

```
PROC UNIVARIATE PLOT;
```

In das Output-Protokoll werden

- ein Histogramm oder, wenn nicht mehr als 48 Beobachtungen in ein Werteintervall fallen, ein "stem-and-leave-plot",

```
                 Frequency Table

              Percents                        Percents
Value Count  Cell   Cum      Value Count   Cell   Cum
  19    40   11.0  11.0         32     5    1.4   95.0
  20    62   17.1  28.1         33     2    0.6   95.6
  21    43   11.8  39.9         34     2    0.6   96.1
  22    29    8.0  47.9         35     1    0.3   96.4
  23    23    6.3  54.3         36     1    0.3   96.7
  24    15    4.1  58.4         37     2    0.6   97.2
  25    29    8.0  66.4         38     1    0.3   97.5
  26    30    8.3  74.7         39     4    1.1   98.6
  27    23    6.3  81.0         40     1    0.3   98.9
  28    12    3.3  84.3         41     2    0.6   99.4
  29     8    2.2  86.5         42     1    0.3   99.7
  30    14    3.9  90.4         47     1    0.3  100.0
  31    12    3.3  93.7
```

Abbildung 9.11: Kompakte Häufigkeitstabelle (Option FREQ)

- ein "box-and-whisker-plot"(Boxplot) und

- ein "normal-probability-plot"

ausgegeben (siehe Abbildung 9.12 auf der folgenden Seite).

Im Falle der Altersvariablen ist ein vertikales Balkendiagramm (Histogram) ausgegeben worden. Es ist deutlich der aus den Kennzahlen bereits diagnostizierte rechtsschiefe Charakter der Verteilung erkennbar.

Das neben dem Histogramm dargestellte Boxplot-Diagramm gibt eine Übersicht über die Lage der wichtigsten Verteilungskennziffern. Die dargestellte rechteckige Box wird unten begrenzt von der Lage des 1. Quartils (25% Q1) und oben von der des 3. Quartils (75% Q3). Die mittlere Linie kennzeichnet die Lage des Medians (50% Med). Das einzelne Pluszeichen "+" innerhalb der Box verweist auf die Lage des arithmetischen Mittels. Die senkrechten Striche oberhalb und unterhalb der Box, die sog. "whisker", gehen maximal bis zum eineinhalbfachen des Interquartilsabstandes oberhalb des 3. Quartils [Q3 + (1.5*(Q3-Q1))] bzw. unterhalb des 1. Quartils [Q1 - (1.5*(Q3-Q1))]. Jeder extremere Wert der Verteilung ist mit dem Zeichen "ø" verzeichnet, wenn er nicht weiter als drei Interquartilsabstände vom Wert des 3. bzw. des 1. Quartils entfernt ist, oder mit dem Zeichen "*" in allen anderen Fällen.

Das dritte Diagramm, überschrieben mit "Normal Probability Plot", erlaubt einen visuellen Vergleich der empirischen Merkmalsverteilung mit der theoretischen Normalverteilung. Wenn die Merkmalswerte, in der Graphik durch das Symbol "*" dargestellt, annähernd normalverteilt sind, liegen sie eng um die Linie, die mit dem Symbol "+" angedeutet ist. Im Falle der Altersvariablen ist die Merkmalsverteilung nicht kongruent mit der Normalverteilung.[7]

---

[7]Nähere methodische Erläuterungen zu den graphischen Darstellungen sind in der einschlägigen Fachliteratur zu finden, z.B. in: J.M. Chambers u.a., Graphical Methods for Data Analysis, Boston 1983.

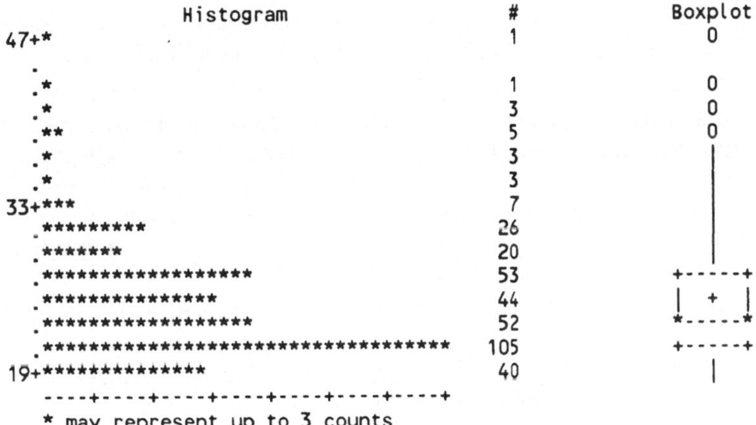

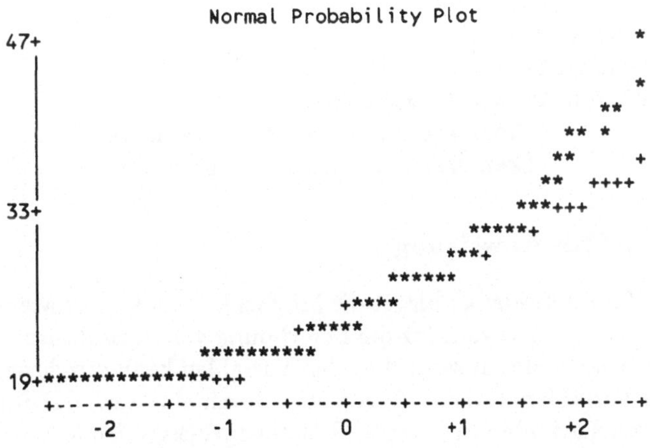

Abbildung 9.12: Graphische Darstellungen (Option PLOT)

Die allgemeine Form der PROC UNIVARIATE-Anweisung

Der oben vorgestellte Prozeduraufruf PROC UNIVARIATE berücksichtigt alle Voreinstellungen des Systems, und zwar: Berechnung von Kennwerten für *alle numerischen Merkmale* der *zuletzt* gebildeten SAS-Datei; Ausgabe der Ergebnisse ins Output-Protokoll. Durch die Angabe von Optionen und weiteren Anweisungen sind die Voreinstellungen zu ergänzen oder einzuschränken. Die Optionen FREQ und PLOT der PROC UNIVARIATE-Anweisung sind bereits oben vorgestellt worden. Weitere sind: "DATA=sas-dateiname", NOPRINT und NORMAL.

Durch die Angabe der Option "DATA=sas-dateiname" kann gezielt eine SAS-Datei für die Analyse aufgerufen werden. Mit NOPRINT wird die Ausgabe von Tabellen unterdrückt. Diese Option ist nur zweckmäßig bei gleichzeitiger Festlegung, daß die Ergebnisse in einer neuen SAS-Datei gespeichert werden sollen (siehe OUTPUT-Anweisung unten). Mit der Option NORMAL läßt sich eine Teststatistik abrufen, mit der die Hypothese, die Daten entstammten einer normalverteilten Grundgesamtheit, geprüft werden kann.

Die allgemeine Form der Prozedur UNIVARIATE stellt sich wie folgt dar:

```
PROC UNIVARIATE [DATA=sas-dateiname-1] [PLOT] [NORMAL]
                [FREQ] [NOPRINT] ;
   [ VARIABLES varliste  ; ]
   [ BY [DESCENDING] varname-1 [[DESCENDING] varname-2]... ;
      | BY varname-3 [varname-4]... NOTSORTED ; ]
   [ FREQ variable ; ]
   [ WEIGHT variable ; ]
   [ ID variable ; ]
   [ OUTPUT OUT=sas-dateiname-2
             kennwert-1=varname-5 [varname-6]...
             [kennwert-2=varname-7 [varname-8]...] ; ]
```

Die VARIABLES-Anweisung

Die *VARIABLES-Anweisung* bietet die Möglichkeit, aus einer Menge von Variablen einer SAS-Datei eine Auswahl für die Berechnung von Verteilungskennwerten vorzunehmen. Die Angabe der auszuwählenden Variablen kann durch Aneinanderreihung der einzelnen Variablennamen erfolgen oder durch eine verkürzende, auf die interne Reihenfolge von Variablen in einer SAS-Datei zurückgreifende Variablenliste, wobei der Name der ersten und der letzten auszuwählenden Variablen der SAS-Datei namentlich aufgeführt und mit *zwei Bindestrichen* (ohne Leerstelle) verbunden werden müssen (siehe Abschnitt 6.4):

```
DATA STUDANF;
     INFILE 'brestud.dat' MISSOVER;
     INPUT #1 GEBJAHR 6-7
           #2 AUSSICHT 24 KENNTNIS 27;
```

```
      ALTER = 79 - GEBJAHR;
  PROC UNIVARIATE;
      VARIABLES AUSSICHT--ALTER;
  RUN;
```

Die BY-Anweisung

Die *BY-Anweisung* bewirkt eine nach Satzgruppen jeweils getrennte Berechnung
von Verteilungskennwerten. Die Satzgruppen definieren sich über gemeinsame
Werte bei einem oder mehreren Merkmalen. Die Daten müssen nach den Werten der BY-Variablen aufsteigend oder absteigend (Angabe von DESCENDING
notwendig) sortiert sein. Ist die Datei nach anderen Kriterien der BY-Variablen geordnet, ist die NOTSORTED-Option anzugeben (siehe ausführliche Beschreibung
in Abschnitt 7.2).

Die WEIGHT- und die FREQ-Anweisung

Die *WEIGHT-Anweisung* bewirkt die Berechnung von gewichteten Mittelwerten
und Varianzen und damit zusammenhängenden statistischen Kennzahlen. Die Gewichtung erfolgt mit der Anweisung

```
  WEIGHT variable ;
```

wobei "variable" auf eine Variable des Datensatzes verweist, die den Gewichtungsfaktor für jede Beobachtung enthält. Es sind nur positive Werte oder der Wert Null
gültig, negative Werte werden als Null interpretiert. Die WEIGHT-Anweisung hat
keine Wirkungen auf die Berechnung der Quantile und Extremwerte. Die Werte der
Schiefe und Wölbung werden nicht ausgegeben.

Durch die Angabe der *FREQ-Anweisung* wird die Anzahl der Beobachtungen
für die Durchführung der Berechnungen verändert, was Auswirkungen auf fast alle
Verteilungskennziffern hat (außer Extremwerten). Mit der Anweisung

```
  FREQ variable ;
```

wird festgelegt, wie oft jede Beobachtung des Datensatzes vervielfältigt werden soll.
Der jeweilige Wert von "variable" gibt den Zählfaktor an. Taucht dabei ein Wert
kleiner Eins auf, wird die Beobachtung von der Analyse ausgeschlossen. Als FREQ-
Werte werden nur ganze positive Zahlen akzeptiert. Eventuell vorkommende Dezimalstellen werden nicht berücksichtigt (siehe Abschnitt 11.4).

Die ID-Anweisung

Die *ID-Anweisung* hat zwei Funktionen. Zum einen ist es mit ihr möglich, die in die
Tabelle der Extremwerte (EXTREMES) ausgegebenen fünf höchsten und fünf niedrigsten Werte einer Variablen mit dem Wert einer in der ID-Anweisung aufgeführten

Identifikationsvariablen (z.B. die Numerierung der Fragebögen) zu kennzeichnen. Zum anderen wird die Variable — wenn eine OUTPUT-Anweisung angegeben ist — in die dort spezifizierte Ausgabe-Datei (s.u.) übernommen. Der gespeicherte Wert entspricht dem der ersten Beobachtung oder — im Falle einer BY-Anweisung — der jeweils ersten Beobachtung in jeder Satzgruppe.

Die OUTPUT-Anweisung

Die Angabe der *OUTPUT-Anweisung* bewirkt die Ausgabe ausgewählter Verteilungskennziffern in eine neue SAS-Datei:

```
OUTPUT OUT=sas-dateiname kennwort-1=varname-1 [varname-2]...
                    [kennwort-2=varname-3 [varname-4]...] ;
```

Die Option "OUT=sas-dateiname" bezeichnet die neu zu bildende SAS-Datei, in der die berechneten Werte gespeichert werden. Mit der Spezifikation "kennwort=varname" wird zweierlei festgelegt. Es wird aus einer Liste von 26 Verteilungsparametern (siehe unten) eine Auswahl vorgenommen und gleichzeitig ein Variablenname bestimmt, über den auf die in der neuen Datei gespeicherten Werte zurückgegriffen werden kann. Mindestens ein Kennwort und ein Variablenname müssen angegeben werden. Hinter dem Gleichheitszeichen können so viele unterschiedliche Variablennamen aufgeführt werden, wie in der VARIABLES-Anweisung an Variablen aufgelistet sind.

Gültige Kennworte von Verteilungsparametern sind: N, NMISS, NOBS, MEAN, SUM, STD, VAR, SKEWNESS, KURTOSIS, SUMWGT, MAX, MIN, RANGE, Q3, MEDIAN, Q1, QRANGE, P1, P5, P10, P90, P95, P99, MODE, SIGNRANK, NORMAL.

9.3.2   Die MEANS-Prozedur

Die Prozedur MEANS berechnet eine Untermenge der Verteilungskennzahlen, die von der Prozedur UNIVARIATE ausgegeben werden, und zwar diejenigen für intervallskalierte, kontinuierliche Merkmale. Im Unterschied zu UNIVARIATE läßt sich mit MEANS eine gezielte Auswahl von Kennziffern berechnen, die bei Angabe mehrerer Variablen übersichtlich untereinander ausgegeben werden. Mit MEANS ist es ebenso wie bei der zuvor beschriebenen Prozedur UNIVARIATE möglich, ausgewählte Parameter in einer neuen SAS-Datei zu speichern, um sie mit anderen Prozeduren weiterzuverarbeiten.

Die allgemeine Form der *Prozedur MEANS* stellt sich wie folgt dar:

```
PROC MEANS [ DATA=sas-dateiname-1 ] [ NOPRINT ] [ MAXDEC=n ]
           [ N ] [ NMISS ] [ MEAN ] [ STD ] [ MIN ] [ MAX ]
           [ RANGE ] [ SUM ] [ VAR ] [ USS ] [ CSS ] [ STDERR ]
           [ CV ] [ SKEWNESS ] [ KURTOSIS ] [ T ] [ PRT ]
           [ SUMWGT ] ;
```

```
[ VARIABLES varliste ; ]
[ BY [DESCENDING] varname-1 [[DESCENDING] varname-2]... ; ]
    | BY varname-3 [varname-4] ... NOTSORTED ; ]
[ FREQ varname-5 ; ]
[ WEIGHT varname-6 ; ]
[ ID varname-7 [varname-8]... ; ]
[ OUTPUT OUT=sas-dateiname-2
              kennwort-1=varname-9 [varname-10]...
              [kennwort-2=varname-11[varname-12]...]... ; ]
```

Optionen zur PROC MEANS-Anweisung

Bei der PROC MEANS-Anweisung sind ebenfalls die bereits bekannten Optionen "DATA—sas-dateiname" und NOPRINT einsetzbar (siehe Ausführungen zur UNIVARIATE-Prozedur). Mit MAXDEC=n läßt sich die maximale Anzahl von Dezimalstellen (0 bis 8) für die Ausgabe der berechneten Kennzahlen bestimmen. Alle weiteren Optionen beziehen sich auf zu berechnende Kennzahlen:

N	Zahl der Beobachtungen, die in die Berechnung eingehen
NMISS	Zahl der fehlenden Werte
MEAN	arithmetisches Mittel
STD	Standardabweichung
MIN	kleinster Wert
MAX	größter Wert
RANGE	Spannweite (MAX − MIN)
SUM	Summe der Merkmalswerte
VAR	Varianz
USS	Summe der quadrierten Merkmalswerte
CSS	korrigierte Summe der quadrierten Merkmalswerte (USS-MEAN*MEAN*N)
STDERR	Standardfehler des Mittelwertes
CV	Variationskoeffizient
SKEWNESS	Maß der Schiefe
KURTOSIS	Maß der Wölbung
T	T-Wert (nach Student) für einen Test der Hypothese, daß der Mittelwert der Grundgesamtheit gleich Null ist
PRT	Signifikanzniveau für den errechneten T-Wert
SUMWGT	Summe der Werte der Gewichtungsvariablen

Die Anweisungen VARIABLES, BY, FREQ, WEIGHT, ID und OUTPUT entsprechen in ihren Funktionen denjenigen der Prozedur UNIVARIATE (Beschreibung siehe dort). Die Anzahl und Art der in eine neue SAS-Datei zu speichernden statistischen Parameter beschränkt sich jedoch auf die zuvor angegebene Liste.

Beispiel mit PROC MEANS

Im folgenden wollen wir ein weiteres Mal — jetzt aber durch die Ausführung der Prozedur MEANS — einige ausgewählte Verteilungskennziffern des Merkmals Alter ausgeben lassen. Dazu formulieren wir folgende SAS-Anweisungen:

```
DATA STUDANF;
     INFILE 'brestud.dat' MISSOVER;
     INPUT #1 GEBJAHR 6-7 #2;
     ALTER=79-GEBJAHR;
PROC MEANS DATA=STUDANF MAXDEC=1 N NMISS MEAN STD CV;
     VARIABLES ALTER;
RUN;
```

Die SAS-Datei mit dem Namen STUDANF beinhaltet die Variablen GEBJAHR und ALTER. Die angegebenen Optionen der PROC MEANS-Anweisung legen fest, daß die Daten dieser Datei analysiert und die Ergebnisse mit einer Dezimalstelle ausgegeben werden sollen, und zwar für die Parameter "Zahl der Beobachtungen" (N), "Zahl der fehlenden Werte" (NMISS), "arithmetisches Mittel" (MEAN), "Standardabweichung" (STD) und "Variationskoeffizient" (CV). Mit der VARIABLES-Anweisung legen wir fest, daß von den zwei Variablen der SAS-Datei nur für die Variable ALTER Berechnungen vorgenommen werden sollen.

Als Ergebnis erhalten wir im Output-Protokoll den Eintrag:

```
Analysis Variable : ALTER


N Obs    N  Nmiss        Mean        Std Dev          CV
----------------------------------------------------------------
 390  363     27         24.1            4.8         20.0
----------------------------------------------------------------
```

Abbildung 9.13: Ausgabe der Prozedur MEANS

Kapitel 10

Beschreibung der Beziehung von Merkmalen

Die bisherigen Analysen in Kapitel 9 bezogen sich jeweils auf einzelne Merkmale. Die Beschreibung univariater Verteilungen kann in der empirischen Forschung aber nur ein erster Schritt sein. Wenn wir jetzt Prozeduren zur Beschreibung der *Beziehung von Merkmalen* einsetzen, stellen wir uns die Frage nach dem Zusammenhang bzw. der Abhängigkeit jeweils zweier Merkmale für die Gruppe der befragten Personen.

Eine solche Beziehung kann unterschiedlich dargestellt werden:

- Als gemeinsame Verteilung von Häufigkeiten in Form von Kreuztabellen. Diese Darstellungsform entspricht in der Detailliertheit der Information den univariaten Häufigkeitsverteilungen (Abschnitt 10.1).

- Als graphische Darstellung, die eine gemeinsame Verteilung optisch wiedergibt (Abschnitt 10.2).

- Als statistische Kennziffer des Zusammenhangs zweier Merkmale. So wie sich univariate Verteilungen durch einzelne statistische Kennzahlen kennzeichnen lassen, läßt sich auch der statistische Zusammenhang bivariater Verteilungen in Maßzahlen ausdrücken (Abschnitt 10.3).[1]

10.1 Tabellarische Ausgabe von gemeinsamen Verteilungen (FREQ, TABULATE)

Die Prozeduren FREQ und TABULATE sind geeignet, Tabellen gemeinsamer Verteilungen zweier Merkmale zu erzeugen. Die Prozedur FREQ bietet neben der Ausgabe univariater und bivariater Tabellen die Möglichkeit der statistischen Analyse des Zusammenhangs der Daten (siehe Abschnitt 10.3), während die Prozedur TABULATE primär auf die Präsentation eines Reports (Berichts) ausgerichtet ist und dabei mehr als zwei Variablen in eine tabellarische Darstellung aufnehmen

---

[1] Mit Hilfe der Datenanalyse kann nur eine Beschreibung eines *statistischen Zusammenhangs* erfolgen. Eine Übertragung der Ergebnisse einer statistischen Analyse auf *inhaltliche Bedeutungen* ist eine Frage der theoretischen Argumentation. Dies trifft auch zu auf die Frage kausaler oder nichtkausaler Zusammenhänge. Statistisch feststellbare Zusammenhänge verweisen nicht aus sich heraus auf inhaltlich relevante Ursache-Wirkungs-Beziehungen. Auch hier ist eine theoretisch begründete Entscheidung zu fällen.

kann. Bei letztgenannter Prozedur kann die Gestaltung der Tabellen (z.B. Linienart, Zellenbreite, Beschriftung) individuell erfolgen. Es ist nicht nur möglich, in die Tabellenzellen Häufigkeiten und Prozentwerte auszugeben, sondern auch eine Reihe statistischer Kennwerte, wie wir sie in Abschnitt 9.3 beschrieben haben.

10.1.1   Erstellung von Tabellen mit PROC FREQ

Wir kennen die Prozedur FREQ bereits aus dem Abschnitt 9.1 über die Ausgabe univariater Häufigkeitsverteilungen. Diese Prozedur kann auch eingesetzt werden, um bivariate Häufigkeitsverteilungen, sog. Kreuztabellen, herzustellen. Wie gezeigt, kann für die Ausgabe einfacher Häufigkeitsverteilungen eine PROC FREQ-Anweisung ohne weitere Angaben ausreichen: Die Verteilungen aller Variablen der zuletzt gebildeten SAS-Datei werden ausgegeben.

Zur Herstellung *bivariater* Tabellen muß der PROC FREQ-Anweisung *immer* eine *TABLES-Anweisung* hinzugefügt werden, mit der explizit die gewünschten Tabellenanforderungen angegeben wird. Für Kreuztabellen sieht die TABLES-Anweisung allgemein wie folgt aus:

```
TABLES (varliste-1) * (varliste-2) [* (varliste-3)]... ;
```

Bei der Angabe von nur zwei Variablenlisten werden die Variablen in "varliste-1" die Zeilenvariablen der Tabelle und diejenigen in "varliste-2" die Spaltenvariablen. Es wird für jede mögliche Kombination der durch "*" getrennten Variablen jeweils eine Tabelle ausgegeben. Variablenlisten müssen in Klammern gesetzt werden. Besteht die Variablenliste nur aus einem Variablennamen, können die Klammern entfallen. Mehrere verschiedene Arten von Tabellen können nacheinander angefordert werden.

Sind hinter einer TABLES-Anweisung drei Variablenlisten aufgeführt, so werden die Variablen in "varliste-2" die Zeilenvariablen der Tabellen und diejenigen der "varliste-3" die Spaltenvariablen. Für jede Merkmalsausprägung der Variablen der "varliste-1" werden so viele Tabellen ausgegeben wie die Kombination von "varliste-2" mit "varliste-3" ergibt.

So produziert die Anweisung (hier mit nur einer Variablen pro Variablenliste)

```
TABLES GESCHL * AUSSICHT * KENNTNIS;
```

zwei Tabellen mit den Variablen AUSSICHT und KENNTNIS, und zwar für die beiden Merkmalsausprägungen der Variablen GESCHL, männlich und weiblich.

Die allgemeine Form der PROC FREQ-Anweisung für die Ausgabe von Kreuztabellen sieht folgendermaßen aus:

```
PROC FREQ [ DATA=sas-dateiname-1 ]
          [ ORDER=FREQ | DATA | INTERNAL | FORMATTED ; ]
      TABLES (varliste-1) * (varliste-2) [* (varliste-3)]... /
        [ MISSING ] [ LIST ] [ OUT=sas-dateiname-2 ] [ NOPRINT ]
        [ MISSPRINT ] [ SPARSE ] [ NOFREQ ] [ NOPERCENT ]
        [ NOROW ] [ NOCOL ] ;
    [ WEIGHT varname-1 ; ]
    [ BY [DESCENDING] varname-1 [ [DESCENDING] varname-2 ]... ; |
      BY varname-3 [varname-4]... NOTSORTED ; ]
```

Die angegebenen Spezifikationen zur PROC FREQ-Anweisung, zur WEIGHT-
Anweisung und zur BY-Anweisung sind identisch mit denen, die bereits in Abschnitt
9.1 im Zusammenhang univariater Verteilungen vorgestellt worden sind. Über eine
Reihe von optionalen Angaben zur TABLES-Anweisung läßt sich die Gestaltung
der Tabellenausgabe steuern.

Optionen zur TABLES-Anweisung

Standardmäßig, d.h. wenn jede optionale Spezifikation fehlt, wird die Kreuztabelle
in einer vorgegebenen Form ausgegeben (siehe Beispiel in Abbildung 10.1). Sie
enthält die Angaben zur absoluten Häufigkeit und drei Angaben zu prozentualen
Häufigkeiten, die sich jeweils auf eine unterschiedliche Prozentuierungsbasis beziehen, und zwar a) auf die Gesamtzahl der gültigen Beobachtungen einer Tabelle, b)
auf die jeweiligen Häufigkeiten jeder Zeile (identisch mit den einfachen Häufigkeiten einzelner Merkmalsausprägungen der Zeilenvariablen) und c) auf die jeweiligen
Häufigkeiten jeder Spalte (identisch mit den einfachen Häufigkeiten einzelner Merkmalsausprägungen der Spaltenvariablen). Von dieser Standardausgabe kann durch
die Angabe folgender Optionen abgewichen werden:

MISSING	Die als fehlend deklarierten Beobachtungen werden mit in die Tabelle aufgenommen und bei der Berechnung von Prozentwerten berücksichtigt.
LIST	Die Ergebnisse werden nicht in Form einer Kreuztabelle, sondern als nebeneinanderstehende Zahlenreihen ausgegeben.
OUT=sas-dateiname	Es wird eine neue SAS-Datei mit dem angegebenen Namen erstellt, die die Variablenwerte mit den zugehörigen Häufigkeiten (abrufbar durch die Variablennamen COUNT und PERCENT) enthält. In die Datei wird immer nur die Information *einer* Tabelle abgelegt. Sind in der TABLES-Anweisung mehr als eine Tabelle angefordert, werden die Ergebnisse der *letzten* Tabellenanforderung in die Datei geschrieben.

NOPRINT	Die Ausgabe der Tabelle wird unterdrückt. Diese Option ist zusammen mit "OUT=sas-dateiname" sinnvoll.
MISSPRINT	Die als *fehlend* deklarierten Beobachtungen werden mit in die Tabelle aufgenommen, gehen aber *nicht* in die Berechnung der Prozentwerte ein.
SPARSE	Es wird jede mögliche Kombination von Merkmalsausprägungen der Variablen der Tabellenanforderungen ausgegeben, auch wenn keine gemeinsamen Häufigkeiten auftreten. Die Option wirkt nur zusammen mit der Angabe von LIST oder OUT=sas-dateiname.
NOFREQ	Die Ausgabe der absoluten Häufigkeiten in den Tabellenzellen wird unterdrückt.
NOPERCENT	Die Ausgabe der Prozentzahlen auf der Basis der Gesamtzahl der gültigen Beobachtungen einer Tabelle wird unterdrückt.
NOROW	Die Ausgabe der Prozentzahlen auf der Basis der Gesamthäufigkeiten jeder *Zeile* wird unterdrückt.
NOCOL	Die Ausgabe der Prozentzahlen auf der Basis der Gesamthäufigkeiten jeder *Spalte* wird unterdrückt.

Ausgabe und Interpretation einer Kreuztabelle

Durch die Ausführung des Programms

```
PROC FORMAT;
      VALUE SEXF   1='M' 2='W';
      VALUE AUSF   1='begonnen' 2='beendet' 3='keine';
DATA STUDANF;
      INFILE 'brestud.dat' MISSOVER;
      INPUT #1 GESCHL 5 AUSBILD 17 #2;
      FORMAT GESCHL SEXF. AUSBILD AUSF.;
PROC FREQ;
      TABLES GESCHL * AUSBILD;
RUN;
```

wird eine Kreuztabelle erstellt mit der Variablen GESCHL als Zeilenvariablen und der Variablen AUSBILD als Spaltenvariablen (Abbildung 10.1).

Jede Zelle der Kreuztabelle beinhaltet vier Werte. Der erste Wert stellt die absoluten gemeinsamen Häufigkeiten der Variablen GESCHL und AUSBILD dar (in der Tabelle links oben mit Frequency angezeigt), der zweite Wert repräsentiert die prozentualen Häufigkeiten bezogen auf die Gesamtheit der Beobachtungen, die in der Tabelle mit 374 angegeben ist (Percent), der dritte Wert zeigt die Zeilenprozente (Row Pct) und der vierte Wert die Spaltenprozente (Col Pct). Am rechten Rand der Tabelle ist die absolute und prozentuale Verteilung der Variablen GESCHL und am unteren Rand die der Variablen AUSBILD abgedruckt.

```
                       TABLE OF GESCHL BY AUSBILD


         GESCHL        AUSBILD

         Frequency|
         Percent  |
         Row Pct  |
         Col Pct  |begonnen|beendet |keine   |  Total

         M        |      11|      85|     112|     208
                  |    2.94|   22.73|   29.95|   55.61
                  |    5.29|   40.87|   53.85|
                  |   47.83|   53.13|   58.64|
                  ---------+--------+--------+--------
         W        |      12|      75|      79|     166
                  |    3.21|   20.05|   21.12|   44.39
                  |    7.23|   45.18|   47.59|
                  |   52.17|   46.88|   41.36|
                  ---------+--------+--------+--------
         Total          23      160      191      374
                      6.15    42.78    51.07   100.00

         Frequency Missing = 16
```

Abbildung 10.1: Standard-Kreuztabelle

Um die Antworten der befragten Studenten und Studentinnen hinsichtlich ihrer
Berufsausbildung vor Beginn des Studiums zu vergleichen, sehen wir uns die zwei
Reihen mit den Zeilenprozenten an. Relativ mehr Studentinnen als Studenten haben
vor dem Studium eine Berufsausbildung begonnen (5.29% Männer, 7.23% Frauen)
oder abgeschlossen (40.87% Männer, 45.18% Frauen), oder anders gesehen, der
Anteil der Studienanfänger ohne Berufsausbildung ist unter den Studenten größer
als unter den Studentinnen (53.85% zu 47.59%).

Veränderung der Tabellen durch TABLES-Optionen

Im letzten Beispiel konnten wir registrieren, daß für eine Interpretation einer Tabelle
nicht die Gesamtheit der ausgegebenen Daten notwendig ist. Die Tabelle würde an
Übersichtlichkeit gewinnen, wenn nur die absoluten Häufigkeiten und die Zeilenpro-
zente in die Tabelle aufgenommen würden. Dies erreichen wir durch die Angabe der
Optionen NOPERCENT und NOCOL, wie das folgende Beispiel für die Merkmale
"Geschlecht" und "Studienerwartungen" zeigt. Die SAS-Anweisungen

```
DATA STUDANF;
     INFILE 'brestud.dat' MISSOVER;
     INPUT #1 GESCHL 5 ERWART1 69 ERWART2 70 ERWART3 71 #2;
PROC FREQ;
     TABLES GESCHL*(ERWART1--ERWART3) / NOPERCENT NOCOL;
RUN;
```

ergeben die Tabellen auf der folgenden Seite (Abbildung 10.2).

TABLE OF GESCHL BY ERWART1

GESCHL   ERWART1

Frequency Row Pct	1	2	3	4	5	6	7	Total
1	13 6.31	42 20.39	5 2.43	84 40.78	29 14.08	2 0.97	31 15.05	206
2	14 8.43	38 22.89	8 4.82	72 43.37	12 7.23	1 0.60	21 12.65	166
Total	27	80	13	156	41	3	52	372

Frequency Missing = 18

TABLE OF GESCHL BY ERWART2

GESCHL   ERWART2

Frequency Row Pct	1	2	3	4	5	6	7	Total
1	12 5.88	12 5.88	17 8.33	56 27.45	52 25.49	23 11.27	32 15.69	204
2	14 8.59	10 6.13	6 3.68	53 32.52	41 25.15	10 6.13	29 17.79	163
Total	26	22	23	109	93	33	61	367

Frequency Missing = 23

TABLE OF GESCHL BY ERWART3

GESCHL   ERWART3

Frequency Row Pct	1	2	3	4	5	6	7	Total
1	29 14.50	10 5.00	18 9.00	24 12.00	35 17.50	52 26.00	32 16.00	200
2	17 10.69	6 3.77	16 10.06	19 11.95	29 18.24	28 17.61	44 27.67	159
Total	46	16	34	43	64	80	76	359

Frequency Missing = 31

Abbildung 10.2: Kreuztabelle mit Optionen NOPERCENT und NOCOL

Es sind drei Tabellen ausgegeben worden. Sie enthalten in jeder Zelle nur noch zwei Werte, und zwar die absolute Häufigkeit und die relative Häufigkeit bezogen auf die Zeilenvariable GESCHL (siehe Angaben an der linken oberen Ecke jeder Tabelle).

Es zeigt sich, daß Studenten und Studentinnen mit tendenziell ähnlicher Erwartungsstruktur ein Studium beginnen. Am häufigsten ist das Ziel der persönlichen Weiterentwicklung (Kodewert 4) genannt worden, von Studentinnen geringfügig häufiger als von Studenten. Aber auch das Ziel, sich möglichst schnell und umfassend auf einen Zielberuf hin zu qualifizieren (Kodewert 2), wird häufig genannt, wobei es kaum Differenzen zwischen Studenten und Studentinnen gibt. Die Erwartung an das Studium, neue Leute kennenzulernen (Kodewert 6) — vor allem an dritter Stelle genannt —, hegen vor allem Studenten.

10.1.2 Erstellung von Tabellen mit PROC TABULATE

Die TABULATE-Prozedur ist ein Instrument, um individuell gestaltete Tabellen mit deskriptiven statistischen Kennwerten herzustellen. Dabei können, anders als mit der Prozedur FREQ, mehr als zwei Variablen in eine Tabelle aufgenommen werden.[2]

Neben Häufigkeiten und Prozentwerten können statistische Kennwerte, wie wir sie bereits bei der Darstellung der Prozedur MEANS kennengelernt haben, in eine Tabelle ausgegeben werden.

Folgendes soll tabellarisch dargestellt werden: Das durchschnittliche Lebensalter der männlichen und weiblichen Studienanfänger, insgesamt und unterschieden nach den drei Kategorien des Merkmals "Ausbildung vor Studienbeginn".

Dazu lassen wir folgendes Programm ausführen:

```
DATA STUDANF;
      INFILE 'brestud.dat' MISSOVER;
      INPUT #1 GESCHL 5 GEBJAHR 6-7 AUSBILD 17  #2;
      ALTER = 79 - GEBJAHR;
PROC TABULATE;
      CLASSES    AUSBILD GESCHL;
      VARIABLES  ALTER;
      TABLE      AUSBILD ALL ,
                 GESCHL * ALTER * MEAN ;
RUN;
```

Die *TABULATE-Prozedur* wird mit der Anweisung

```
PROC TABULATE;
```

---

[2]Zur Erinnerung sei angemerkt, daß auch sog. "mehrdimensionale" PROC FREQ-Tabellen immer nur Tabellen mit zwei Variablen sind, und zwar jeweils für Satzgruppen berechnet, die nach den Merkmalsausprägungen weiterer Variablen unterschieden sind.

eingeleitet. Mit der *CLASSES-Anweisung* werden Klassifikationsvariablen festgelegt, die geeignet sind, aussagefähige Gruppierungen zu definieren. Dies sind in der Regel Variablen mit alphanumerischen Ausprägungen oder diskreten numerischen Werten. Die in der VARIABLES-Anweisung aufgelisteten Variablen hingegen dürfen nur numerisch sein und sollten kontinuierliche Merkmalsausprägungen aufweisen. Für diese Variablen können auf Anforderung statistische Kennziffern berechnet werden.

Der Tabelleninhalt und die Tabellenstruktur wird mit der *TABLE-Anweisung* bestimmt. Mit ihr wird immer nur *eine* Tabelle definiert. Innerhalb der Prozedur TABULATE können aber mehrere TABLE-Anweisungen hintereinander folgen. Die Komponenten "AUSBILD" und "ALL" definieren die Zeilenstruktur der Tabelle. "AUSBILD" ist der von uns gewählte Variablenname des Merkmals "Ausbildung vor Beginn des Studiums" mit den als Kodewerte vorliegenden Merkmalsausprägungen "ja, begonnen" (1), "ja, abgeschlossen" (2) und "nein" (3). "ALL" ist ein vom SAS-System vorgegebenes Schlüsselwort, dem in der Tabelle die Bedeutung von "insgesamt" zukommt und das die Funktion hat, statistische Kennwerte für die gesamte Population auszugeben, die den nach Satzgruppen differenzierten Werten (hier nach dem Merkmal "Ausbildung") zu Vergleichszwecken gegenübergestellt werden können. Die beiden Komponenten sind durch ein Leerzeichen (blank) getrennt. Es bewirkt in der Zeilendimension eine Anordnung der Komponenten, die als Reihung oder Verkettung ("concatenation") zu bezeichnen ist. Das *Komma* ist ein wichtiges Zeichen der TABLE-Anweisung, denn es grenzt die Definition der Zeilenstruktur von derjenigen der Spaltenstruktur ab. Letztere ist bestimmt durch die Komponenten "GESCHL" ,"ALTER" und "MEAN", welche jeweils durch das Zeichen "*" getrennt sind. "GESCHL" und "ALTER" sind zwei von uns definierte Variablen, wobei die erste mit den Ausprägungen "männlich" (1) und "weiblich" (2) als Klassifikationsvariable festgelegt ist und die zweite als kontinuierliche Variable. "MEAN" ist ein feststehendes Schlüsselwort, das die Berechnung des arithmetischen Mittelwertes bewirkt. Durch die Zeichen "*" erreichen wir in der Spaltendimension eine hierarchische Anordnung, die als Vernestung oder Schachtelung ("nesting") zu bezeichnen ist mit der Folge, daß für jede Merkmalsausprägung der Variablen "GESCHL" das arithmetische Mittel der Variablen "ALTER" getrennt berechnet wird.

Als Ergebnis des o.a. SAS-Programms erhalten wir die Tabelle in Abbildung 10.3. Die Struktur dieser Tabelle ist weitgehend durch Voreinstellungen festgelegt. Sie kann aber — wie wir in dem Beispiel weiter unten sehen werden — erheblich aussagefähiger gestaltet werden. Zunächst sollen aber einige Grundelemente der TABULATE-Prozedur vorgestellt werden.

Variablentypen

Es können zwei Variablentypen unterschieden werden, die *Klassifikationsvariablen* mit diskreten, inhaltlich beschreibbaren Merkmalsausprägungen und die *Analysevariablen* mit kontinuierlichen Merkmalsausprägungen. Als Klassifikationsvariable

	GESCHL	
	1	2
	ALTER	ALTER
	MEAN	MEAN
AUSBILD		
1	24.18	23.58
2	26.57	28.66
3	21.41	21.75
ALL	23.66	24.94

Abbildung 10.3: PROC TABULATE-Tabelle

kommen sowohl numerische als auch alphanumerische Variable in Frage. Auch Variable mit kontinuierlichen Merkmalsausprägungen können dann sinnvoll als Klassifikationsvariablen eingesetzt werden, wenn mit einer FORMAT-Anweisung eine Einteilung der Werte in Klassen vorgenommen wird. Für Klassifikationsvariablen lassen sich als statistische Kennwerte nur die absoluten und relativen Häufigkeiten berechnen. Klassifikationsvariablen werden in der CLASSES-Anweisung deklariert, Analysevariablen in der VARIABLES-Anweisung.

Die spezielle Klassifikationsvariable ALL

ALL ist die Bezeichnung für eine Klassifikationsvariable, die die Gesamtheit der Beobachtungen einer Daten-Datei oder bestimmter Satzgruppen repräsentiert.

Statistische Kennwerte

Wenn in einer TABLE-Anweisung mindestens eine Analysevariable deklariert ist, können eine oder mehrere der folgenden statistischen Kennwerte als Elemente einer TABLE-Anweisung Verwendung finden:

N	Häufigkeit gültiger Werte
NMISS	Anzahl fehlender Werte
MEAN	arithmetisches Mittel
STD	Standardabweichung
MIN	niedrigster Wert
MAX	höchster Wert

RANGE	Spannweite
SUM	Summe
USS	unkorrigierte Quadratsumme
CSS	korrigierte Quadratsumme
STDERR	Standardfehler des Mittelwertes
CV	Variationskoeffizient
T	T-Wert (Student) zum Testen der Hypothese, daß der Mittelwert Null ist
PRT	Signifikanzniveau des T-Wertes
VAR	Varianz
SUMWGT	gewichtete Summe
PCTN	Prozent der Häufigkeit N, bezogen auf eine anzugebene Gesamtheit
PCTSUM	Prozent der Summe SUM, bezogen auf eine anzugebene Gesamtheit

Sind nur Klassifikationsvariablen in der TABLE-Anweisung spezifiziert, kann nur N oder PCTN als statistischer Kennwert ausgegeben werden. Die voreingestellten statistischen Kennwerte sind bei Klassifikationsvariablen N und bei Analysevariablen SUM.

Die Festlegung des Nenners bei der Berechnung von Prozentwerten

Die Prozedur TABULATE ermöglicht es, Prozentwerte auf der Basis verschiedener Gesamtheiten tabellarisch auszugeben. Die Definition des jeweiligen Nenners ist durch eine Ergänzung der PCTN- und PCTSUM-Komponente in folgender Weise zu erreichen:

```
PCTN<nennerspezifikation> oder PCTSUM<nennerspezifikation>
```

"nennerspezifikation" ist durch einen oder mehrere Variablennamen zu ersetzen, die in derselben TABLE-Anweisung bereits benannt sein müssen. Die Anweisung

```
TABLE A * PCTN<A> ;
```

bedeutet zum Beispiel, daß die Verteilung der relativen Häufigkeiten der Variablen A ausgegeben wird. Die Prozentuierungsbasis ist — so zeigt die Komponente "<A>" an — die Gesamtheit der gültigen Beobachtungen der Variablen A.

Im Fall einer bivariaten Tabelle mit den Klassifikationsvariablen A (Zeilen) und B (Spalten) lassen sich Prozentwerte berechnen, die sich auf drei verschiedene Nenner beziehen. Wenn Prozentwerte auf der Basis der Summe der Häufigkeiten jeder Zeile (Zeilenprozente) berechnet werden sollen, ist die TABLE-Anweisung folgendermaßen zu formulieren:

```
TABLE A , B * PCTN<B> ;
```

Soll der Nenner die Gesamtheit jeder Tabellenspalte (Spaltenprozente) sein, lautet dagegen die Anweisung:

```
TABLE A , B * PCTN<A> ;
```

Wählen wir aber als Prozentuierungsbasis die Gesamtheit der Beobachtungen (Gesamtprozente), so sieht die TABLE-Anweisung wie folgt aus:

```
TABLE A , B * PCTN<A*B> ;
```

Tabellendimensionen

Die mit TABULATE produzierten Tabellen können bis zu drei Dimensionen umfassen:

- Seiten

- Zeilen

- Spalten

Die Anzahl und die Art der Dimensionen werden durch die TABLE-Anweisung bestimmt, und zwar in folgender Reihenfolge:

```
TABLE    [ seitenkomponente , ]
         [ zeilenkomponente , ]
         spaltenkomponente ;
```

Die Definition der einzelnen Dimensionen wird jeweils durch ein *Komma* getrennt. Ist nur eine Dimension bestimmt (die TABLE-Spezifikation enthält kein Komma), bezieht sie sich auf die Spalten. Sind zwei Dimensionen definiert (die TABLE-Spezifikation enthält ein Komma), beziehen sie sich auf Zeilen und Spalten. Mit der dritten Dimension, die dann unmittelbar hinter dem Wort TABLE steht, sind zusätzlich die Seiten definiert (die TABLE-Spezifikation enthält zwei Kommata). Eine in diesem Sinn gemeinte Tabellenseite kann über mehrere Bildschirm- bzw. Druckseiten fortgesetzt sein.

Die Definition der Tabellenstruktur

Die Tabellenstruktur wird durch die Art der Komponenten und deren Anordnung in der TABLE-Anweisung festgelegt. Zu den Komponenten gehören Variablennamen (einschließlich ALL) und die Bezeichner statistischer Kennwerte. Diese werden mit einer Reihe vorgegebener Verknüpfungszeichen zu *Ausdrücken* zusammengebunden. Die jeweilige Anordnung bestimmt die Gestalt der Tabelle.

Folgende Verknüpfungszeichen haben in der TABLE-Anweisung eine Bedeutung:

Komma	","	Wechsel zu einer neuen Dimension
Stern	"*"	Bildung von hierarchisch angeordneten Untergruppen (Schachtelung)
Leerstelle	" "	Aneinanderreihung von Tabellenelementen (Verkettung)
Klammern	"("	Gruppierung zur Steuerung der Schachtelung
	")"	und Verkettung

Mit einfachen Beispielen lassen sich die Wirkungen der verschiedenen Verknüpfungszeichen demonstrieren. Angenommen, wir haben fünf Variablen mit den Namen A, B, C, D und E, die jeweils die beiden Merkmalsausprägungen 1 und 2 haben. Diese wollen wir in bestimmten tabellarischen Anordnungen darstellen. Die Anweisung

```
TABLE A B C , D E ;
```

ergibt folgende Tabellenstruktur:

		D		E	
		1	2	1	2
A					
1					
2					
B					
1					
2					
C					
1					
2					

Abbildung 10.4: Tabellenstruktur der TABLE-Spezifikation A B C , D E

Mit der obigen TABLE-Anweisung sind zwei Dimensionen definiert, und zwar die Zeilen- und die Spaltendimension (ein Komma). Die Variablennamen sind jeweils durch eine Leerstelle getrennt. Das bewirkt in der Tabelle eine Aneinanderreihung der Variablenkomponenten. Das Ergebnis ist eine Tabelle, die aus sechs bivariaten Tabellen zusammengesetzt ist, nämlich aus den Variablen A und D, A und E, B und D, B und E, C und D sowie C und E.

Wollen wir die Variablen D und E hierarchisch anordnen, das heißt für jede Merkmalsausprägung von D die Verteilungen von E darstellen, so lautet die TABLE-Anweisung folgendermaßen:

```
TABLE A B C , D*E ;
```

Die Tabelle ist dann wie folgt strukturiert:

	D			
	1		2	
	E		E	
	1	2	1	2
A				
1				
2				
B				
1				
2				
C				
1				
2				

Abbildung 10.5: Tabellenstruktur der TABLE-Spezifikation A B C , D*E

Schachtelung und Verkettung können auch in einer Dimension auftreten wie das folgende Beispiel zeigt:

```
TABLE A B , C*D E ;
```

Die Tabellenstruktur sieht dann folgendermaßen aus:

	C				E	
	1		2			
	D		D			
	1	2	1	2	1	2
A						
1						
2						
B						
1						
2						

Abbildung 10.6: Tabellenstruktur der TABLE-Spezifikation A B , C*D E

Die Wirkung der Gruppierungszeichen "(" und ")" wird an dem folgenden Beispiel deutlich. Die Anweisung

```
TABLE A B , C*(D E) ;
```

bewirkt, daß jede Variablenkomponente innerhalb der Klammer Teil einer Verschachtelung des Variablenausdrucks wird, der vor der Klammer steht. Die Tabellenstruktur sieht folgendermaßen aus:

	C							
	1				2			
	D		E		D		E	
	1	2	1	2	1	2	1	2
A								
1								
2								
B								
1								
2								

Abbildung 10.7: Tabellenstruktur der TABLE-Spezifikation A B , C*(D E)

Die allgemeine Form der TABULATE Prozedur

Die Herstellung von Tabellen mit der Prozedur TABULATE läßt sich über folgende
Anweisungen steuern:

```
PROC TABULATE  [DATA=sas-dateiname] [MISSING]
     [FORMAT=format-1] [ORDER=FREQ|DATA|INTERNAL|FORMATTED]
     [FORMCHAR[(indexliste)]='zeichenfolge'] [DEPTH=anzahl]
     [NOSEPS] ;
     CLASSES varliste-1 ;
 [ VARIABLES varliste-2 ; ]
 [ BY [DESCENDING] varname-1 [[DESCENDING] varname-2]... ; |
     BY varname-3 [varname-4]... NOTSORTED ; ]
 [ FREQ varname-5 ; ]
 [ WEIGHT varname-6 ; ]
 [ FORMAT varliste-3 format-2 [varliste-4 format-3]... ; ]
 [ LABEL varname-7=etikett-1 [varname-8=etikett-2]... ; ]
 TABLE [seitenkomponente,] [zeilenkomponente,] spaltenkomponente
       [/ [PRINTMISS] [MISSTEXT='text-1'] [FUZZ=zahl]
          [RTSPACE=anzahl] [BOX=_PAGE_|varname-9|'text-2'] ;
 [ KEYLABEL kennwort='text-3' ; ]
```

Die Prozedur TABULATE erfordert mindestens eine CLASSES- oder VARIABLES-
Anweisung und eine TABLE-Anweisung. Die CLASSES- und die VARIABLES-
Anweisungen *müssen* vor der TABLE-Anweisung stehen. Die Position der weiteren
Anweisungen ist beliebig. Auf die Erläuterung der BY-, FREQ- und WEIGHT-
Anweisungen kann an dieser Stelle verzichtet und auf die Ausführungen im Zusam-
menhang mit der UNIVARIATE-Prozedur verwiesen werden.

Optionen zur PROC TABULATE-Anweisung

Die Optionen zur PROC TABULATE-Anweisung werden eingesetzt, um die Gestalt
der herzustellenden Tabellen in Abweichung von den Voreinstellungen festzulegen.
Im einzelnen haben sie die im folgenden beschriebenen Wirkungen:

DATA=sas-dateiname
: Explizite Angabe des Namens einer SAS-Datei, die
mit der TABULATE-Prozedur ausgewertet werden soll.
Fehlt diese Angabe, wird die zuletzt gebildete Datei ausgewertet.

MISSING
: Die als fehlend deklarierten Werte werden als gültige
Klassifikationsniveaus von Klassifikationsvariablen in
die Tabelle aufgenommen. Spezielle fehlende Werte werden dabei unterschieden. Fehlt diese Angabe, werden
fehlende Werte ausgeschlossen.

FORMAT=format
: Das Ausgabeformat der Werte für alle Tabellenzel
len kann hiermit generell festgelegt werden. Als "format" können alle gültigen SAS-Formate (siehe Abschnitt 11.10) in Betracht kommen. Die Voreinstellung
ist "12.2", d.h. daß maximal 12-stellige Werte (inklusive
Dezimalpunkt und zwei Dezimalstellen) dargestellt werden können. Diese Option kann auch dazu eingesetzt
werden, um die maximale Breite der einzelnen Tabellenzellen festzulegen.

ORDER=FREQ | DATA | INTERNAL | FORMATTED
: Bestimmung der tabellarischen Anordnung der einzelnen Merkmalsausprägungen der Klassifikationsvariablen (Zur Bedeutung der Spezifikationen der ORDER-
Option siehe die Ausführungen in Abschnitt 9.1).

FORMCHAR(indexliste)='zeichenfolge'
: Hiermit läßt sich festlegen, mit welchen Zeichen die Linien der ausgegebenen Tabellen gestaltet werden sollen.
Die zu spezifizierende "zeichenfolge" umfaßt maximal elf
Zeichen, und zwar für folgende Elemente der Linierung
einer Tabelle: vertikale Linie (1), horizontale Linie (2),
linke Ecke oben (3), mittlere Ecken oben(4), rechte Ecke
oben(5), linke Ecken Mitte(6), mittlere Ecken Mitte(7),
rechte Ecke Mitte (8), linke Ecke unten (9), mittlere
Ecken unten (10), rechte Ecke unten (11).

Die in Klammern notierten Ziffern stellen Indexziffern dar, mit deren Angabe gezielt nur einzelne Linienelemente verändert werden können. Die Voreinstellung ist:

```
FORMCHAR='|----|+|---'
```

Die Spezifikation:

```
FORMCHAR='           '  (11 Leerstellen)
```

bewirkt, daß Tabellen ohne Linien ausgegeben werden.

DEPTH=anzahl   Hiermit kann die maximale Tiefe der Verschachtelung festgelegt werden. Voreinstellung ist DEPTH=10. Der Ausdruck GESCHL∗ALTER∗MEAN hat beispielsweise eine Tiefe von 3.

NOSEPS   Die horizontalen Linien zwischen den Zeilentiteln und den Tabellenzellen werden unterdrückt.

Die CLASSES- und VARIABLES-Anweisung

Alle Variablen, die in einer TABLE-Anweisung verwendet werden, müssen *zuvor* in einer CLASSES- oder in einer VARIABLES-Anweisung deklariert werden. Damit erfolgt gleichzeitig eine Zuordnung als Klassifikations- oder als Analysevariable.

FORMAT-, LABEL- und KEYLABEL-Anweisung

Mit der FORMAT-, der LABEL- und der KEYLABEL-Anweisung wird es möglich, die inhaltliche Bedeutung des Tabelleninhaltes herauszustellen. Die durch die LABEL-Anweisung (siehe Abschnitt 6.3) zugewiesenen Variablenetiketten und die mit der Prozedur FORMAT erstellten und in der FORMAT-Anweisung zugeordneten Werteetiketten (siehe Abschnitt 6.4) werden in die Bezeichnungen der Seiten, Zeilen und Spalten aufgenommen. In der KEYLABEL-Anweisung lassen sich einzelnen Bezeichnern von statistischen Kennwerten und der Klassifikationsvariablen ALL Etiketten zuordnen, zum Beispiel:

```
KEYLABEL MEAN='Mittelwert'  ALL='insgesamt';
```

Diese Zuordnung gilt für alle TABLE-Anweisungen einer Prozedur TABULATE, soweit sie nicht innerhalb einer TABLE-Anweisung gezielt geändert wird (siehe unten).

Die TABLE-Anweisung

In den Abschnitten "Tabellendimensionen" und "Definition der Tabellenstruktur" sind bereits zentrale Aspekte der TABLE-Anweisung beschrieben worden. Zu

ergänzen sind die Möglichkeiten, in der TABLE-Anweisung für einzelne Variablenwerte die Ausgabeformate zu ändern und Variablennamen und Bezeichner statistischer Kennwerte zu etikettieren. Das für die gesamte TABULATE-Prozedur
geltende Ausgabeformat — entweder "FORMAT=12.2" oder ein in der FORMAT-
Option der PROC TABULATE-Anweisung vorgegebenes Format — läßt sich innerhalb der TABLE-Anweisung nach folgendem Muster ändern:

```
varname*FORMAT=format-1
oder
kennziffername*FORMAT=format-2
```

Folgende Beispiele beschreiben gültige Zuordnungen:

```
GESCHL*FORMAT=3.
ALTER*MEAN*FORMAT=4.1
```

Es ist darauf hinzuweisen, daß sich durch diese FORMAT-*Spezifikation* nicht die
Breite der Tabellenzelle ändert. Diese wird ausschließlich durch die Spezifikation der
FORMAT-*Option* der PROC TABULATE-Anweisung bzw. durch deren generelle
Voreinstellung bestimmt. Die FORMAT-*Anweisung* betrifft dagegen ausschließlich
die Etikettierung der Merkmalsausprägungen der Variablen in der Tabelle (Zeilen-
und Spaltenüberschriften).

In der LABEL- und in der KEYLABEL-Anweisung wird die Etikettierung von
Variablennamen und Bezeichnern statistischer Kennziffern für eine TABULATE-
Prozedur generell festgelegt. Im Einzelfall kann diese Festlegung jedoch innerhalb
der TABLES-Anweisung geändert werden. Dazu ist eine Spezifikation nach folgendem Muster erforderlich:

```
varname='etikett-1'
oder
kennziffername='etikett-2'
```

Der in der ersten TABULATE-Tabelle (Abbildung 10.3) ausgegebene Text "MEAN"
kann ersetzt werden durch "Mittelwert", wenn die TABLE-Anweisung folgendermaßen formuliert wird:

```
TABLE AUSBILD ALL , GESCHL * ALTER * MEAN='Mittelwert';
```

Regeln für die Spezifikation einer TABLE-Anweisung

Bei der Spezifikation einer TABLE-Anweisung sind einige wichtige Regeln zu beachten:

- Mehrere Analysevariablen oder Bezeichner von statistischen Kennwerten
  können *nicht* verschachtelt werden.

- Alle Analysevariablen müssen in einer Dimension spezifiziert werden. Dasselbe gilt für die Bezeichner statistischer Kennwerte. Jedoch können Analysevariablen einerseits und Bezeichner statistischer Kennwerte andererseits in zwei Dimensionen spezifiziert werden.

- Wenn in der TABLE-Anweisung mindestens eine Analysevariable spezifiziert ist, aber keine statistische Kennziffer, werden in die Tabellenzellen Summen (SUM) ausgegeben. Wenn weder eine Analysevariable noch eine statistische Kennziffer spezifiziert ist — also nur Klassifikationsvariablen — werden Häufigkeiten (N) ausgegeben.

Optionen zur TABLE-Anweisung

Abgetrennt durch den Schrägstrich "/" sind eine Reihe von Optionen anzugeben, die die Gestalt einzelner Tabellen in Abänderung von den Voreinstellungen bestimmen.

PRINTMISS	Zeilen und Spalten, die nur fehlende Werte enthalten, werden ausgegeben.
MISSTEXT='text'	Tabellenzellen, die fehlende Werte aufweisen, können mit maximal 20 Zeichen langen Texten gefüllt werden.
FUZZ=zahl	Der absolute Wert einer Tabellenzelle, der geringer als die angegebene "zahl" ist, wird mit dem Wert Null ausgegeben.
RTSPACE=anzahl	Die Anzahl der Positionen für die Variablennamen und -werte bzw. der zugehörigen Etiketten der *Zeilenvariablen*, wird mit der Größe von "anzahl" festgelegt. Die Voreinstellung von "anzahl" beträgt ein Viertel der LINESIZE-Einstellung. (Zur LINESIZE-Option siehe Abschnitt 7.1).
BOX=_PAGE_ | BOX=varname | BOX='text'	Der Raum oberhalb der Zeilenbeschriftung kann mit dem Text der Seitendimension (_PAGE_), mit dem Namen bzw. dem Etikett einer Variablen oder mit einem frei wählbaren Text ('text') gefüllt werden.

Beispiel einer Tabellengestaltung

Wir wollen jetzt das eingangs vorgestellte Beispiel einer Tabelle mit den Variablen GESCHL, AUSBILD und ALTER wieder aufgreifen und durch Angabe von Spezifikationen und Optionen das Aussehen der Tabelle ändern. Diese Veränderung zielt insbesondere auf die Beschriftung des Tabelleninhaltes. Wir lassen folgendes SAS-Programm ausführen:

```
PROC FORMAT; VALUE AUSF
              1,2='ja' 3='nein';
           VALUE SEXF
              1='Studenten' 2='Studentinnen';
OPTIONS CENTER;
TITLE1 'Durchschnittsalter von Studenten und Studentinnen';
TITLE2 'nach Berufstatigkeit vor dem Studium';
DATA STUDANF;
      INFILE 'brestud.dat' MISSOVER;
      INPUT #1 GESCHL 5 GEBJAHR 6-7 AUSBILD 17 #2;
      ALTER = 79 - GEBJAHR;
PROC TABULATE DATA=STUDANF FORMAT=12.2 NOSEPS;
      CLASSES AUSBILD GESCHL;
      VARIABLES ALTER;
      FORMAT AUSBILD AUSF.
          GESCHL SEXF.;
      LABEL AUSBILD='Berufstatigkeit vor dem Studium';
      KEYLABEL ALL='zusammen';
      TABLE AUSBILD=' ' ALL ,
          GESCHL=' ' * ALTER=' ' * MEAN='Mittelwert Alter'
          / RTSPACE=18 BOX=AUSBILD;
   RUN;
```

In der FORMAT-Prozedur definieren wir zwei Ausgabeformate, und zwar für die Variable GESCHL (mit der Funktion der Etikettierung) und für die Variable AUSBILD (mit der Funktion der Zusammenfassung zweier Merkmalswerte und der Etikettierung).

Mit der OPTIONS-Anweisung bestimmen wir durch das Schlüsselwort CENTER, daß Tabellen und die in den TITLE-Anweisungen angegebenen Tabellenüberschriften zentriert in das Output-Protokoll geschrieben werden.

Nach dem DATA-Step, in dem die SAS-Datei aufgebaut wird, erfolgt der Aufruf der Prozedur TABULATE mit den Optionen DATA=STUDANF (entspricht der Voreinstellung), FORMAT=12.2 (entspricht ebenfalls der Voreinstellung) und NOSEPS. Die Angabe der letzten beiden Optionen bewirkt, daß die Tabellenzellen 12 Zeichen breit und die horizontalen Linien zwischen den Zeilentiteln und den entsprechenden Tabellenzellen unterdrückt werden.

Als Klassifikationsvariablen (CLASSES) bestimmen wir AUSBILD und GESCHL und als Analysevariable (VARIABLES) ALTER. Durch die FORMAT-Anweisung werden den Variablen GESCHL und AUSBILD die in der FORMAT-Prozedur eingerichteten Formate zugewiesen. Die Variable AUSBILD erhält mit der LABEL-Anweisung ein Etikett. Mit der KEYLABEL-Anweisung erreichen wir, daß die Klassifikationsvariable ALL mit dem Etikett "zusammen" in der Tabelle erscheint.

In der TABLE-Anweisung nutzen wir die Möglichkeit, gezielt Variablen zu etikettieren, und zwar hier mit der Wirkung, daß in den Zeilen- und Spaltenbeschriftungen weder der Variablenname noch dessen Etikett ausgegeben werden. Dies erreichen wir, indem wir als Spezifikation nach dem Gleichheitszeichen eine Leerstelle angeben, wie zum Beispiel:

```
AUSBILD=' '
```

Dagegen soll statt des Textes "MEAN" der Text "Mittelwert Alter" in der Tabelle erscheinen, was mit der Spezifikation

```
MEAN='Mittelwert Alter'
```

erreicht wird.

Mit der TABLE-Option

```
RTSPACE=18
```

legen wir fest, daß die Breite der Zellen für die Namen und Merkmalsausprägungen der Zeilenvariablen 18 Positionen (inklusive der Begrenzungslinien) sein soll. Bei einem voreingestellten LINESIZE-Wert von 80 hätte sich ansonsten eine Breite von 20 Positionen ergeben.

Die TABLE-Option

```
BOX=AUSBILD
```

bewirkt, daß in die linke obere Zelle das Etikett der Variablen AUSBILD eingesetzt wird.

Als Ergebnis erhalten wir folgende Tabelle:

```
        Durchschnittsalter von Studenten und Studentinnen
               nach Berufstätigkeit vor dem Studium
```

Berufstätigkeit vor dem Studium	Studenten	Studentinnen
	Mittelwert Alter	Mittelwert Alter
ja	26.28	27.89
nein	21.41	21.75
zusammen	23.66	24.94

Abbildung 10.8: PROC TABULATE-Tabelle

10.2 Graphische Ausgabe von gemeinsamen Verteilungen (CHART, GCHART, PLOT, GPLOT)

Wollen wir uns einen visuellen Eindruck von bivariaten Verteilungen machen, können wir die Prozeduren PLOT und CHART einsetzen. Die Prozedur PLOT ist geeignet, die gemeinsame Verteilung zweier stetiger oder diskreter Variablen mit vielen Merkmalsausprägungen in Form von Streudiagrammen darzustellen, und die Prozedur CHART ist einzusetzen, wenn wir die gemeinsame Verteilung diskreter Variablen mit wenigen Merkmalsausprägungen als Blockdiagramme darstellen wollen.[3]

Steht das Teilprogramm SAS/GRAPH zur Verfügung, lassen sich auch die Prozeduren GPLOT und GCHART einsetzen.

Erstellung eines Streudiagramms mit der Prozedur PLOT

Als Beispiel für den Einsatz der Prozedur PLOT wollen wir ein Streudiagramm ausgeben lassen, das die Häufigkeitsverteilung des Merkmals "Alter" beschreibt. Dazu generieren wir neben der intervallskalierten Variablen ALTER zunächst eine weitere intervallskalierte Variable namens COUNT in der folgenden Weise: Wir fordern durch die Anweisungen

```
DATA STUDANF;
    INFILE 'brestud.dat' MISSOVER;
    INPUT #1 GEBJAHR 6-7 #2;
    ALTER=79-GEBJAHR;
PROC FREQ; TABLES ALTER / OUT=AUSGABE NOPRINT;
RUN;
```

die Ausgabe der Variablen ALTER, COUNT und PERCENT in die neue SAS-Datei mit dem Namen "AUSGABE" ab, was wir durch die Ausführung von

```
PROC PRINT DATA=AUSGABE;
RUN;
```

dokumentieren (siehe Abbildung 10.9).

Mit ALTER sind die einzelnen Alterswerte, die bei der Gesamtheit der Befragten vorkommen, bezeichnet. COUNT und PERCENT sind Variablen, die im Zuge der Prozedur FREQ eingerichtet worden sind. Die Variable COUNT beinhaltet die Häufigkeitswerte und die Variable PERCENT die entsprechenden prozentualen Häufigkeiten. Uns stehen jetzt mit ALTER und COUNT zwei intervallskalierte Variablen zur Verfügung, für die wir ein Streudiagramm ermitteln wollen.

---

[3] Wie wir in Abschnitt 9.2 gesehen haben, sind mit der Prozedur CHART auch univariate Verteilungen darstellbar.

OBS	ALTER	COUNT	PERCENT
1	.	27	.
2	19	40	11.0193
3	20	62	17.0799
4	21	43	11.8457
5	22	29	7.9890
6	23	23	6.3361
7	24	15	4.1322
8	25	29	7.9890
9	26	30	8.2645
10	27	23	6.3361
11	28	12	3.3058
12	29	8	2.2039
13	30	14	3.8567
14	31	12	3.3058
15	32	5	1.3774
16	33	2	0.5510
17	34	2	0.5510
18	35	1	0.2755
19	36	1	0.2755
20	37	2	0.5510
21	38	1	0.2755
22	39	4	1.1019
23	40	1	0.2755
24	41	2	0.5510
25	42	1	0.2755
26	47	1	0.2755

Abbildung 10.9: Ausgabe der PRINT-Prozedur

Dazu lassen wir folgende Anweisungen ausführen:

```
OPTIONS PAGESIZE=26;
PROC PLOT DATA=AUSGABE;
     PLOT COUNT*ALTER='*';
RUN;
```

Die Prozedur PLOT greift auf die SAS-Datei mit dem Namen "AUSGABE" zu
und erstellt ein Streudiagramm mit den Variablen "COUNT" (vertikale Achse)
und "ALTER" (horizontale Achse) (COUNT*ALTER). Die Ergänzung (='*') zeigt
an, daß die gemeinsamen Koordinatenpunkte durch das Zeichen "*" dargestellt
werden sollen. Als Ergebnis der PLOT-Prozedur erhalten wir das Streudiagramm
in Abbildung 10.10.

Wir sehen, daß die Altersverteilung der befragten Studienanfänger zwei aus-
geprägte Häufigkeitsspitzen aufweist, nämlich bei 20 Jahren und bei 25/26 Jahren.
Wie wir bereits aus der Kreuztabellenanalyse wissen (siehe Abschnitt 10.1), haben
wir es bei den Befragten mit einer Gesamtheit zu tun, die — nach dem Merkmal
"Berufstätigkeit vor dem Studium" aufgegliedert — sich in zwei deutlich unter-
scheidbare Alterskollektive aufteilt.

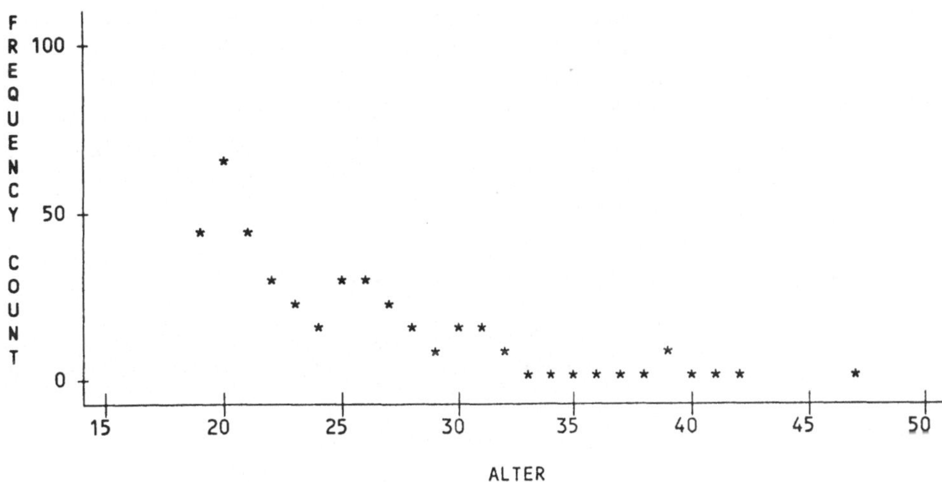

NOTE: 1 obs had missing values.

Abbildung 10.10: Streudiagramm (PLOT)

Die allgemeine Form der Prozedur PLOT

Die allgemeine Form der *Prozedur PLOT* lautet wie folgt:

```
PROC PLOT [ DATA=sas-dateiname ] [ UNIFORM ] [ NOLEGEND ] ;
   PLOT (vertikale-varliste-1)*(horizontale-varliste-1)
   | (vertikale-varliste-2)*(horizontale-varliste-2)='zeichen'
   | (vertikale-varliste-3)*(horizontale-varliste-3)=varname
          / [VAXIS=werte-1] [HAXIS=werte-2] [OVERLAY] ;
```

Die Prozedur wird eingeleitet mit der Anweisung PROC PLOT. Es läßt sich mit der
Option "DATA=sas-dateiname" explizit angeben, welche Datei verarbeitet werden
soll. Die Option UNIFORM bewirkt eine gleiche Einteilung der Skalen der vertikalen und horizontalen Achsen, wenn beim Einsatz einer BY-Anweisung mehrere
Streudiagramme ausgegeben werden.[4] Die Option NOLEGEND unterdrückt die
erklärende Textzeile oberhalb des Streudiagramms.

Die Spezifikation der PLOT-Anweisung kann drei Formen annehmen. Wenn sie
mit

```
(vertikale-varliste) * (horizontale-varliste)
```

spezifiziert wird, werden die Voreinstellungen des Systems genutzt, das heißt, daß
die gemeinsamen Koordinatenpunkte der horizontalen und vertikalen Variablen mit

---

[4]Die Achseneinteilung erfolgt ansonsten automatisch unter Berücksichtigung des jeweils geringsten und höchsten Merkmalswertes der Variablen der horizontalen und vertikalen Achsen.

Buchstaben des Alphabets angezeigt werden. Liegt nur eine Beobachtung für einen Koordinatenpunkt vor, wird diese durch ein "A" dargestellt, bei zwei Beobachtungen mit denselben Koordinaten durch ein "B" usw. Bestehen die Variablenlisten der PLOT-Anweisung nur aus einem Variablennamen, können die Klammern entfallen.

Wollen wir ausdrücklich bestimmen, welches Zeichen für die Repräsentation der gemeinsamen Koordinatenpunkte Verwendung finden soll, müssen wir die PLOT-Anweisung wie folgt spezifizieren:

```
(vertikale-varliste) * (horizontale-varliste) = 'zeichen'
```

Der Platzhalter "zeichen" ist durch ein beliebiges Zeichen zu ersetzen. Es kann dem Streudiagramm aber nicht mehr entnommen werden, wie viele Beobachtungen durch ein Zeichen dargestellt werden.

Bei der dritten Form der PLOT-Anweisung, die mit

```
(vertikale-varliste) * (horizontale-varliste) = varname
```

spezifiziert werden muß, ist es möglich, Informationen über eine dritte Variable in das Streudiagramm einzubeziehen. Die erste Stelle der Werte der dritten Variablen "varname" markiert die gemeinsamen Koordinatenpunkte.

Spezifikationen der PLOT-Optionen

VAXIS=werte-1 bzw. HAXIS=werte-2
    Die Skalierung der vertikalen (VAXIS) bzw. horizontalen Achse (HAXIS) kann hiermit definiert werden. Das Beispiel

```
VAXIS= 0 20 40 60 80 100 120 140 160
```

    teilt die vertikale Achse nach den hinter dem Gleichheitszeichen angegebenen Werten ein. Wir können verkürzend schreiben:

```
VAXIS= 0 TO 160 BY 20
```

    Im Falle von numerischen Variablen können die Skalenwerte auf- oder absteigend geordnet sein. Im Falle alphanumerischer Variablen können die Werte — in Hochkommata eingeschlossen — in beliebiger Reihenfolge aufgelistet werden.

OVERLAY   Wenn in einer PLOT-Anweisung Spezifikationen für mehrere Diagramme angegeben sind, können diese übereinandergelegt in einem Streudiagramm ausgegeben werden, wenn die Option OVERLAY eingesetzt wird.

Die Darstellung bivariater Verteilungen durch Blockdiagramme (CHART, GCHART)

Die Prozeduren CHART und GCHART sind geeignet, die Häufigkeitsverteilungen zweier Variablen als Blockdiagramme darzustellen. Im Falle zweier diskreter Variablen ist die CHART- bzw. GCHART-Prozedur wie folgt zu spezifizieren:[5]

```
PROC CHART | GCHART [ DATA=sas-dateiname ] ;
     BLOCK varliste  / GROUP=varname DISCRETE ;
```

Ein Blockdiagramm für einzelne Variablen der "varliste" wird mit der BLOCK-Anweisung angefordert. Eine Differenzierung erfolgt nach der Variablen, die in der GROUP-Option angegeben wird. Die Option DISCRETE besagt, daß die Variablen der BLOCK-Anweisung als Variablen mit diskreten Merkmalsausprägungen zu behandeln sind.

Wir wollen jetzt die Verteilung der Variablen "Einschätzung der Stellenaussichten im Anschluß an das Studium" (AUSSICHT) getrennt für Männer und Frauen als Blockdiagramm darstellen lassen.[6] In diesem Beispiel setzen wir die Prozedur GCHART ein, um das Blockdiagramm auf einem hochauflösenden Graphikbildschirm (z.B. einem VGA-Bildschirm) ausgeben zu lassen.[7]

Dazu formulieren wir die folgende Programmzeilen:

```
PROC FORMAT; VALUE SEXF
             1='M' 2='F';
             VALUE AUSBF
             1='sehr gut' 2='gut' 3='nicht gut' 4='schlecht';
DATA STUDANF;
     INFILE 'brestud.dat' MISSOVER;
     INPUT #1 GESCHL 5 AUSBILD 17 #2 AUSSICHT 24;
     FORMAT GESCHL SEXF. AUSBILD AUSBF. AUSSICHT AUSSF.;
     LABEL GESCHL='GESCHLECHT';
     IF GESCHL NE .;
GOPTIONS DEVICE=VGA;
PROC GCHART DATA=STUDANF;
     BLOCK AUSSICHT / GROUP=GESCHL DISCRETE;
RUN;
```

Mit der Anweisung

```
GOPTIONS DEVICE=VGA;
```

---

[5] Weitere Optionen zur BLOCK-Anweisung und deren Erläuterung sind dem Abschnitt 9.2 zu entnehmen.

[6] In Kapitel 3 ist die Vermutung formuliert worden, daß Studentinnen tendenziell andere Vorstellungen haben als Studenten.

[7] Über installationsspezifische Modalitäten der graphischen Ausgabe sind Informationen bei Ihrem SAS-Koordinator einzuholen.

wird für die graphische Ausgabe die Bildschirmkennung VGA zugewiesen.

Der Aufruf der Graphik-Prozedur beginnt mit der Anweisung "PROC GCHART". Das "G" kennzeichnet eine Prozedur aus der SAS/GRAPH-Prozeduren-Bibliothek.[8] Als Ergebnis erhalten wir das Blockdiagramm in Abbildung 10.11.[9]

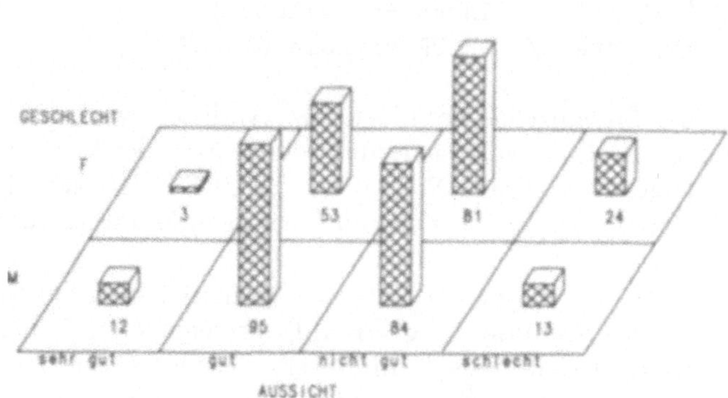

Abbildung 10.11: Blockdiagramm (GCHART)

Die einzelnen Säulen repräsentieren die Zellenhäufigkeiten, die unterhalb der Säulen eingezeichnet sind. An der Höhe der Säulen ist zu erkennen, daß der Tendenz nach Studenten ihre zukünftigen Stellenaussichten positiver einschätzen als Studentinnen.

10.3   Beschreibung des statistischen Zusammenhangs

Mit den Prozeduren, die wir in den Abschnitten 10.1 und 10.2 kennenlernten, haben wir uns Kreuztabellen bzw. Schaubilder ausgeben lassen, so daß wir einen visuellen Eindruck davon erhalten konnten, ob ein statistischer Zusammenhang zwischen zwei Merkmalen innerhalb der Stichprobe vorliegt oder nicht. Soll die Stärke bzw. Schwäche eines Zusammenhangs beschrieben werden oder ist ein Signifikanztest durchzuführen, so sind die Prozeduren FREQ und CORR geeignet einzusetzen.

---

[8]Die Anweisungen für eine Ausgabe in das Output-Protokoll bzw. auf dem Drucker müßten folgendermaßen lauten:

```
OPTIONS PAGESIZE=40;
PROC CHART DATA=STUDAUF;
     BLOCK AUSSICHT / GROUP=GESCHL DISCRETE;
RUN;
```

[9]Die Abbildung ist auf einem Laserdrucker ausgegeben. Dazu ist die Graphik-Option "GOPTIONS DEVICE=HPLJS2" eingesetzt worden.

Stärke des Zusammenhangs

Die genannten Prozeduren errechnen *Assoziationskoeffizienten* und *Korrelationskoeffizienten* als Maße der Stärke des Zusammenhangs zweier Merkmale. Mit Hilfe dieser Maßzahlen vereinfacht sich ein Vergleich mehrerer bivariater Beziehungen. Eine sinnvolle Anwendung dieser Maße läßt sich stets nur unter Beachtung der Skalenniveaus der untersuchten Merkmale vornehmen.

10.3.1   Assoziationsmaße für nominalskalierte Variablen

Maße, die auf χ^2 (Chi-Quadrat) beruhen

Chi-Quadrat ist ein Maß für den statistischen Zusammenhang zweier Merkmale. Es drückt zahlenmäßig aus, inwieweit sich die beobachteten Häufigkeiten jeder Tabellenzelle von den erwarteten Häufigkeiten unterscheiden, die unter der Annahme statistischer Unabhängigkeit vorliegen müßten.[10] Die Tabelle der beobachteten Häufigkeiten haben wir bereits kennengelernt (siehe Abschnitt 10.1). Die Tabelle der erwarteten Häufigkeiten läßt sich mit Hilfe der Randverteilungen der Zeilen- und Spaltenvariablen berechnen. Wir wollen dies demonstrieren anhand eines mit der Prozedur FREQ berechneten Beispiels. Es geht um die im Abschnitt 10.2 aufgegriffene Frage, ob es einen statistischen Zusammenhang zwischen Geschlechtszugehörigkeit und der Einschätzung der Stellenaussichten nach dem Studium gibt. Der visuellen Inspektion nach — so haben wir gefolgert — könnte es einen schwachen Zusammenhang geben.

Wir stellen die folgenden Anweisungen zusammen:

```
PROC FREQ DATA=STUDANF;
    TABLES GESCHL * AUSSICHT /
        NOROW NOCOL NOPERCENT EXPECTED DEVIATION CELLCHI2;
RUN;
```

Nach Ausführung dieses Programms wird eine Tabelle ausgegeben, die — in Abweichung von der Standardtabelle (Abbildung 10.1) — keine Reihen- (NOROW), Zeilen- (NOCOL) und Gesamtprozentzahlen (NOPERCENT) enthält. Stattdessen sind zusätzlich zu den Zellhäufigkeiten die erwarteten Zellenbesetzungen unter der Annahme der statistischen Unabhängigkeit (EXPECTED), die Differenz von beobachteten und erwarteten Zellenhäufigkeiten (DEVIATION) und der absolute Anteil jeder Zelle an der gesamten Größe des Chi-Quadrat-Wertes (CELLCHI2) ausgegeben (Abbildung 10.12).

Die in jede Tabellenzelle eingetragenen Werte bedeuten der Reihe nach: Häufigkeit (Frequency), Erwartungswert (Expected), Differenz von Häufigkeit und Erwartungswert (Deviation) und Chi-Quadrat-Wert der Tabellenzelle (Cell Chi-Square) — vergleiche die Angaben in der Tabelle oberhalb der Zeilenbeschriftung.

---

[10] Wie wir später sehen werden, gibt es weitere Chi-Quadrat-Definitionen.

```
                        TABLE OF GESCHL BY AUSSICHT

GESCHL              AUSSICHT

Frequency
Expected
Deviation
Cell Chi-Square       1|       2|       3|       4|   Total
                 ---------------------------------------
              1 |     12|     95|     84|     13|    204
                | 8.3836| 82.718| 92.219| 20.679|
                | 3.6164| 12.282| -8.219| -7.679|
                |   1.56| 1.8237| 0.7325| 2.8518|
                 ---------------------------------------
              2 |      3|     53|     81|     24|    161
                | 6.6164| 65.282| 72.781| 16.321|
                | -3.616| -12.28| 8.2192| 7.6795|
                | 1.9767| 2.3108| 0.9282| 3.6135|
                 ---------------------------------------
Total                  15     148     165      37     365

Frequency Missing = 25
```

Abbildung 10.12: Kreuztabelle für χ^2-Statistik

Der Erwartungswert einer Zelle wird berechnet, indem das Produkt der Summe der entsprechenden Zeilenhäufigkeiten und Spaltenhäufigkeiten durch die Gesamtsumme der Zellenhäufigkeiten dividiert wird. Der Erwartungswert der ersten Zelle der obigen Tabelle ist folglich das Ergebnis von:

$$\frac{204 * 15}{365}$$

Da der Chi-Quadrat-Wert einer Zelle nach der Formel

$$\frac{(Beobachtungswert - Erwartungswert)^2}{Erwartungswert}$$

berechnet wird, ergibt sich zum Beispiel der Chi-Quadrat-Wert der ersten Tabellenzelle als Ergebnis von

$$\frac{(12 - 8.4)^2}{8.4}$$

Für die gesamte Tabelle errechnet sich das Chi-Quadrat aus der Summe der einzelnen Zellen-Chi-Quadrat-Werte.

Mit den Anweisungen

```
PROC FREQ; TABLES GESCHL * AUSSICHT / NOPRINT CHISQ;
RUN;
```

läßt sich zu der oben abgedruckten Tabelle die Chi-Qadrat-Statistik, wie sie nach dem zuvor gezeigten Verfahren berechnet wird, ausgeben. Zusätzlich erhalten wir noch zwei weitere Chi-Quadrat-Werte, denen andere Berechnungsverfahren zugrunde liegen und drei Assoziationskoeffizienten, die unter Verwendung des Chi-Quadrat-Wertes berechnet worden sind (Abbildung 10.13):

```
        STATISTICS FOR TABLE OF GESCHL BY AUSSICHT

    Statistic                      DF    Value      Prob
    -------------------------------------------------------
    Chi-Square                      3    15.797     0.001
    Likelihood Ratio Chi-Square     3    16.164     0.001
    Mantel-Haenszel Chi-Square      1    15.701     0.000
    Phi Coefficient                      0.208
    Contingency Coefficient              0.204
    Cramer's V                           0.208

    Effective Sample Size = 365
    Frequency Missing = 25
```

Abbildung 10.13: χ^2-Statistik (Option CHISQ)

Der mit "Chi-Square" bezeichnete Wert wird — wie oben gezeigt — auf der Grundlage der *Differenzen von beobachteten und erwarteten Häufigkeiten* berechnet. Die "Likelihood Ratio Chi-Square" genannte Statistik beruht dagegen auf dem *Logarithmus (ln) des Verhältnisses von beobachteten und erwarteten Häufigkeiten.* Beide Statistiken sagen etwas darüber aus, ob zwischen zwei Variablen ein (unspezifizierter) statistischer Zusammenhang besteht. Die dritte Chi-Quadrat-Statistik, benannt als "Mantel-Haenzel Chi-Square" kann eine Aussage darüber abgeben, ob ein *linearer* Zusammenhang zwischen Zeilen- und Spaltenvariablen existiert, das heißt, ob beispielsweise mit steigenden Werten einer Variablen tendenziell steigende oder fallende Werte der anderen Variablen einhergehen.[11]

Der Chi-Quadrat-Wert kann je nach Tabellengröße und Anzahl der Beobachtungen schwanken, so daß er kaum geeignet ist, vergleichbare Aussagen über die Stärke eines Zusammenhangs zu machen. Für diese Zwecke können die drei weiteren in der Abbildung 10.13 ausgedruckten Statistiken[12] herangezogen werden. Alle drei Koeffizienten stellen das Ergebnis von Versuchen dar, einen vergleichbaren, standardisierten Wert unter Verwendung von Chi-Quadrat zu entwickeln. Der Phi-Koeffizient eignet sich insbesondere für 2X2-Tabellen, also Tabellen mit Variablen, die nur zwei Merkmalsausprägungen haben. Phi kann Werte von –1 bis +1 annehmen. Er wird Null, wenn statistische Unabhängigkeit gegeben ist. Je stärker der Zusammenhang ist, desto mehr nähert sich der Wert von Phi +1 oder –1.[13] Cramer's V wird für 2X2-Tabellen genauso ermittelt wie der Phi-Koeffizient und

---

[11] Die Interpretation dieser Werte hat nur Sinn, wenn die Variablen ordinal- oder intervallskaliert sind.

[12] Die Formeln dieser Koeffizienten können statistischen Lehrbüchern entnommen werden, zum Beispiel: H. Benninghaus, Deskriptive Statistik, Stuttgart 1974 (Teubner).

[13] Ob Phi positiv oder negativ ist, hängt von der Struktur der Zellenbesetzungen ab. Liegen zum Beispiel alle Werte in den Diagonalzellen links oben und rechts unten, so ist Phi=+1. Wenn dagegen alle Werte in den Diagonalzellen links unten und rechts oben liegen, ist Phi=–1.

kann in diesem Fall ebenfalls Werte von −1 bis +1 annehmen. Er eignet sich vornehmlich für Tabellen, die größer als 2X2-Tabellen sind. In diesem Fall nimmt er Werte zwischen 0 und +1 an.

Der Kontingenz-Koeffizient (Contingency Coefficient) kann dagegen nur Werte zwischen 0 und 1 annehmen. Auch hier bedeutet der Wert 0 das Vorliegen statistischer Unabhängigkeit. Das Maximum kann aber — abhängig von der Zahl der Zeilen und Spalten einer Tabelle — unter 1 liegen, so daß es geraten erscheint, diesen Koeffizienten — wenn überhaupt — nur dann einzusetzen, wenn man Tabellen mit gleicher Zeilen- und Spaltenzahl vergleichen will.

In unserem Beispiel haben alle drei Assoziationskoeffizienten einen Wert, der etwas höher als 0.2 ist. Damit ist ein schwacher statistischer Zusammenhang zwischen "Geschlechtszugehörigkeit" und der "subjektiven Einschätzung der Stellenaussichten nach dem Studium" zu belegen.

Signifikanz des Zusammenhangs

Die beschriebenen Koeffizienten lassen Aussagen über Stärke oder Schwäche eines Zusammenhangs zweier Merkmale zu. Diese Aussagen haben aber zunächst nur Gültigkeit für die Gesamtheit der Personen, die sich an der Untersuchung beteiligt haben. Wir können uns jetzt die Frage stellen, ob die Aussagen, die wir mit den statistischen Maßzahlen über Merkmalsbeziehungen machen, auch für die Grundgesamtheit gilt, zu der die Befragten definitionsgemäß zu zählen sind. Vorausgesetzt, daß die Daten einer Untersuchung das Resultat einer echten Zufallsstichprobe[14] sind, läßt sich statistisch entscheiden, ob festgestellte Zusammenhänge allein auf zufällige Zusammensetzungen der Untersuchungsgesamtheit zurückzuführen sind, oder ob sie *signifikante* (bedeutsame) Zusammenhänge der Merkmale in der Grundgesamtheit widerspiegeln. Die ausgegebene Tabelle (Abbildung 10.13) mit der Chi-Quadrat-Statistik enthält eine Spalte, die mit "Prob" (Probability) überschrieben ist und angibt, wie groß die Wahrscheinlichkeit ist, daß ein Chi-Quadrat-Wert in der ausgegebenen Größe bzw. ein noch größerer Wert unter der Voraussetzung der Nullhypothese "Es gibt keinen Zusammenhang in der Grundgesamtheit" ermittelt wird. Diese Wahrscheinlichkeit wird als *Signifikanzniveau* oder *Irrtumswahrscheinlichkeit* bezeichnet.

Bei der Prüfung der statistischen Unabhängigkeit von Geschlechtszugehörigkeit und Einschätzung der Stellenaussichten ist für den errechneten Chi-Quadrat-Wert in Höhe von 15.797 ein Signifikanzniveau von 0.001 errechnet worden, so daß die Nullhypothese bei einem vorgegebenen Testniveau von z.B. 5% nicht gestützt wird.

Maße der proportionalen Fehlerreduktion (PRE-Maße)

Koeffizienten der proportionalen Fehlerreduktion basieren auf einem statistischen Modell, das es erlaubt, den Koeffizienten inhaltlich zu interpretieren. Folgende Modellvorstellungen liegen der Berechnung von PRE-Maßen zugrunde: Soll die Ver-

---

[14]Siehe dazu zum Beispiel F. Boeltken, Auswahlverfahren, Stuttgart 1976 (Teubner).

teilung einer nominalskalierten Variablen charakterisiert werden, ist der Modalwert der Verteilung (der Wert, der am häufigsten vorkommt) der geeignete. Dies wäre z.B. für die Variable AUSSICHT die Merkmalsausprägung "nicht gut", die 165 mal genannt worden ist (siehe Tabelle in Abbildung 10.12). Diese Charakterisierung stimmt aber nur für die 165 Studienanfänger, die entsprechend geantwortet haben. Für die anderen 200 (365-165) ist diese Antwort falsch. Wir machen also, wenn wir die am häufigsten gegebene Antwort verallgemeinern, einen Fehler in der Größenordnung von 200. Jetzt fragen wir uns, wie groß die Reduktion des Fehlers ist, wenn wir wissen, wie Studenten und Studentinnen jeweils die Frage nach den Stellenaussichten beantwortet haben. Wir schauen uns die Verteilungen der Antworten auf die Frage nach den Stellenaussichten für männliche und weibliche Studierende getrennt an und können, indem wir die jeweiligen Modalwerte heraussuchen, verallgemeinernd sagen: Studenten schätzen ihre Stellenaussichten nach dem Studium "gut" ein, Studentinnen dagegen "nicht gut". Bei den Studenten haben wir die Charakterisierung in 95 Fällen richtig gemacht (Modalwert Studenten) und in 109 Fällen (204-95) falsch. Bei den Studentinnen lagen wir in 81 Fällen richtig (Modalwert Studentinnen) und in 80 Fällen (161-81) falsch. Summieren wir die als "falsch" gekennzeichneten Fälle, so erhalten wir den Wert von 189. Gegenüber 200 falschen Charakterisierungen ohne Kenntnis der bedingten Verteilungen für Studenten und Studentinnen erreichen wir eine Verbesserung von 11 Punkten. Bezogen auf die ursprünglichen 200 Fehler errechnet sich die Verbesserung auf 5,5 %.[15] Je größer dieser Wert ist, desto deutlicher unterscheiden sich die Verteilungen der Variablen AUSSICHT der Männer und der Frauen von der Gesamtverteilung.

Wir wollen jetzt die Frage diskutieren, ob und inwieweit eine Berufstätigkeit vor dem Studium die Einschätzung der Stellenaussichten nach dem Studium tangiert. Dazu lassen wir folgendes Programm ausführen:

```
DATA STUDANF;
     INFILE 'brestud.dat' MISSOVER;
     INPUT #1 AUSBILD 17 #2 AUSSICHT 24;
PROC FREQ;
     TABLES AUSBILD * AUSSICHT / NOPRINT MEASURES;
RUN;
```

Mit der TABLES-Option "MEASURES" erhalten wir die PRE-Maße "Lambda" und "Uncertainty Coefficient" (Abbildung 10.14).[16]

Lambda ist ein Maß, das in der zuvor ausgeführten Weise zu interpretieren ist. Der "Uncertainty Coefficient" ist ein ähnlich wie "Lambda" zu interpretierendes Maß, das nicht nur den Modalwert, sondern die gesamte Verteilung des als abhängig definierten Merkmals berücksichtigt.[17]

---

[15]Die hier beispielhaft vorgeführte Rechnung gilt für den Koeffizienten Lambda (asymmetrisch), bei dem die Spaltenvariable als abhängig von der Zeilenvariablen angesehen wird.

[16]Die anderen außerdem ausgegebenen Koeffizienten werden in den folgenden Abschnitten erläutert.

[17]Zur Beschreibung verweisen wir auf das Buch von L.A. Goodman und W.H. Kruskal, Measures of Association for Cross Classification, New York 1979 (Springer).

```
            STATISTICS FOR TABLE OF AUSBILD BY AUSSICHT

      Statistic                          Value      ASE
      --------------------------------------------------
      Gamma                              0.017      0.082
      Kendall's Tau-b                    0.010      0.048
      Stuart's Tau-c                     0.009      0.042

      Somers' D C|R                      0.010      0.051
      Somers' D R|C                      0.009      0.045

      Pearson Correlation               -0.015      0.052
      Spearman Correlation               0.011      0.052

      Lambda Asymmetric C|R              0.039      0.055
      Lambda Asymmetric R|C              0.000      0.000
      Lambda Symmetric                   0.021      0.030

      Uncertainty Coefficient C|R        0.007      0.005
      Uncertainty Coefficient R|C        0.009      0.006
      Uncertainty Coefficient Symmetric  0.008      0.006

      Effective Sample Size = 372
      Frequency Missing = 18
```

Abbildung 10.14: Assoziationsmaße (Option MEASURES)

In der Tabelle erscheinen für "Lambda" drei Werte, zwei als asymmetrisch bezeichnete und ein symmetrischer. Diese Differenzierung bezieht sich auf eine inhaltliche Interpretation der Koeffizienten in der folgenden Weise: Wenn die Zeilenvariable "R" (im Beispiel AUSBILD) als eine abhängige der Spaltenvariablen "C" (im Beispiel AUSSICHT) interpretiert wird, ist für eine Beurteilung des Zusammenhangs beider Variablen der Koeffizient "Lambda Asymmetric C|R" heranzuziehen. Da es offensichtlich wenig sinnvoll ist, die Berufsausbildung vor dem Studium als abhängig von der subjektiven Einschätzung der Stellenaussichten anzusehen, ist eher der Koeffizient "Lambda Asymmetric R|C", der in Umkehrung zu interpretieren ist, geeigneter. Wenn wir annehmen, daß die Einschätzung der Stellenaussichten davon abhängt, ob jemand vor dem Studium bereits berufstätig war oder nicht, können wir den asymmetrischen (R|C) Koeffizienten zur Beurteilung eines Zusammenhangs heranziehen. "Lambda Symmetric" ist zu verwenden, wenn ein nicht näher charakterisierter Zusammenhang zwischen zwei Variablen geprüft werden soll.

Der Wert von "Lambda Asymmetric R|C", den wir jetzt zur Beantwortung unserer Auswertungsfrage heranziehen wollen, ist kleiner als 10^{-3}. Die zusätzliche Information über eine Berufsausbildung vor dem Studium bringt eine verschwindend geringe Reduktion der "Fehler" im oben beschriebenen Sinn in bezug auf die Variable AUSSICHT. Oder anders: Die subjektive Einschätzung der Stellenaussichten hängt nicht davon ab, ob jemand bereits vor Studienbeginn eine Berufsausbildung begonnen oder abgeschlossen hat.

10.3.2 Assoziationsmaße für ordinale Variablen

Beziehen wir bei der statistischen Datenanalyse ordinalskalierte Merkmale ein, so
können wir hierzu spezifische Assoziationskoeffizienten ermitteln und diskutieren.
Bei diesen Koeffizienten wird die Zahl der sogenannten *konkordanten* (gleichgerichteten) und *diskordanten* (entgegengesetzt gerichteten) Paare von Merkmalsträgern
ins Verhältnis gesetzt.

Wir wollen dies an einem Beispiel erklären. Wir vergleichen zwei Personen aus
unserer Untersuchung hinsichtlich der Antworten auf die Frage nach den Stellenaussichten (AUSSICHT) und stellen fest, daß Person A "sehr gut" geantwortet hat
und Person B "nicht gut". Es läßt sich dann sagen, daß Person A die Stellenaussichten günstiger einschätzt als Person B. Betrachten wir von denselben Personen
die Antworten auf die Frage nach der Informiertheit über Arbeitsmarktprobleme
(KENNTNIS) und stellen fest, daß Person A sich als "gut informiert" und Person
B sich als "sehr schlecht informiert" einschätzt, können wir sagen, daß Person A sich
für besser informiert hält als Person B. Beide Personen haben mit ihren Antworten
auf die beiden Fragen Zuordnungen zu zwei Ordinalskalen vorgenommen. Im Falle
der Personen A und B ist die Zuordnung bei beiden Merkmalen gleichgerichtet.
Wenn wir uns erinnern, daß den verbalen Antworten Rangziffern zugeordnet sind,
läßt sich der oben angestellte Vergleich schematisch wie folgt darstellen:

Stellenaussichten: Person A < Person B
                         ("<" bedeutet: günstiger als)
Informiertheit: Person A < Person B
                         ("<" bedeutet: besser als)

In diesem Fall bilden die Personen A und B ein *konkordantes* Paar.

In einem anderen Fall stellen wir beispielsweise folgende Relationen zwischen
zwei Personen im Hinblick auf die genannten Merkmale fest:

Stellenaussichten: Person A < Person C
                         ("<" bedeutet: günstiger als)
Informiertheit: Person A > Person C
                         (">" bedeutet: schlechter als)

In diesem Fall antworten die beiden Personen gegensinnig — sie bilden somit ein
diskordantes Paar.

Diese hier exemplarisch vorgeführten Vergleiche jeweils zweier Personen, die an
der Untersuchung teilgenommen haben (allgemein: Merkmalsträger oder Untersuchungseinheiten), lassen sich für den gesamten Datensatz durchführen.[18] Es ist
dann die Anzahl der konkordanten und die Anzahl der diskordanten Beziehungen zu
ermitteln. Überwiegen die Konkordanzen, wird von einem *positiven* Zusammenhang
gesprochen. (Die Differenz aus der Anzahl der Konkordanzen und Diskordanzen ist
positiv). Überwiegen aber die gegengerichteten Beziehungen, also die Diskordanzen,
wird von einem *negativen* Zusammenhang gesprochen. Setzen wir jetzt die Differenz

---

[18]Insgesamt sind $\frac{n(n-1)}{2}$ sogenannte Paarbeziehungen zu bilden, sofern "n" die Gesamtzahl der
Untersuchungseinheiten beschreibt.

von Konkordanzen und Diskordanzen in bezug zur Summe aller Konkordanzen und Diskordanzen, erhalten wir ein Maß für den statistischen Zusammenhang zweier ordinalskalierter Variablen. Dieses Maß wird mit "Gamma" bezeichnet. Es berücksichtigt nicht die häufig auftretenden Fälle, daß in bezug auf eine oder beide Fragen die zu vergleichenden Merkmalsträger dieselbe Antwort geben, wie zum Beispiel in folgender Situation:

        Stellenaussichten: Person B = Person C
                             ("=" bedeutet: gleiche Antwort)
        Informiertheit: Person B < Person C
                             ("<" bedeutet: besser als)

oder im Fall der Übereinstimmung der Antworten auf beide Fragen:

        Stellenaussichten: Person A = Person D
                             ("=" bedeutet: gleiche Antwort)
        Informiertheit: Person A = Person D
                             ("=" bedeutet: gleiche Antwort)

Übereinstimmungen bei Paarvergleichen werden als *Bindungen* (engl.: ties) bezeichnet.

Wir lassen uns mit folgenden Programmzeilen die vom SAS-System abrufbaren Maßzahlen für den Zusammenhang der Variablen AUSSICHT und KENNTNIS ausgeben:

```
DATA STUDANF;
    INFILE 'brestud.dat' MISSOVER;
    INPUT #2 AUSSICHT 24 KENNTNIS 27;
PROC FREQ;
    TABLES AUSSICHT * KENNTNIS / NOPRINT MEASURES;
RUN;
```

Die Ausführung dieses Programms liefert eine tabellarische Darstellung der Maßzahlen, denen Angaben über die Fallzahl und die Anzahl der fehlenden Werte folgen (Abbildung 10.15).

Die ersten fünf der in der Tabelle aufgelisteten Koeffizienten sind Maße ordinaler Assoziation, die auf dem Verhältnis von konkordanten und diskordanten Personen/Variablen-Beziehungen basieren. Sie können Werte von -1 bis $+1$ annehmen, wobei die negativen Werte einen überwiegend gegengerichteten Zusammenhang indizieren und positive Werte einen gleichgerichteten. Ist der Wert des Koeffizienten Null, ist kein Zusammenhang zwischen den Variablen zu beobachten.

Die Vorschrift für die Berechnung des Koeffizienten "Gamma" ist bereits oben vorgestellt worden. Gamma berücksichtigt keine Bindungen. Die vier anderen Koeffizienten beziehen dagegen Bindungen in unterschiedlicher Weise ein.

```
            STATISTICS FOR TABLE OF AUSSICHT BY KENNTNIS

    Statistic                                Value      ASE
    -------------------------------------------------------
    Gamma                                    0.078      0.091
    Kendall's Tau-b                          0.042      0.049
    Stuart's Tau-c                           0.030      0.035

    Somers' D C|R                            0.037      0.043
    Somers' D R|C                            0.049      0.057

    Pearson Correlation                      0.066      0.055
    Spearman Correlation                     0.046      0.053

    Lambda Asymmetric C|R                    0.000      0.000
    Lambda Asymmetric R|C                    0.024      0.020
    Lambda Symmetric                         0.015      0.013

    Uncertainty Coefficient C|R              0.024      0.013
    Uncertainty Coefficient R|C              0.017      0.009
    Uncertainty Coefficient Symmetric        0.020      0.011

    Effective Sample Size = 371
    Frequency Missing = 19
```

Abbildung 10.15: Assoziationsmaße (Option MEASURES)

Allen Koeffizienten ist aber gemein, daß die Differenz von Konkordanzen und Diskordanzen (Zähler) ins Verhältnis zu einer anderen Größe (Nenner) gesetzt wird. Letztere variiert von Koeffizient zu Koeffizient:

Gamma	Nenner ist die Summe der Konkordanzen und Diskordanzen.
Kendall's Tau-b	Im Nenner wird u.a. die Zahl der Bindungen bei der Zeilen- und der Spaltenvariablen berücksichtigt. Im Falle von Bindungen wird Tau-b kleiner als Gamma. Der Koeffizient ist für quadratische Tabellen zu verwenden.
Stuart's Tau-c	Im Nenner wird die Gesamtzahl der Bindungen und ein Korrekturfaktor für die Tabellengröße berücksichtigt. Dieser Koeffizient ist für Rechteckstabellen zu verwenden.
Somers' D C|R	Berücksichtigt im Nenner die Bindungen der als abhängig definierten Zeilenvariablen "C".
Somers' D R|C	Berücksichtigt im Nenner die Bindungen der als abhängig definierten Spaltenvariablen "R".

10.3.3   Die Berechnung von Korrelationskoeffizienten (CORR)

Der Rangkorrelationskoeffizient nach SPEARMAN

Außer den beschriebenen Koeffizienten ordinaler Assoziation, die auf dem Verhältnis konkordanter und diskordanter Personen/Variablen-Beziehungen basieren, gibt es einen Koeffizienten, der die Beziehung zweier *Rangreihen* nach Gleich- oder Gegengerichtetheit ausdrückt. Die Untersuchungseinheiten werden nach den Merkmalsausprägungen zweier ordinalskalierter Merkmale in zwei Rangreihen geordnet. Ihnen werden den Rangplätzen entsprechende Rangziffern zugewiesen und verglichen. Ein Maß, das über Gleich- oder Gegengerichtetheit der Rangreihen eine Aussage macht, ist der *Spearman'sche Rang-Korrelationskoeffizient "rho"*. Die Werte, die "rho" annehmen kann, reichen von -1 bis $+1$. Bei $+1$ verlaufen die Rangreihen gleichgerichtet. Es liegt ein totaler positiver statistischer Zusammenhang der zwei in die Betrachtung einbezogenen Merkmale vor. Ist der Wert -1, verlaufen die Rangreihen entgegengesetzt, und es liegt ein totaler negativer statistischer Zusammenhang vor. Im Fall von Bindungen bei einem Merkmal erhalten die betreffenden Untersuchungseinheiten einen mittleren Rangplatz zugewiesen.[19]

Wenn wir bei der Prozedur FREQ die Option MEASURES innerhalb der TABLES-Anweisung einsetzen, wird u.a. auch der Rangkorrelationskoeffizient "Spearman Correlation" ausgegeben (siehe Abbildung 10.15). Um den Umfang der Ausgabe möglichst gering zu halten — besonders im Falle der Berechnung vieler Koeffizienten —, können wir die Prozedur CORR einsetzen.

Mit den Anweisungen

```
PROC CORR DATA=STUDANF SPEARMAN;
     VAR ALTER;
     WITH KENNTNIS;
RUN;
```

kann der Spearman'sche Rangkorrelationskoeffizient *rho* berechnet werden. Die Ausgabe im Output-Protokoll wird durch eine Reihe von statistischen Kennziffern eingeleitet[20] (Abbildung 10.16).

Der Wert von rho=-0.20 verweist auf einen gegengerichteten Verlauf der Rangreihen. Tendenziell fallen höhere Rangplätze in Bezug auf das Alter mit niedrigeren Rangplätzen in Bezug auf Aussagen zur Kenntnis des Arbeitsmarktes zusammen. Inhaltlich ausgedrückt heißt dies, daß sich Personen als umso besser informiert einschätzen, je älter sie sind. Der zweite Wert in der Korrelationstabelle (0.0001) kennzeichnet das Signifikanzniveau des Korrelationskoeffizienten. Er ist dahingehend zu interpretieren, daß der errechnete Koeffizient statistisch bedeutsam ist, in dem Sinne, daß die Annahme der statistischen Unabhängigkeit für die Grundge-

---

[19]Ist die Anzahl der Bindungen sehr hoch, ist es angemessener, zur Interpretation der Stärke eines ordinalen Zusammenhangs eines der zuvor vorgestellten Maße (z.B. Kendall's tau-b) zu verwenden.

[20]Diese Ausgabe kann durch Angabe der PROC CORR-Option "NOSIMPLE" unterdrückt werden.

```
                       CORRELATION ANALYSIS

                  1 'WITH' Variables:  KENNTNIS
                  1 'VAR'  Variables:  ALTER


                       Simple Statistics

   Variable       N      Mean    Std Dev    Median    Minimum    Maximum

   KENNTNIS     380   2.22105    0.54708   2.00000    1.00000    4.00000
   ALTER        363  24.13223    4.82273  23.00000   19.00000   47.00000


   Spearman Correlation Coefficients / Prob > |R| under Ho: Rho=0
   / Number of Observations

                                        ALTER

                    KENNTNIS          -0.20064
                                        0.0001
                                          353
```

Abbildung 10.16: Ausgabe der Prozedur CORR (Option SPEARMAN)

samtheit nicht haltbar ist. Der dritte Wert (353) besagt, daß für die Berechnung 353 Untersuchungseinheiten einbezogen worden sind.

Der Pearson'sche Korrelationskoeffizient

Ein Zusammenhangsmaß für intervallskalierte Variablen stellt der *Korrelationskoeffizient von Pearson* — auch Produkt-Moment-Korrelation genannt — dar. Er kann ebenfalls Werte annehmen, die im Zahlenbereich von −1 bis +1 liegen. Hohe positive Werte drücken einen gleichgerichteten Zusammenhang zweier Variablen aus, hohe negative Werte einen gegengerichteten Zusammenhang. Ein Korrelationskoeffizient von Null besagt, daß kein statistischer Zusammenhang festzustellen ist. Es ist zu beachten, daß der Pearson'sche Korrelationskoeffizient nur *lineare* Zusammenhänge identifizieren kann. Dies besagt, daß ein Modell einer linearen Funktion an die empirischen Daten angelegt wird. Eine weitere Bedingung für eine angemessene analytische Beurteilung des Koeffizienten ist, daß beide Variablen *normalverteilt* sind.

Der Pearson'sche Korrelationskoeffizient ist, wie wir der Abbildung 10.15 entnehmen können, ein Teil der Ausgabe der FREQ-Prozedur mit der TABLES-Option MEASURES. Wollen wir nur diesen Koeffizienten berechnen und ausgeben lassen, so sollte die Prozedur CORR eingesetzt werden, beispielsweise mit folgenden Spezifikationen:[21]

---

[21]Mangels einer zweiten intervallskalierten Variablen haben wir die ordinalskalierte Variable KENNTNIS für die Berechnung des Korrelationskoeffizienten herangezogen. Dies kann man dann vertreten, wenn die Abstände von einem Merkmalswert zum anderen als konstante Intervalle interpretiert werden können.

```
PROC CORR DATA=STUDANF PEARSON NOSIMPLE;
     VAR ALTER;
     WITH KENNTNIS;
RUN;
```

Mit der Option "PEARSON" fordern wir die Berechnung des Pearson'schen Korrelationskoeffizienten an. Da wir bereits bei der Ausgabe des Rangkorrelationskoeffizienten für die beiden Variablen ALTER und KENNTNIS die univariaten statistischen Kennwerte erhalten haben (Voreinstellung), unterdrücken wir in diesem Fall mit der Angabe der Option NOSIMPLE eine erneute Ausgabe. Wir erhalten das Ergebnis in Abbildung 10.17.

```
                    CORRELATION ANALYSIS

              1 'WITH' Variables:  KENNTNIS
              1 'VAR'  Variables:  ALTER


     Pearson Correlation Coefficients / Prob > |R|  under Ho: Rho=0
     / Number of Observations

                                        ALTER

              KENNTNIS                -0.20200
                                       0.0001
                                         353
```

Abbildung 10.17: Ausgabe der Prozedur CORR (PEARSON und NOSIMPLE)

Der Wert des Korrelationskoeffizienten unterscheidet sich nur unwesentlich von dem in Abbildung 10.16 ausgegebenen (eher angemessenen) Rangkorrelationskoeffizienten.

Die allgemeine Form der Prozedur CORR

Die allgemeine Form der Prozedur CORR mit einer Auswahl von Optionen lautet wie folgt:

```
PROC CORR [ DATA=sas-dateiname-1 ] [ PEARSON ] [ SPEARMAN ]
          [ RANK ] [ NOSIMPLE ] [ NOPRINT ] [ NOMISS ]
          [ OUTP=sas-dateiname-2 ] [ OUTS=sas-dateiname-3 ]  ;
   [ VAR varliste-1 ; ]
   [ WITH varliste-2 ; ]
   [ WEIGHT varname-1 ; ]
   [ FREQ varname-2 ; ]
```

Die Anweisung "PROC CORR" ohne weitere Spezifikationen bewirkt die Berechnung des Pearson'schen Korrelationskoeffizienten, der zugehörigen Signifikanzniveaus sowie von univariaten statistischen Kennwerten für alle numerischen Variablen der zuletzt gebildeten SAS-Datei.

Optionen zur PROC CORR-Anweisung

DATA=sas-dateiname	Angabe einer SAS-Datei für die Datenanalyse. Voreinstellung: zuletzt gebildete Datei.
PEARSON	Berechnung des Pearson'schen Korrelationskoeffizienten.
SPEARMAN	Berechnung des Rang-Korrelationskoeffizienten nach Spearman.
RANK	Die Ausgabe der Korrelationskoeffizienten erfolgt sortiert nach deren Größe.
NOSIMPLE	Univariate statistische Kennwerte werden nicht ausgegeben.
NOPRINT	Unterdrückung der Ausgabe der Korrelationskoeffizienten.
NOMISS	Ausschluß aller Beobachtungen, bei denen bei mindestens einer für die Analyse spezifizierten Variablen ein fehlender Wert auftritt. Voreinstellung: paarweiser Ausschluß von Beobachtungen beim Auftreten fehlender Werte.
OUTP=sas-dateiname	Ausgabe des Pearson'schen Korrelationskoeffizienten, des Mittelwertes (Mean), der Standardabweichung (Std) und der Anzahl der Fälle (N) in eine spezifizierte SAS-Datei.
OUTS=sas-dateiname	wie oben, jedoch mit der Ausgabe der Rangkorrelationskoeffizienten nach Spearman.

Die VAR- und WITH-Anweisungen

In der *VAR-Anweisung* werden die Variablen für die Korrelationsanalyse spezifiziert. Wenn keine *WITH-Anweisung* eingesetzt wird, werden Korrelationen von allen möglichen Kombinationen von Variablenpaaren in einer quadratischen Korrelationsmatrix ausgegeben. Bestimmte Kombinationen von Variablen können mit der zusätzlichen Angabe einer WITH-Anweisung spezifiziert werden. Die in der VAR-Anweisung genannten Variablen bilden die Spalten der Korrelationsmatrix und die WITH-Variablen die Zeilen.

Die WEIGHT- und FREQ-Anweisung

Mit der Angabe der *WEIGHT-Anweisung* ist es möglich, gewichtete Korrelationskoeffzienten berechnen zu lassen. Die Anzahl der Beobachtungen (N) verändert sich nicht. Dies passiert jedoch bei der Angabe der *FREQ-Anweisung*. Jede Beobachtung wird so oft gezählt, wie der jeweilige Wert der FREQ-Variablen angibt.

10.4 Aggregation von Daten (SUMMARY)

Die *Prozedur SUMMARY* ist einzusetzen, wenn wir für einzelne Satzgruppen Aggregationen numerischer Variablen vornehmen lassen wollen. Die Aggregation kann in Form eines deskriptiven Kennwertes erfolgen, wie in Abschnitt 9.3 (UNIVARIATE, MEANS) gezeigt wurde.

Wir wollen für Subgruppen, die wir aus der Kombination der Merkmalsausprägungen von "Geschlecht" und "Familienstand" ermitteln können, jeweils das Durchschnittsalter berechnen und in eine SAS-Datei ausgeben lassen.

Folgende SAS-Programmzeilen sind zu schreiben:

```
PROC FORMAT;
     VALUE GESCHF 1='Mann' 2='Frau';
     VALUE FAMILF 1='ledig' 2='fest gebunden'
                  3='verheiratet' 4='geschieden';
DATA STUDANF;
     INFILE 'brestud.dat' MISSOVER;
     INPUT #1 GESCHL 5 GEBJAHR 6-7 FAMSTAND 8 #2 ;
     ALTER=79-GEBJAHR;
     FORMAT GESCHL GESCHF. FAMSTAND FAMILF.;
PROC SUMMARY DATA=STUDANF;
     CLASSES GESCHL FAMSTAND;
     VARIABLES ALTER;
     OUTPUT OUT=MITTEL MEAN=M_ALTER;
RUN;
```

Die SUMMARY-Prozedur beginnt mit der Anweisung "PROC SUMMARY". Mit den Variablen der *CLASSES-Anweisung* werden die Merkmale der Satzgruppen festgelegt. Die Gesamtheit der Studienanfänger wird zum einen nach dem Merkmal "Geschlecht" in die Gruppen der "Männer" und "Frauen" aufgeteilt und zum anderen innerhalb jeder Geschlechtsgruppe in "Ledige", "Fest Gebundene", "Verheiratete" und "Geschiedene". Die Datensätze werden also in maximal acht Satzgruppen gegliedert. Mit der *VARIABLES-Anweisung* werden Analysevariablen spezifiziert. Die Werte dieser Variablen werden nach einem in der OUTPUT-Anweisung festzulegenden statistischen Verfahren für die definierten Gruppen aggregiert.

Mit der *OUTPUT-Anweisung* wird zum einen der Name der Ausgabe-Datei festgelegt (OUT=MITTEL) und zum anderen das statistische Verfahren der Aggregation (statistische Kennziffern) nebst einem Variablennamen für die neue Variable mit den aggregierten Werten. "OUT=MITTEL MEAN=M_ALTER" bedeutet, daß das arithmetische Mittel der Analysevariablen unter dem Namen "M_ALTER" in der SAS-Datei "MITTEL" abgelegt wird.

Mit dem nachfolgenden Prozedur-Step

```
PROC PRINT DATA=MITTEL;
RUN;
```

können wir uns den Inhalt der Datei "MITTEL" in das Output-Protokoll schreiben lassen (Abbildung 10.18).

OBS	GESCHL	FAMSTAND	_TYPE_	_FREQ_	M_ALTER
1	.	.	0	374	24.2051
2	.	ledig	1	274	22.7868
3	.	fest gebunden	1	32	24.0000
4	.	verheiratet	1	53	29.9200
5	.	geschieden	1	15	30.3571
6	Mann	.	2	211	23.6634
7	Frau	.	2	163	24.9396
8	Mann	ledig	3	171	22.9141
9	Mann	fest gebunden	3	17	25.2500
10	Mann	verheiratet	3	21	28.0476
11	Mann	geschieden	3	2	26.0000
12	Frau	ledig	3	103	22.5684
13	Frau	fest gebunden	3	15	22.4615
14	Frau	verheiratet	3	32	31.2759
15	Frau	geschieden	3	13	31.0833

Abbildung 10.18: Ergebnisse der SUMMARY-Prozedur – PROC PRINT-Ausgabe

Die Tabelle enthält sechs mit Namen überschriebene Kolumnen. Es sind dies die fünf Namen der Variablen innerhalb der Datei "MITTEL" und die Bezeichnung der Satznumerierung "OBS", die nur im Protokoll erscheint.[22] Drei Variablennamen haben wir im DATA-Step bzw. in der OUTPUT-Anweisung festgelegt (GESCHL, FAMSTAND, M_ALTER), die anderen zwei Variablennamen werden vom System bereitgestellt (_TYPE_ , _FREQ_). Die Werte von "_TYPE_" sind in Verbindung mit den Ausprägungen der CLASSES-Variablen "GESCHL" und "FAMSTAND" zu interpretieren. Sie bezeichnen jeweils ein anderes Aggregationsniveau, auf das sich die Werte von "M_ALTER" beziehen. Der Wert _TYPE_=0 identifiziert die undifferenzierte Gesamtheit aller gültigen Fälle der Datei STUDANF. Der Wert von M_ALTER ist der Altersdurchschnitt der Gesamtheit derjenigen, die an der Befragung teilgenommen und auf die Frage nach dem Geburtsjahr geantwortet haben. Der Wert von _TYPE_=1 differenziert den Altersdurchschnitt nach den Merkmalsausprägungen der Variablen FAMSTAND. Der Wert _TYPE_=2 zeigt dagegen die Mittelwerte des Alters differenziert nach Männern und Frauen. Die Zeilen, bei denen der Wert von _TYPE_ gleich 3 ist, repräsentieren die acht Satzgruppen, die aus der Kombination der Merkmalsausprägungen der Variablen "Geschlecht" und "Familienstand" gebildet werden. Jeder Satzgruppe ist der entsprechende Altersmittelwert zugeordnet. Die Werte der Variablen _FREQ_ geben die Anzahl der Untersuchungseinheiten an, die zu jeder Satzgruppe gehören.

Die allgemeine Form der Prozedur SUMMARY

Die allgemeine Form der *Prozedur SUMMARY* stellt sich wie folgt dar:

---

[22]Die systeminterne Variable, die die Satznumerierung enthält, lautet "_N_".

```
PROC SUMMARY [ DATA=sas-dateiname-1 ] [ MISSING ] [ NWAY ] ;
[ CLASSES varliste-1 ; ]
[ VARIABLES varliste-2 ; ]
  OUTPUT OUT=sas-dateiname-2
  statistikname-1[(varliste-3)]=[varname-1] [varname-2]...
  [statistikname-2[(varliste-4)]=[varname-3] [varname-4]...]... ;
```

Mit der Option "DATA=sas-dateiname" kann gezielt die Auswertung einer bestimmten SAS-Datei vorgenommen werden. "MISSING" bewirkt, daß fehlende Werte in CLASSES-Variablen als gültige Aggregationsniveaus betrachtet werden. Mit der Angabe der Option "NWAY" werden nur die Sätze mit den höchsten _TYPE_-Werten in die Ausgabe-Datei übernommen. Nach der Voreinstellung werden die Daten für alle möglichen Aggregationsniveaus, die sich aus den CLASSES-Variablen konstruieren lassen, ausgegeben (siehe abgedruckte SUMMARY-Ausgabe im o.a. PRINT-Protokoll)

Mit der CLASSES-Anweisung werden Variablen, mit denen Satzgruppen gebildet werden, spezifiziert. Fehlt die CLASSES-Anweisung, werden die Daten auf die Gesamtheit der Untersuchungseinheiten einer Datei aggregiert.

In der VARIABLES-Anweisung können eine oder mehrere numerische Variablen aufgelistet werden, deren Werte nach einem anzugebenen statistischen Verfahren für die definierten Satzgruppen zusammengefaßt werden sollen. Fehlt die VARIABLES-Anweisung, beinhaltet die SUMMARY-Ausgabe-Datei nur die Klassifikationsvariablen und die Systemvariablen "_TYPE_" und "_FREQ_".

Die OUT-Option der OUTPUT-Anweisung legt den Dateinamen für die Ausgabe-Datei fest. "statistikname" ist ein Platzhalter für folgende, aus der Beschreibung anderer Prozeduren bereits bekannter Schlüsselwörter (siehe Abschnitt 9.3): N, NMISS, MEAN, STD, MIN, MAX, RANGE, SUM, VAR, USS, CSS, CV, STDERR, T, PRT, SUMWGT.

Die Angabe einer Spezifikation kann auf vier Arten erfolgen:

1. statistikname =

Wenn der statistische Kennwert mit dem Gleichheitszeichen und ohne weitere Spezifikation geschrieben wird (z.B. MEAN=), erhalten die errechneten Werte in der Ausgabe-Datei denselben Variablennamen wie die korrespondierende Analysevariable der Eingabe-Datei, die in der VARIABLES-Anweisung aufgeführt ist. Diese Art der Spezifikation kann auch eingesetzt werden, wenn statistische Kennwerte für *alle* in der VARIABLES-Anweisung spezifizierten Variablen berechnet werden sollen.

2. statistikname(analysevar-1 [analysevar-2] ...) =

Aus der Liste der Analysevariablen, die in der VARIABLES-Anweisung angegeben sind, können eine oder mehrere Variablen gezielt ausgewählt werden (z.B. MEAN(ALTER)=). Die Werte erhalten in der Ausgabe-Datei denselben Variablennamen wie die korrespondierenden Analysevariablen der Eingabe-Datei.

3. statistikname = varname-1 [varname-2] ...

Den ausgegebenen Werten können explizit Variablennamen zugewiesen werden, die sich von den Namen der Analysevariablen unterscheiden (z.B. MEAN=M_ALTER).

4. statistikname(analysevar-3 [analysevar-4] ...) = varname-3 [varname-4] ...

Aus der Liste der Analysevariablen können eine oder mehrere Variablen gezielt ausgewählt werden. Die berechneten Werte können in der Ausgabe-Datei einen anderen Namen als die korrespondierenden Analysevariablen der Eingabe-Datei erhalten.

Die Behandlung fehlender Werte

Treten in CLASSES-Variablen Werte auf, die als fehlend definiert worden sind, werden die entsprechenden Untersuchungseinheiten von der Analyse ausgeschlossen, solange nicht die MISSING-Option eingesetzt ist.

Im Falle des Auftretens von "fehlenden Werten" bei mindestens einer Analysevariablen wird die gesamte Untersuchungseinheit aus der Bearbeitung der Prozedur SUMMARY ausgeschlossen, auch wenn bei anderen Analysevariablen kein "fehlender Wert" vorliegt.

10.5 Lineare Einfachregression (REG)

Die Methode der Regressionsanalyse wird eingesetzt, um den linearen Zusammenhang zweier intervallskalierter Variablen zu beschreiben.[23] Dabei wird vorausgesetzt, daß einer Variablen der Einfluß auf eine andere zugeschrieben wird. Aus diesem Grunde wird auch von unabhängigen und abhängigen Variablen gesprochen. Die *lineare Einfachregression* beschreibt den Zusammenhang zweier Variablen als lineare Funktion (Regressionsfunktion), die sich graphisch als Gerade (Regressionsgerade) darstellen läßt (siehe Abschnitt "Die Regressionsgerade"). Ferner wird der Grad der Anpassung der empirischen Daten an das berechnete Regressionsmodell beschrieben (siehe Abschnitt "Grad der Anpassung"). Eine schlechte Anpassung kann in einem fehlenden Zusammenhang begründet sein oder darin, daß die angenommene Linearität des Zusammenhangs nicht angemessen ist.

Das Streudiagramm

Der Grundgedanke der Regressionsanalyse kann anhand eines Streudiagramms dargestellt werden. Ein *Streudiagramm* stellt die gemeinsame Verteilung der unabhängigen Variablen (hier "X" genannt) und der abhängigen Variablen (hier "Y"

---

[23]Die Möglichkeit, mit Umformungen nominalskalierter Variablen (sogenannter "Dummy-Variablen") Regressionsanalysen zu rechnen, ist zum Beispiel beschrieben in: D. Urban, Regressionstheorie und Regressionstechnik, Stuttgart 1982 (Teubner).

genannt) dar. Die Werte der abhängigen Variablen werden gewöhnlich an der vertikalen Achse, die der unabhängigen an der horizontalen Achse abgetragen. In der Abbildung 10.19 repräsentiert jeder eingezeichnete Punkt eine Untersuchungseinheit hinsichtlich ihrer Merkmalsausprägungen bei den Variablen X und Y.

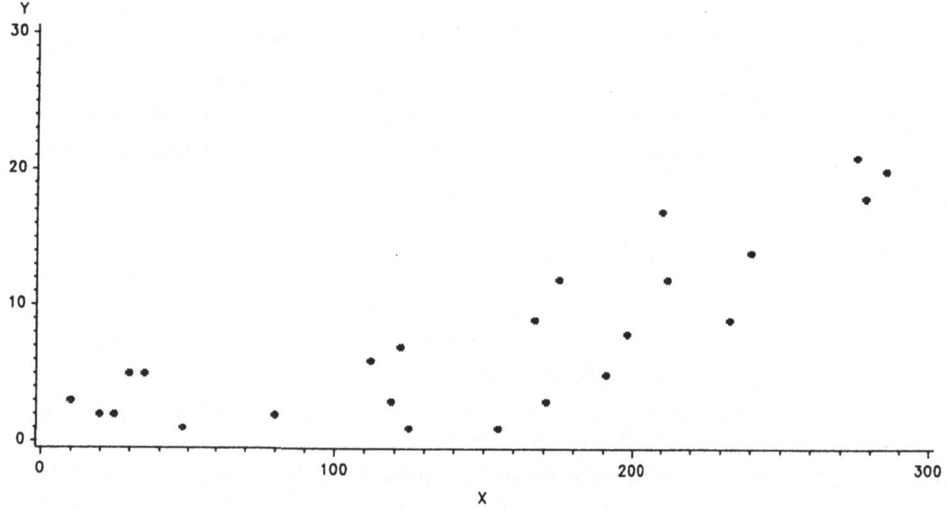

Abbildung 10.19: Streudiagramm

Das Ziel der Regressionsanalyse besteht darin, eine vorliegende generelle Tendenz des Zusammenhangs von zwei Variablen durch eine lineare Funktion zu beschreiben. Dabei sind sämtliche Punkte des Streudiagramms bestmöglichst anzunähern.

Die Regressionsgerade

Eine Linie im Koordinatenkreuz ist mathematisch durch zwei Parameter festgelegt: Durch den Wert des Schnittpunktes der Linie mit der senkrechten Achse und durch den Wert der Steigung, der die Größe der Veränderung in senkrechter Richtung (von Y) anzeigt, wenn der Wert in waagerechter Richtung (von X) um eine Einheit nach rechts abgetragen wird. Der Schnittpunkt der Geraden mit der Y-Achse wird mit a und die Steigung mit b bezeichnet. Es wird also eine Gerade gesucht, deren Geradengleichung in der Form

$$Y = a + bX$$

ausgedrückt werden kann. X und Y sind Variablen, a und b sind Konstanten. Es soll die Gerade bestimmt werden, die im Sinne des *Kleinst-Quadrate-Kriteriums* die Punkte des Streudiagramms bestmöglichst annähert. Dies bedeutet, daß die Summe der Quadrate der Entfernungen der Punkte zur Geraden (in Y-Richtung) am geringsten sein muß. Mit Hilfe der Differentialrechnung kann für die Werte a und b eine eindeutige Lösung berechnet werden.[24] Für das Streudiagramm in Abbildung 10.19 ist die optimale Lösung mit der Geradengleichung

$$Y = -0.771 + 0.058X$$

beschrieben.[25]

Wir können jetzt für verschiedene X-Werte die korrespondierenden Y-Werte berechnen. Für beispielsweise X=100 wird Y=5.03 und für X=300 wird Y=16.63 ermittelt. Wenn wir diese beiden Koordinatenpunkte in das Diagramm eintragen und durch diese Punkte eine Gerade ziehen, erhalten wir die durch die oben angegebene Gleichung definierte *Regressionsgerade* (siehe Abbildung 10.20).

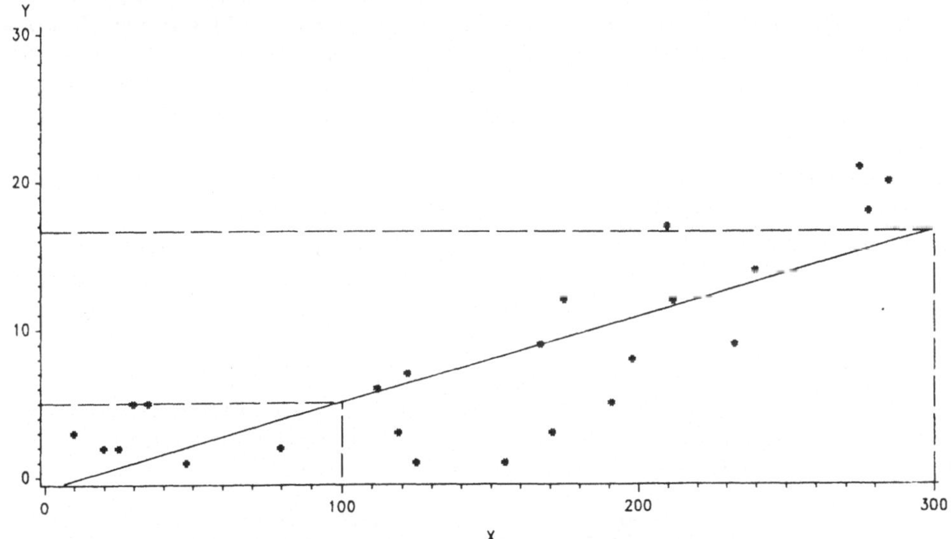

Abbildung 10.20: Streudiagramm mit Regressionsgeraden

Grad der Anpassung

Zu jedem Streudiagramm läßt sich eine Regressionsgerade bestimmen, die jeweils die den Daten gemäße optimale Anpassung gewährleistet. Die empirischen Daten können aber weit oder eng um die Regressionsgerade streuen. Wenn sie weit streuen, ist das durch die Regressionsgerade repräsentierte Modell nicht gut geeignet, den Zusammenhang zweier Merkmale zu beschreiben. Streuen sie dagegen eng um die Regressionsgerade, gibt das Regressionsmodell eine gute Deskription des empirischen Sachverhaltes ab.

Der *Grad der Anpassung* des linearen Regressionsmodells an die empirischen Daten läßt sich quantitativ beschreiben. Die errechnete Größe — r^2 genannt — läßt

---

[24]Dieser Weg der Schätzung der Parameter a und b ist der der klassischen OLS-Schätzung (ordinary least squares).

[25]Über die einzelnen Rechenschritte informiert u.a. auch D. Urban a.a.O. 1982.

sich als Maß der proportionalen Fehlerreduktion (PRE-Maß) interpretieren (siehe dazu Abschnitt 10.3.1). Kennen wir von einer Gesamtheit nur die Verteilung der Variablen Y und wollen wir aufgrund dieser Information die Merkmalsträger charakterisieren, haben wir in dem arithmetischen Mittel von Y ein geeignetes Maß. In der Variation der tatsächlichen Werte um den Mittelwert drückt sich der Fehler aus, den wir bei unserer Charakterisierung einer Gesamtheit aufgrund der Information über die Verteilung von Y machen. Da sich positive und negative Abweichungen bei einer einfachen Addition aufheben, wird jede Differenz quadriert und die Abweichungsquadrate werden summiert. Das Ergebnis wird als die *Gesamtvariation der Variablen Y* bezeichnet.

Kennen wir nicht nur die Verteilung von Y, sondern sogar die gemeinsame Verteilung von X und Y, so stellt — wie wir gezeigt haben — das lineare Regressionsmodell die optimale Grundlage für die Charakterisierung der Merkmalsträger einer Gesamtheit mittels eines Schätzwertes der Variablen Y dar. Wenn wir den jeweiligen X-Wert eines Merkmalsträgers und die Regressionsgleichung kennen, ist ein Modell-Y-Wert zu berechnen. Die Differenz von den empirischen Werten zu den Modellwerten drückt jetzt den Fehler aus, der bei einer Charakterisierung einer Gesamtheit auf der Basis der Informationen über die gemeinsame Verteilung von Y und X entstanden ist. Da es auch in diesem Fall positive und negative Abweichungen gibt, die sich bei einer einfachen Addition aufheben, wird ebenfalls jede Differenz vor der Summation quadriert. Das Ergebnis ist die *Residualvariation* bei der Regression von Y auf X.

Die Differenz von Gesamtvariation und Residualvariation ist das absolute Ausmaß der Fehlerreduktion. Dividieren wir die Differenz durch den Wert der Gesamtvariation, erhalten wir einen relativen Wert, der von 0 bis 1 variieren kann und als *Determinationskoeffizient* r^2 bezeichnet wird. Es gilt also folgender Zusammenhang:

$$r^2 = \frac{Gesamtvariation - Residualvariation}{Gesamtvariation}$$

Dies ist das Quadrat des uns bereits bekannten Korrelationskoeffizienten r nach Pearson.

Beispiel

Für das folgende Beispiel haben wir einige Zusatzdaten erhoben und unserem Datensatz hinzugefügt. Anhand der in der Befragung erhobenen Postleitzahl konnte die Entfernung des Herkunftswohnortes vom Studienort ermittelt werden. Durch IF-Anweisungen in der Form:

```
IF PLZ=7000 THEN KM=671;
```

wurde eine neue Variable mit dem Namen "KM" mit den Entfernungswerten gebildet.

Das Ziel einer Regressionsanalyse sollte nun sein, die unterschiedliche Anzahl der Studienanfänger aus den unterschiedlichen Regionen der Bundesrepublik in einen

Zusammenhang mit der Distanz zwischen Studienort und Wohnort zu bringen und die Hypothese zu prüfen, daß mit zunehmender Entfernung des Heimatortes vom Hochschulort die Anzahl der Studienanfänger sinkt.

Mit den Anweisungen

```
PROC FREQ DATA=STUDANF;
     TABLES KM / OUT = ENTFERN;
RUN;
```

sind die den KM-Werten zugeordneten Häufigkeiten ermittelt und in der SAS-Datei mit dem Namen "ENTFERN" unter dem Variablennamen "COUNT" abgelegt worden.

Die Regressionsanalyse rufen wir mit folgenden Anweisungen auf:

```
PROC REG DATA=ENTFERN;
     MODEL COUNT = KM;
RUN;
```

Die Regressionsprozedur wird mit der Anweisung PROC REG[26] eingeleitet. In der *MODEL-Anweisung* erfolgt die Spezifikation des Regressionsmodells, dessen Parameter geschätzt werden sollen. Die Spezifikation der MODEL-Anweisung erfolgt immer in der Form

MODEL abhängige Variable = unabhängige Variable

In unserem Beispiel ist die Anzahl der Studenten in den Regionen (COUNT) die abhängige und die Entfernung vom Hochschulort (KM) die unabhängige Variable. In das Output-Protokoll erfolgt der Eintrag, der in Abbildung 10.21 abgedruckt ist.

Es werden zwei Tabellen ausgegeben, eine Varianzanalysetabelle (Analysis of Variance) und eine Tabelle mit den Parameterschätzungen (Parameter Estimates).

In der Rubrik "Sum of Squares" sind die Quadratsummen der modellerklärten Variation (Model), der Residualvariation (Error) und der Gesamtvariation (Total) aufgelistet. Dividieren wir die modellerklärte Variation durch die Gesamtvariation, erhalten wir den Wert von r^2 (R-Square) in Höhe von 0.3054. Im Modell der linearen Einfachregression sind zwei Parameter zu schätzen, der Wert des Schnittpunktes der Regressionsgeraden mit der vertikalen Achse (Intercept) und der Wert der Steigung der Geraden (KM), der anzeigt, um welchen Betrag der Wert von COUNT steigt (oder sinkt), wenn der Wert von KM um eine Einheit steigt. Die Regressionsgerade läßt sich wie folgt beschreiben:

$$COUNT = 11.36 + (-0.019)KM$$

Der negative Wert des Steigungsparameters (–0.019) zeigt an, daß die Gerade ein Gefälle hat. Dies stützt die eingangs formulierten Hypothese, daß mit zunehmender Entfernung des Herkunftsortes die Zahl der von dort stammenden Studienanfänger geringer wird.

---

[26]Regressionsanalysen können auch mit der Prozedur GLM, auf die wir in dieser Einführung nicht eingehen, gerechnet werden.

```
Model: MODEL1
Dependent Variable: COUNT      FREQUENCY COUNT

                        Analysis of Variance

                            Sum of        Mean
          Source      DF    Squares       Square     F Value     Prob>F

          Model        1    752.65009    752.65009    17.591     0.0001
          Error       40   1711.46896     42.78672
          C Total     41   2464.11905

              Root MSE       6.54116    R-square      0.3054
              Dep Mean       5.59524    Adj R-sq      0.2881
              C.V.         116.90577

                        Parameter Estimates

                      Parameter      Standard    T for H0:
          Variable DF  Estimate        Error    Parameter=0    Prob > |T|

          INTERCEP  1   11.357666    1.70481830      6.662       0.0001
          KM        1   -0.019105    0.00455517     -4.194       0.0001

                         Variable
          Variable DF    Label

          INTERCEP  1   Intercept
          KM        1
```

Abbildung 10.21: Ausgabe der Prozedur REG

Graphische Darstellung des Streudiagramms mit der Regressionsgeraden (GPLOT)

Eine graphische Darstellung des Streudiagramms der gemeinsamen Verteilung der Variablen COUNT und KM kann mit der *Prozedur GPLOT* der SAS/GRAPH-Programmbibliothek erstellt werden. Diese Prozedur ermöglicht es außerdem, daß durch die Punktewolke automatisch die Regressionsgerade gezeichnet werden kann. Wir lassen folgende SAS-Anweisungen ausführen:[27]

```
GOPTIONS DEVICE=HPLJS2;
SYMBOL V=STAR I=RL;
PROC GPLOT DATA=ENTFERN;
     PLOT COUNT * KM;
RUN;
```

Mit der *GOPTIONS-Anweisung* wird das SAS-System auf ein graphisches Ausgabegerät festgelegt. Die Spezifikation HPLJS2 bedeutet, daß die Ausgabe auf einem

---

[27] Wir gehen davon aus, daß die Datei "ENTFERN" zuvor durch geeignete SAS-Programmanweisungen erstellt worden ist und daß die Ausführung der SAS-Anweisungen an einem Arbeitsplatzrechner vorgenommen wird, an dem ein graphisches Ausgabegerät angeschlossen ist.

Laserdrucker der Firma Hewlett Packard (Series II) erfolgen soll. Die *SYMBOL-Anweisung* legt in diesem Fall fest, daß die Punkte des Streudiagramms mit dem Symbol "*" erscheinen sollen (V=STAR) und daß eine lineare Regressionsgerade durch die Punktewolke gelegt werden soll (I=RL). Die Graphikprozedur GPLOT greift auf die SAS-Datei mit dem Namen "ENTFERN" zu. Es wird ein Streudiagramm der Variablen COUNT (vertikale Achse) und KM (horizontale Achse) angefordert (Abbildung 10.22).

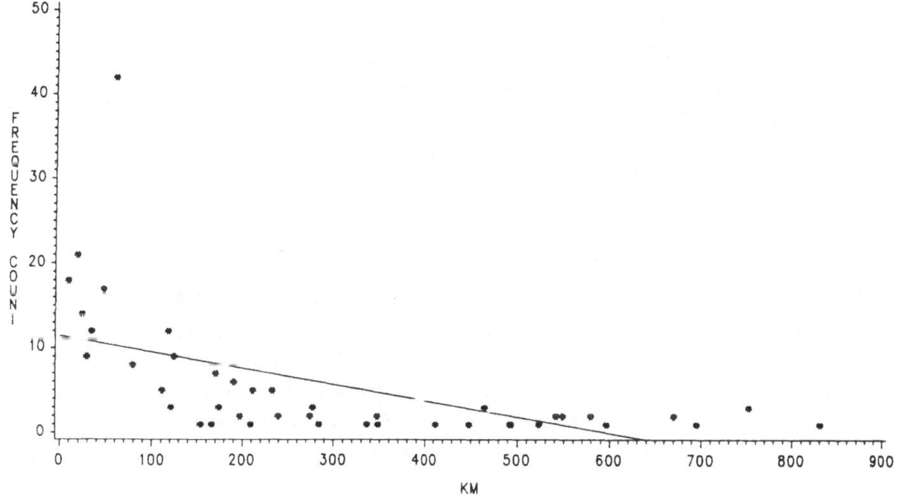

Abbildung 10.22: Ausgabe der Prozedur GPLOT

Die Zeichnung belegt das bereits aus dem negativen Regressionskoeffizienten abgeleitete Gefälle der Regressionsgeraden. Sie macht aber auch deutlich, daß das lineare Modell keine gute Anpassung an die empirische Verteilung darstellt, da ein nichtlinearer Verlauf erkennbar ist.

10.6 Überprüfung von Gruppenunterschieden (TTEST)

Die Untersuchungsgesamtheit ist mit Hilfe einer Reihe von Merkmalen in zwei sinnvoll abgrenzbare Gruppen zu untergliedern. So lassen sich die Studienanfänger unserer Untersuchung zum Beispiel nach dem Merkmal Geschlechtszugehörigkeit in die beiden Gruppen der Studentinnen und Studenten aufteilen. Aufgrund theoretischer Überlegungen könnten solche Gruppeneinteilungen relevant sein für die Verteilung anderer Merkmale. Der T-Test ist ein geeignetes statistisches Verfahren, um zu prüfen, ob sich die Mittelwerte einer Variablen in zwei Gruppen signifikant unterscheiden oder nicht.

Wir wollen mit der *Prozedur TTEST* prüfen, ob der Unterschied im Durchschnittsalter zwischen Studenten und Studentinnen statistisch bedeutsam ist oder auf andere, möglicherweise zufällige Einflüsse bei der Zusammensetzung der Stichprobe zurückzuführen ist.

Wir lassen folgende SAS-Programmanweisungen ausführen:

```
PROC FORMAT;
      VALUE SEXF  1='M' 2='W';
DATA STUDANF;
      INFILE 'brestud.dat' MISSOVER;
      INPUT #1 GESCHL 5 GEBJAHR 6-7 #2;
      ALTER = 79 - GEBJAHR;
      FORMAT GESCHL SEXF.;
OPTIONS LINESIZE=64;
PROC TTEST DATA=STUDANF;
      CLASSES GESCHL;
      VARIABLE ALTER;
RUN;
```

Die Prozedur TTEST greift auf die SAS-Datei "STUDANF" zurück. Die Gruppeneinteilung erfolgt nach den Merkmalsausprägungen der Klassifikationsvariablen, die in der *CLASSES-Anweisung* angegeben ist. Es muß sich um eine dichotome Variable handeln, die also nur zwei Merkmalsausprägungen aufweist.[28] In der *VARIABLES-Anweisung* werden Analysevariablen, die Intervallskalenniveau haben müssen, spezifiziert. Werden mehrere CLASSES-Variablen und mehrere VARIABLES-Variablen angegeben, wird für jede Kombination von Klassifikations- und Analysevariablen ein T-Test durchgeführt.

Als Ergebnis der TTEST-Prozedur wird die Darstellung in Abbildung 10.23 in das Output-Protokoll eingetragen.

```
                        TTEST PROCEDURE

     Variable: ALTER

     GESCHL      N          Mean         Std Dev        Std Error
     ------------------------------------------------------------
         M      202     23.66336634     3.66583589     0.25792731
         W      153     24.90849673     5.99381203     0.48457098

     Variances        T       DF     Prob>|T|
     ------------------------------------------
     Unequal      -2.2682    236.0     0.0242
     Equal        -2.4161    353.0     0.0162

     For HO: Variances are equal, F' = 2.67    DF = (152,201)
                                  Prob>F' = 0.0000
```

Abbildung 10.23: Ausgabe der Prozedur TTEST

Die Ausgabe enthält drei Teile: Zunächst eine Auflistung deskriptiver statisti-

---

[28]Gegebenenfalls müssen Variablen mit mehr als zwei Merkmalsausprägungen mit Hilfe der FORMAT-Prozedur und der FORMAT-Anweisung dichotomisiert werden.

scher Kennwerte für jeweils beide Subgruppen, und zwar Häufigkeit (N), arithmetisches Mittel (Mean), Standardabweichung (Std Dev) und Standardfehler (Std Error).[29] Als nächstes sind die T-Test-Statistiken angegeben: eine für den Fall, daß die Varianzen der Analysevariablen sich signifikant voneinander unterscheiden (Unequal) und eine für den Fall, daß die Varianzen gleich sind (Equal). Es wird jeweils der errechnete T-Wert (T), die Anzahl der Freiheitsgrade (DF) und das zugehörige Signifikanzniveau (PROB > |T|) angezeigt. Im dritten Teil steht das Ergebnis des Tests der Hypothese, daß die Varianzen der Analysevariablen in beiden Subgruppen gleich sind. Setzen wir ein Testniveau von 0.05 voraus, so kann die Hypothese der Varianzgleichheit nicht beibehalten werden, falls das Signifikanzniveau "PROB > F'" kleiner als das Testniveau ist. Diesen Teil des Output-Protokolls müssen wir also zunächst analysieren, damit wir die angemessene T-Test-Statistik (Equal oder Unequal) auswählen können.

Da in unserem Fall das Signifikanzniveau gleich 0.0001 ist, müssen wir die Zeile der T-Test-Statistik, die mit "Unequal" beginnt, interpretieren. Der ermittelte T-Wert beträgt –2.2682, das zugehörige Signifikanzniveau beträgt bei 236 Freiheitsgraden 0.0242. Setzen wir auch hier das Testniveau wieder bei 0.05 an, können wir schließen, daß die Annahme gleicher Mittelwerte in beiden Subgruppen, die dem T-Test zugrundeliegt, nicht aufrechterhalten werden kann. Dieses Ergebnis stützt die inhaltlich begründete Aussage, daß das Durchschnittsalter von Studenten und Studentinnen sich statistisch signifikant voneinander unterscheidet.

---

[29] Weitere Kennziffern werden automatisch ausgegeben, wenn für die Zeilenbreite des Output-Protokolls (Option "LINESIZE" innerhalb der OPTIONS-Anweisung) ein höherer Wert als 64 eingestellt ist.

Kapitel 11

Leistungen des DATA-Steps

11.1 Einrichtung und Veränderung von Variablen (Zuweisung)

11.1.1 Wertzuweisung und Initialisierung von Variablen (Zuweisung, RETAIN-Anweisung)

Wertzuweisung an eine Ergebnisvariable

Im Abschnitt 6.5 haben wir gesehen, daß man durch eine *Zuweisung* der Form

```
varname = ausdruck ;
```

eine Variable einrichten oder aber die Werte einer bereits vorhandenen Variablen *rekodieren* (verändern) kann. In beiden Fällen wird der jeweils resultierende Wert durch den rechts vom Gleichheitszeichen angegebenen Ausdruck beschrieben. Wird die Variable neu eingerichtet, so bestimmt das Ergebnis des aufgeführten Ausdrucks, ob die Variable als numerische oder als alphanumerische Größe einzurichten ist.

So wird z.B. durch die Zuweisung

```
ALTER = 79 - GEBJAHR;
```

die Variable ALTER neu eingerichtet, als numerisch bestimmt und beobachtungsweise mit den Werten belegt, die jeweils aus der Berechnung der Differenz "79 - GEBJAHR" resultieren.

Bei einer numerischen Ergebnisvariablen muß der Ausdruck aus einer Aneinanderreihung von Variablennamen und numerischen Werten bestehen, die durch die arithmetischen Operatoren

```
+   : Addition
-   : Subtraktion
*   : Multiplikation
/   : Division
**  : Potenzierung
```

verknüpft sind. Die Berechnung eines arithmetischen Ausdrucks erfolgt durch die Regel "Punktrechnung geht vor Strichrechnung", wobei diese Verarbeitungsreihenfolge durch das Setzen von Klammern beeinflußt werden kann. Ausdrücke in Klammern werden zuerst berechnet, und Ausdrücke mit gleichrangigen Operatoren werden von links nach rechts bearbeitet.

Bei einer alphanumerischen Ergebnisvariablen muß der Ausdruck eine alphanumerische Variable oder einen alphanumerische Wert enthalten oder aus der Verknüpfung derartiger Operanden mit Hilfe des Konkatenationsoperators "||" (zweimal das Zeichen "|") bestehen. Durch diese Operation wird die Zeichenfolge des 2. Operanden hinter die Zeichenfolge des 1. Operanden angefügt.

Bei der Ausführung einer Zuweisung ist stets die folgende Regel bei der Auswertung eines arithmetischen Ausdrucks zu beachten: Enthält eine Variable innerhalb des Ausdrucks für eine Beobachtung einen fehlenden Wert, so wird der Ergebnisvariablen ebenfalls ein fehlender Wert zugewiesen. Diese Zuweisung wird im Log-Protokoll eingetragen. Die Zuweisung eines fehlenden Werts wird ebenfalls vorgenommen, falls das Ergebnis eines arithmetischen Ausdrucks nicht ermittelt werden kann — sei es, daß z.B. eine Division durch Null erfolgen soll oder aber, weil ein Funktionsargument (s.u.) nicht zulässig ist.

RETAIN-Anweisung

Enthält der in einer Zuweisung angegebene Ausdruck eine Variable, die noch nicht definiert ist, so wird jeder Beobachtung standardmäßig der fehlende Wert zugeordnet und damit auch der Ergebnisvariablen für jede Beobachtung ebenfalls der fehlende Wert zugewiesen. Anders ist dies, wenn eine neue Variable zu Beginn der Ausführung eines DATA-Steps mit einem Wert vorbesetzt wird. Dazu ist die *RETAIN-Anweisung* in der Form

```
RETAIN varname initialwert ;
```

einzusetzen. Sie bestimmt, daß die Variable "varname" für die 1. Beobachtung (zu Beginn des DATA-Steps) den Wert "initialwert" erhält. Ist der DATA-Step für diese Beobachtung ausgeführt, so wird der dann für diese Beobachtung gültige Variablenwert der 2. Beobachtung zu Beginn des DATA-Steps als Variablenwert zugewiesen. Entsprechend wird für die nachfolgenden Beobachtungen verfahren, d.h. es wird stets der nach dem Durchlaufen des DATA-Steps für eine Beobachtung resultierende Variablenwert der nächsten Beobachtung als Anfangswert zu Beginn des DATA-Steps zugewiesen. Hierdurch ist es möglich, den Variablenwert für eine Beobachtung von den Werten der zuvor bearbeiteten Beobachtungen abhängig zu machen.

Ohne auf die interne Variable _N_ (mit den Reihenfolgenummern der Beobachtungen) zurückzugreifen (s. Abschnitt 6.7), kann man z.B. in folgender Weise nur jede 3. Beobachtung in eine SAS-Datei übertragen lassen (die verwendeten Variablen ZAEHLER und GR werden mit in die SAS-Datei übernommen):[1]

---

[1] Die beiden Anweisungen
```
GR = MOD( ZAEHLER, 3);
IF NOT ( GR EQ 1 )
  THEN DELETE;
```

```
DATA STUDANF;
   INFILE 'brestud.dat' MISSOVER;
   INPUT #1 AUSBILD 17
         #2 AUSSICHT 24 KENNTNIS 27;
   RETAIN ZAEHLER 0;
   ZAEHLER = ZAEHLER + 1;
   GR = MOD( ZAEHLER, 3 );
   IF NOT ( GR EQ 1 )
      THEN DELETE;
RUN;
```

In diesem DATA-Step haben wir die Zuweisung

```
GR = MOD( ZAEHLER, 3 );
```

eingetragen und dabei den Funktionsaufruf

```
MOD( ZAEHLER, 3 )
```

der Funktion "MOD" mit den beiden Argumenten "ZAEHLER" und "3" verwendet.

Damit haben wir als weiteren wichtigen Baustein zum Aufbau von Ausdrücken den *Funktionsaufruf* kennengelernt. Durch die Zuweisung

```
GR = MOD( ZAEHLER, 3 );
```

wird jeder Beobachtung als Wert der Variablen GR der Rest einer Division zugewiesen. Bei dieser Division wird der jeweils in ZAEHLER enthaltene Variablenwert ganzzahlig durch die Zahl 3 geteilt. Durch den Aufruf der Funktion "MOD" wird nämlich festgelegt, daß das erste innerhalb des Aufrufs angegebene Argument (hier: ZAEHLER) als Dividend und das zweite Argument (hier: 3) als Divisor aufzufassen, der *ganzzahlige Anteil* auszurechnen und der Rest der Division (des ersten durch das zweite Argument) als Funktionswert zu ermitteln ist.

Für die erste Beobachtung wird durch die Verabredung

```
RETAIN ZAEHLER 0;
```

der Variablen ZAEHLER zunächst der Wert 0 zugeordnet. Die nachfolgende Zuweisung

```
ZAEHLER = ZAEHLER + 1;
```

erhöht den Wert um 1. Durch den Aufruf

---

können auch durch die folgende IF-Anweisung abgekürzt werden (jetzt wird nur die Variable ZAEHLER in die SAS-Datei übernommen):
```
IF NOT ( MOD( ZAEHLER, 3) EQ 1 )
   THEN DELETE;
```

```
MOD( ZAEHLER, 3 )
```

wird der Wert 1 ermittelt (Rest der ganzzahligen Division von 1 durch 3 ergibt 1) und durch die Zuweisung

```
GR = MOD( ZAEHLER, 3 );
```

der Variablen GR als Wert zugeordnet. Folglich wird durch die nachfolgend ausgeführte IF-Anweisung

```
IF NOT (GR EQ 1)
   THEN DELETE;
```

die erste Beobachtung nicht gelöscht. Da das Ende des DATA-Steps erreicht ist, werden die Werte der ersten Beobachtung in die SAS-Datei übertragen.

Wegen der RETAIN-Anweisung erhält ZAEHLER für die 2. Beobachtung als Anfangswert den resultierenden Wert für die 1. Beobachtung, d.h. den Wert 1. Daher ergibt der Funktionsaufruf (ZAEHLER hat jetzt den Wert 2)

```
MOD( ZAEHLER, 3 )
```

für die 2. Beobachtung den Wert 2, und somit wird diese Beobachtung nicht in die SAS-Datei übernommen. Für die 3. Beobachtung ergibt sich für GR der Wert 0 (3 ganzzahlig geteilt durch 3 ergibt den Divisionsrest 0), so daß auch diese Beobachtung nicht Bestandteil der SAS-Datei wird. Für die 4. Beobachtung enthält ZAEHLER den Wert 4, und somit ergibt der Funktionsaufruf

```
MOD( ZAEHLER, 3 )
```

den Wert 1, so daß diese Beobachtung wieder übernommen wird. Da sich die soeben beschriebenen Ausführungen zyklisch wiederholen, wird — wie gewünscht — jede dritte Beobachtung in die SAS-Datei übertragen.

11.1.2 Funktionen

Numerische Funktionen

Wegen der Bedeutung der Funktionsaufrufe beim Einsatz in SAS-Programmen stellen wir im folgenden *einige* der dem SAS-System bekannten Funktionen in tabellarischen Übersichten dar.

Innerhalb arithmetischer Ausdrücke dürfen bei Funktionsaufrufen der Form

```
funktionsname( arithmetischer-ausdruck )
```

die folgenden Funktionsnamen verwendet werden (Tabelle 11.1):

ABS	Absolutbetrag
ARCOS	Arcuscosinusfunktion
ARSIN	Arcussinusfunktion
ATAN	Arcustangensfunktion
COS	Cosinusfunktion
EXP	Exponentialfunktion
INT	Abschneiden der Nachkommastellen
LOG	natürlicher Logarithmus (zur Basis e)
LOG10	dekadischer Logarithmus (zur Basis 10)
ROUND	Rundung zur ganzen Zahl
SIN	Sinusfunktion
SQRT	positive Quadratwurzel
TAN	Tangensfunktion

Tabelle 11.1: arithmetische Funktionen

Die Funktion INT kann z.B. zur Rekodierung der Werte der Variablen AUS-SICHT als Abkürzung von

```
IF AUSSICHT EQ 1 OR AUSSICHT EQ 2
   THEN AUSSICHT = 1;
IF AUSSICHT EQ 3 OR AUSSICHT EQ 4
   THEN AUSSICHT = 2;
```

innerhalb der Zuweisung

```
AUSSICHT = INT(AUSSICHT / 3) + 1;
```

eingesetzt werden.

Wie o.a. liefert der Funktionsaufruf

```
MOD( arithmetischer-ausdruck-1, arithmetischer-ausdruck-2 )
```

(mit zwei Argumenten) als Ergebnis den Rest der ganzzahligen Division des ersten Arguments durch das zweite Argument.

Zur Ermittlung von Verteilungswerten sind z.B. die auf der nächsten Seite tabellarisch zusammengestellten Funktionsaufrufe erlaubt[2] (Tabelle 11.2):

Desweiteren darf man zur Verschiebung der Werte innerhalb der Beobachtungen den Funktionsaufruf[3]

```
LAG[n]( varname )
```

---

[2] Bei den Funktionen UNIFORM und NORMAL darf anstelle der "0" eine 5-, 6- oder 7-stellige Zahl als Argument angegeben werden. Dadurch sind die erzeugten Werte reproduzierbar, weil die angegebene Zahl als Startwert für den internen Pseudo-Zufallszahlen-Generator des SAS-Systems dient.

[3] Für n = 1 darf anstelle von "LAG1" abkürzend "LAG" geschrieben werden. Ansonsten ist der ganzzahlige Wert unmittelbar hinter dem Wort "LAG" aufzuführen.

NORMAL(0)	ergibt die Realisierung einer N(0,1)-verteilten Zufallsvariablen
PROBIT(p)	ergibt zu vorgegebener Wahrscheinlichkeit "p" (0<p<1) den Wert, an dem die kumulierte relative Häufigkeit einer standardisierten Normalverteilung den Wert "p" annimmt
UNIFORM(0)	ergibt die Realisierung einer gleichverteilten Zufallsvariablen im offenen Intervall von 0 bis 1

Tabelle 11.2: Berechnung von Verteilungswerten

verwenden. Dadurch erhält jede Beobachtung denjenigen Wert als neuen Variablenwert, der einer um n Positionen vorausgehenden Beobachtung zuvor zugeordnet war. Durch diese Vorschrift kann den ersten n Beobachtungen kein Wert zugewiesen werden, so daß jede dieser Beobachtungen den fehlenden Wert als Variablenwert erhält.

Als Abkürzung für die arithmetische Operation

```
varname - LAG[n]( varname )
```

kann die Funktion DIF in der Form

```
DIF[n]( varname )
```

angegeben werden.

Zur Berechnung von statistischen Kennwerten sind die folgenden Funktionsaufrufe mit geeignet vielen Argumenten erlaubt (Tabelle 11.3):

CV(arg-1[,arg-2]...)	Variationskoeffizient, d.h. der Wert, der sich aus der Division der Standardabweichung durch das arithmetische Mittel ergibt
MAX(arg-1[,arg-2]...)	Maximum
MEAN(arg-1[,arg-2]...)	arithmetisches Mittel
MIN(arg-1[,arg-2]...)	Minimum
NMISS(arg-1[,arg-2]...)	Anzahl der fehlenden Werte
N(arg-1[,arg-2]...)	Anzahl der gültigen Werte
RANGE(arg-1[,arg-2]...)	Spannweite
STD(arg-1[,arg-2]...)	Standardabweichung
SUM(arg-1[,arg-2]...)	Summe
VAR(arg-1[,arg-2]...)	Varianz

Tabelle 11.3: Berechnung von Statistiken

Im Gegensatz zu den Prozeduren MEANS und UNIVARIATE (siehe Abschnitt
9.3), in denen die Kennwerte für einzelne Variable errechnet werden, wird bei der
Ausführung dieser Funktionen zeilenweise operiert.

So ermittelt etwa der Funktionsaufruf

```
MAX( VAR1, VAR2 )
```

für jede einzelne Beobachtung das Maximum der zu dieser Beobachtung gehörenden
Variablenwerte von VAR1 und VAR2.

Alphanumerische Funktionen

Bei der Zuweisung von einer Zeichenkette an eine alphanumerische Ergebnisvariable
werden die Zeichen immer linksbündig übertragen. Bei einer zu kurzen Ergebnisvariable werden die überzähligen Zeichen abgeschnitten und bei längerer Ergebnisvariable wird der zugewiesene alphanumerische Wert am Ende mit Leerzeichen
aufgefüllt. Die Länge einer alphanumerischen Variablen wird entweder durch die
Angaben bei der Dateneingabe oder durch die Länge des für die erste Beobachtung
zugewiesenen Wertes bestimmt, sofern die Variable durch eine Zuweisung neu eingerichtet wird. Davon abweichend darf die Länge einer neu einzurichtenden Variablen
auch durch die *LENGTH-Anweisung* der Form

```
LENGTH varname $ zeichenzahl;
```

verabredet werden. Diese Anweisung ist vor dem erstmaligen Auftreten der Variablen "varname" innerhalb des DATA-Steps aufzuführen. Dadurch wird diese Variable als alphanumerisch und die Länge jedes Variablenwerts auf genau "zeichenzahl"
Zeichen festgelegt.

Vereinbaren wir etwa durch

```
LENGTH VALPHA $ 10;
```

die alphanumerische Variable VALPHA, so sind folglich genau 10 Zeichenpositionen
für die Ablage von Textinformation reserviert. Daher wird durch die Zuweisung

```
VALPHA = 'ZU LANGE TEXTINFORMATION';
```

nur der Textanfang "ZU LANGE T" innerhalb von VALPHA abgespeichert.
Ohne die vorausgehende LENGTH-Anweisung würde VALPHA durch die angege-
bene Zuweisung als 24 Zeichen lange alphanumerische Variable eingerichtet werden.
Dies hätte bei einer nachfolgenden Anweisung der Form

```
VALPHA = 'ZU KURZ';
```

z.B. die Konsequenz, daß ab der 8. Zeichenposition Leerzeichen zugewiesen würden,
so daß insgesamt 17 Zeichenpositionen mit Leerzeichen besetzt wären.

Für die Aufbereitung von Texten stellt das SAS-System z.B. die folgenden
Zeichenketten-Funktionen zur Verfügung (Tabelle 11.4):

INDEX(Z1,Z2)	ergibt den Zeichenpositionswert in Z1, ab dem Z2 erstmalig auftritt
LEFT(Z)	ergibt den Wert von Z, bei dem alle führenden Leerzeichen gelöscht sind
LENGTH(ausdruck)	liefert die Länge des alphanumerischen Werts, der aus der Auswertung von "ausdruck" resultiert
SUBSTR(Z,n[,m])	ergibt den Wert von Z, der mit dem Zeichen auf der Zeichenposition "n" eingeleitet wird und aus "m" Zeichen besteht; fehlt die Angabe von "m", so reicht die ermittelte Zeichenkette bis an das Ende von Z
TRIM(Z)	liefert den Wert von Z, bei dem alle am Ende unmittelbar hintereinander aufgeführten Leerzeichen gelöscht sind
UPCASE(Z)	liefert den in Großbuchstaben umgewandelten Wert von Z

Tabelle 11.4: Funktionen zur Verarbeitung von Zeichenketten

Als Besonderheit darf man die SUBSTR-Funktion auch auf der linken Seite eines Gleichheitszeichens in der Form

```
SUBSTR( Z, n, m) = alphanumerischer-ausdruck
```

verwenden. Dadurch bezieht man sich bei einer Zuweisung oder beim Vergleich auf diejenige Zeichenkette, die an der n. Zeichenposition von Z beginnt und m Zeichen lang ist.

Enthält etwa die alphanumerische Variable V den Wert "NACHNAME", so ergibt sich durch die Ausführung der Zuweisung

```
SUBSTR( V, 1, 4 ) = '-VOR';
```

der Text "-VORNAME" als neuer Wert für V.

11.2   Ablaufsteuerung

11.2.1   Ein-und zweiseitige Auswahl (IF- und ELSE-Anweisung)

In Abhängigkeit von einer *Bedingung* kann man mit der *IF-Anweisung* in der Form

```
IF bedingung
   THEN ausfuehrbare-anweisung ;
```

eine einseitige Auswahl bzgl. des weiteren Programmablaufs treffen. Ist nämlich die Bedingung erfüllt, so wird die hinter "THEN" im THEN-Zweig angegebene Anweisung ausgeführt (andernfalls wird der Programmablauf hinter der IF-Anweisung fortgesetzt). Diese Anweisung muß *ausführbar* sein, d.h. es darf sich um keine der Anweisungen

- ARRAY (s. Abschnitt 11.2.6), ATTRIB (Anweisung zur Verabredung von Ein-/Ausgabeformaten, Variablenetikett und Variablenlänge), BY (s. Abschnitt 7.2), CARDS (s. Abschnitt 6.2), DATA (s. 6.1), DROP (s. 11.7), END (s. 11.2.2), FORMAT (s. 6.4), INFORMAT (Anweisung zur Festlegung von Formaten für die Dateneingabe), KEEP (s. 11.7), LABEL (s. 6.3), LENGTH (s. 11.1), MISSING (s. 6.6), RENAME (s.) und RETAIN (s. 11.1)

handeln, mit denen Voreinstellungen für Verarbeitungsschritte festgelegt oder Verabredungen über die Ausführung von Anweisungen getroffen werden.[4]

Da auch eine weitere IF-Anweisung im THEN-Zweig angegeben werden darf, können IF-Anweisungen beliebig tief *geschachtelt* werden.

Soll z.B. eine Variable namens RAUSBILD als rekodierte Version der Variablen AUSBILD eingerichtet werden, wobei der Wert "1" für eine begonnene bzw. abgeschlossene Berufsausbildung und der Wert "3" für die Kategorie "keine Berufsausbildung" zuzuordnen ist, so läßt sich dies durch die Anweisungen

```
IF AUSBILD EQ 1 OR AUSBILD EQ 2
   THEN RAUSBILD = 1;
IF AUSBILD EQ 3
   THEN RAUSBILD = 3;
```

beschreiben. Diese beiden IF-Anweisungen können durch die Angabe von

```
IF AUSBILD EQ 1 OR AUSBILD EQ 2
   THEN RAUSBILD = 1;
ELSE RAUSBILD = AUSBILD;
```

vereinfacht werden. Jetzt gibt es zwei verschiedene Anweisungsbereiche, zu denen verzweigt werden kann. Ist die Bedingung hinter dem Schlüsselwort "IF" gültig, so wird die Anweisung im *THEN-Zweig* ausgewählt, und bei nicht erfüllter Bedingung wird zur Anweisung hinter dem Schlüsselwort "ELSE" verzweigt.

Bei einer derartigen *zweiseitigen Auswahl* muß hinter der IF-Anweisung eine *ELSE-Anweisung* in der Form

```
IF bedingung
   THEN ausfuehrbare-anweisung-1;
ELSE ausfuehrbare-anweisung-2;
```

angefügt werden. In diesem Fall wird bei gültiger Bedingung der THEN-Zweig durchlaufen und der Programmablauf anschließend hinter der ELSE-Anweisung fortgesetzt. Falls die Bedingung nicht zutrifft, wird die ELSE-Anweisung, d.h. die hinter dem Wort "ELSE" angegebene Anweisung, ausgeführt.

---

[4]Erlaubt ist die Angabe der folgenden von uns in diesem Buch beschriebenen Anweisungen: DELETE, DO, ERROR, FILE, INPUT, INFILE, LIST, LOSTCARD, MERGE, OUTPUT, PUT, RETURN, SELECT, SET, STOP oder die Zuweisung.

In Sonderfällen darf ein Semikolon unmittelbar auf die Schlüsselwörter "THEN" bzw. "ELSE" folgen, so daß bei erfüllter bzw. nicht erfüllter Bedingung keine Anweisung ausgeführt wird.

So könnten wir z.B. die o.a. IF-Anweisung als zweiseitige Auswahl in der Form

```
RAUSBILD = AUSBILD;
IF AUSBILD EQ 1 OR AUSBILD EQ 2
   THEN RAUSBILD = 1;
ELSE;
```

schreiben.

Als Bedingung hinter dem Wort "IF" dürfen *einfache Bedingungen* der Form

```
ausdruck-1 vergleichsoperator ausdruck-2
```

mit den *Vergleichsoperatoren EQ* (gleich), *GT* (größer als), *LT* (kleiner als), *NE* (ungleich), *GE* (größer oder gleich) und *LE* (kleiner oder gleich) angegeben und daraus beliebige *zusammengesetzte Bedingungen* der Form

```
bedingung-1 AND bedingung-2      (+)
bedingung-3 OR bedingung-4       (++)
NOT bedingung-5                  (+++)
```

aufgebaut werden. Dabei ist die zusammengesetzte Bedingung (+) immer dann erfüllt, wenn die beiden Bedingungen "bedingung-1" und "bedingung-2" zutreffen. Dagegen ist die Bedingung (++) immer dann falsch, falls beide Bedingungen "bedingung-3" und "bedingung-4" nicht erfüllt sind — andernfalls ist sie wahr. Die Bedingung (+++) ist immer dann erfüllt, falls "bedingung-5" falsch ist.

Bei der Auswertung einer zusammengesetzten Bedingung wird die Reihenfolge entweder durch die gesetzten Klammern oder aber durch die Prioritätenfolge der einzelnen Operationen bestimmt. Dabei wird eine zusammengesetzte Bedingung stets von "links nach rechts" ausgewertet, wobei zuerst die arithmetischen Ausdrücke, dann die Vergleichsbedingungen und zuletzt die *logischen Operatoren AND, OR* und *NOT* abgearbeitet werden. Dabei hat der Operator AND eine höhere Priorität als der Operator OR, und der Operator NOT wirkt nur auf die direkt folgende Vergleichsbedingung, so daß man z.B. jede zu negierende zusammengesetzte Bedingung einklammern muß.

11.2.2 Anweisungsblock (DO-Anweisung)

In einer IF- oder ELSE-Anweisung darf immer nur eine einzige ausführbare Anweisung angegeben werden. Sind mehrere Anweisungen in Abhängigkeit von der Gültigkeit einer Bedingung auszuführen, so sind sie mit Hilfe der DO-Anweisung zu einem *Anweisungsblock* in der Form

```
DO ;
  anweisung-1 ;
[ anweisung-2 ; ]...
END ;
```

zusammenzufassen. Hinter der letzten ausführbaren Anweisung markiert die *END-Anweisung* in der Form

```
END ;
```

das Ende des Anweisungsblocks.

Sind etwa die Werte der Variablen AUSSICHT und KENNTNIS für die Befragten mit einer abgeschlossenen Berufsausbildung zu dichotomisieren, so kann dies z.B. durch die Anweisung

```
IF AUSBILD EQ 2
   THEN DO;
           AUSSICHT = INT( AUSSICHT / 3 ) + 1;
           KENNTNIS = INT( KENNTNIS / 3 ) + 1;
        END;
```

erreicht werden.

Das Ergebnis dieser IF-Anweisung läßt sich für die Variable AUSSICHT auch (komplizierter) durch die Ausführung der Anweisungen

```
IF NOT ( AUSBILD EQ 2 )
   THEN;
ELSE
   DO;
      IF AUSSICHT EQ 1 OR AUSSICHT EQ 2
         THEN AUSSICHT = 1;
      ELSE
         IF AUSSICHT EQ 3 OR AUSSICHT EQ 4
            THEN AUSSICHT = 2;
   END;
```

erhalten. Da die letzte ELSE-Anweisung bei nicht erfüllter Bedingung

```
AUSSICHT EQ 1 OR AUSSICHT EQ 2
```

zu durchlaufen ist, müssen die IF- und die ELSE-Anweisung als Anweisungsblock zusammengefaßt werden. Andernfalls würden der zuerst aufgeführten IF-Anweisung zwei ELSE-Anweisungen folgen, was nicht erlaubt ist.

11.2.3   Mehrfachauswahl (SELECT-Anweisung)

Sind in Anknüpfung an das o.a. Beispiel zusätzlich für die Befragten mit begonnener Berufsausbildung die beiden ersten Kategorien und für die Befragten ohne begonnene Berufsausbildung die beiden letzten Kategorien der Variablen AUSSICHT und KENNTNIS zu jeweils einer Kategorie zu vereinigen, so ist die o.a. IF-Anweisung durch die beiden folgenden IF-Anweisungen zu ergänzen:

```
IF AUSBILD EQ 1
   THEN DO;
           IF (AUSSICHT EQ 1 OR AUSSICHT EQ 2)
              THEN AUSSICHT = 2;
           IF (KENNTNIS EQ 1 OR KENNTNIS EQ 2)
              THEN KENNTNIS = 2;
        END;
IF AUSBILD EQ 3
   THEN DO;
           IF (AUSSICHT EQ 3 OR AUSSICHT EQ 4)
              THEN AUSSICHT = 3;
           IF (KENNTNIS EQ 3 OR KENNTNIS EQ 4)
              THEN KENNTNIS = 3;
        END;
```

Diese drei IF-Anweisungen beschreiben eine *Mehrfachauswahl*, die durch den Einsatz einer SELECT-Anweisung wie folgt zusammenfassend beschrieben werden kann:

```
SELECT;
   WHEN ( AUSBILD EQ 1 ) DO;
                         IF (AUSSICHT EQ 1 OR AUSSICHT EQ 2)
                            THEN AUSSICHT = 2;
                         IF (KENNTNIS EQ 1 OR KENNTNIS EQ 2)
                            THEN KENNTNIS = 2;
                         END;
   WHEN ( AUSBILD EQ 2 ) DO;
                           AUSSICHT = INT( AUSSICHT / 3 ) + 1;
                           KENNTNIS = INT( KENNTNIS / 3 ) + 1;
                         END;
   WHEN ( AUSBILD EQ 3 ) DO;
                         IF (AUSSICHT EQ 3 OR AUSSICHT EQ 4)
                            THEN AUSSICHT = 3;
                         IF (KENNTNIS EQ 3 OR KENNTNIS EQ 4)
                            THEN KENNTNIS = 3;
                         END;
   OTHERWISE;
END;
```

Eine Mehrfachauswahl wird durch die *SELECT-Anweisung* in der Form

```
SELECT ;
```

eingeleitet und durch die *END-Anweisung* in der Form

```
END ;
```

beendet. Die einzelne *Fallauswahl* ist durch die Angabe von

```
WHEN ( bedingung ) ausfuehrbare-anweisung ;
```

festzulegen. Dabei wird die angegebene Anweisung dann durchlaufen, wenn die hinter dem einleitenden Schlüsselwort "WHEN" in Klammern aufgeführte Bedingung erfüllt ist. Innerhalb der SELECT-Anweisung, welche die Syntaxdarstellung

```
SELECT ;
   WHEN ( bedingung-1 ) ausfuehrbare-anweisung-1 ;
 [ WHEN ( bedingung-2 ) ausfuehrbare-anweisung-2 ; ]...
   OTHERWISE ausfuehrbare-anweisung-3 ;
END ;
```

besitzt, werden die Bedingungen für die jeweilige Beobachtung in der angegebenen Reihenfolge von oben nach unten überprüft. Ist eine Bedingung für die Werte der aktuellen Beobachtung erfüllt, so wird die zugeordnete Anweisung ausgeführt und die Verarbeitung anschließend mit derjenigen Anweisung fortgesetzt, die hinter der END-Anweisung am Ende der Mehrfachauswahl folgt. Dies bedeutet, daß ab der ersten als gültig erkannten Bedingung die Überprüfung aller weiteren aufgeführten Bedingungen unterbleibt.

Ist keine der angegebenen Bedingungen erfüllt, so wird die hinter dem Schlüsselwort "OTHERWISE" aufgeführte Anweisung durchlaufen.

Für die Fälle, in denen keine Anweisung ausgeführt werden soll, ist keine Eintragung zu machen und nur das jeweils abschließende Semikolon anzugeben (siehe OTHERWISE-Eintrag im oben angegebenen Beispiel).

11.2.4 Bedingte Wiederholung (DO-Anweisung mit den Schlüsselwörtern WHILE und UNTIL)

DO WHILE

Sollen eine oder mehrere Anweisungen in Abhängigkeit von einer Bedingung mehrfach ausgeführt werden, so kann man diese Programmschleife durch eine DO-Anweisung in der Form

```
DO WHILE ( bedingung ) ;
   anweisung-1 ;
 [ anweisung-2 ; ]...
END ;
```

beschreiben. Bei der Bearbeitung dieser Anweisung wird zunächst die in Klammern angegebene Schleifenbedingung überprüft. Ist sie nicht erfüllt, so wird der Programmlauf mit der Anweisung weitergeführt, die der abschließenden END-Anweisung folgt. Ist die Schleifenbedingung jedoch erfüllt, so werden die angegebenen Anweisungen hintereinander ausgeführt. Anschließend wird die Schleifenbedingung wiederum auf ihre Gültigkeit hin überprüft und daraufhin entweder die Ausführung der DO-Anweisung (bei unerfüllter Bedingung) beendet bzw. die Anweisungen in der Schleife erneut durchlaufen. Dieser Vorgang wird solange wiederholt, bis die Schleifenbedingung erstmals nicht erfüllt ist. Es ist also streng darauf zu achten, daß der beschriebene Schleifendurchlauf terminiert, d.h. die aufgeführte Schleifenbedingung auf jeden Fall zu einem Zeitpunkt nicht mehr erfüllt ist.

Soll etwa nur jede 3. Beobachtung einer Daten-Datei in eine SAS-Datei übertragen werden (s. den Einsatz der RETAIN-Anweisung im Abschnitt 11.1), so kann dies durch die Ausführung des DATA-Steps[5]

```
DATA STUDANF;
      INFILE 'brestud.dat' MISSOVER;
      ZAEHLER = 0;
      DO WHILE ( ZAEHLER LE 2 );
         ZAEHLER = ZAEHLER + 1;
         INPUT AUSBILD 17 /
               AUSSICHT 24 KENNTNIS 27;
      END;
   RUN;
```

erreicht werden. Zu Beginn des DATA-Steps erhält die 1. Beobachtung für ZAEHLER den Wert 0 zugewiesen, so daß die Bedingung "ZAEHLER LE 2" erfüllt ist und folglich ZAEHLER um den Wert 1 erhöht und die Variablenwerte aus den beiden ersten Datensätzen der Daten-Datei eingelesen werden. Die nachfolgende Überprüfung der Bedingung in der DO-Anweisung führt zum erneuten Schleifendurchlauf, so daß das Ende des DATA-Steps nicht erreicht ist und demzufolge die der 1. Beobachtung zugeordneten Variablenwerte auch nicht in die SAS-Datei übertragen werden. Jetzt wird ZAEHLER um den Wert 1 erhöht und erneut eine Eingabe vorgenommen, so daß die alten Variablenwerte durch die neu eingelesenen Werte überschrieben werden. Die Schleife wird ein drittes Mal durchlaufen, so daß die Werte der 3. Beobachtung aus der Daten-Datei als Variablenwerte eingelesen werden. Da ZAEHLER jetzt den Wert 3 besitzt, ist die Bedingung "ZAEHLER LE 2" nicht mehr erfüllt, so daß anschließend hinter die END-Anweisung an das Ende des DATA-Steps gesprungen wird und dadurch die Ausgabe der aktuellen Variablenwerte (inklusive des Wertes der Hilfsgröße ZAEHLER) in die SAS-Datei erfolgt. Danach wird wieder an den Anfang des DATA-Steps verzweigt, so daß

---

[5]Wir müssen bei der INPUT-Anweisung die formatierte Eingabe (siehe Abschnitt 11.10.1) unter Einsatz des Formatzeichens "/" verwenden, da die von uns standardmäßig verwendete Eingabeform mit der Positionierungsangabe "#1" und "#2" — im Gegensatz zur Beschreibung im SAS-Herstellermanual — fehlerhaft arbeitet.

ZAEHLER erneut der Wert 0 als Anfangswert zugewiesen und die soeben beschriebene Verarbeitung für die nächste in die SAS-Datei zu übertragene Beobachtung wiederholt wird. Es werden folglich die eingelesenen Werte aus der Daten-Datei für die 3. Beobachtung, für die 6. Beobachtung usw. in die SAS-Datei übertragen. Da unsere Daten-Datei Sätze für 390 Beobachtungen enthält, wird das Ende der Daten-Datei erkannt, wenn das Ende des DATA-Steps erreicht ist. Ist die Anzahl der Beobachtungen nicht ganzzahlig durch 3 teilbar, so wird das Dateiende noch vor dem Erreichen der END-Anweisung festgestellt, woraufhin eine entsprechende Fehlermeldung ins Log-Protokoll ausgegeben und die Ausführung des DATA-Steps abgebrochen wird.

DO UNTIL

Soll die den Schleifenprozeß steuernde Bedingung nicht mehr unmittelbar zu Beginn, sondern erst nach dem erstmaligen Durchlauf der angegebenen Anweisungen überprüft werden, so ist anstelle des Schlüsselworts "WHILE" das Schlüsselwort "UNTIL" innerhalb der DO-Anweisung in der Form

```
DO UNTIL ( bedingung ) ;
   anweisung-1 ;
 [ anweisung-2 ; ]...
END ;
```

einzusetzen. Jetzt wird die Schleife zunächst einmal durchlaufen und erst anschließend die Schleifenbedingung auf ihre Gültigkeit hin überprüft. Ist die Bedingung erfüllt, so wird der Programmlauf mit der Anweisung fortgesetzt, die auf die END-Anweisung folgt. Bei unerfüllter Bedingung werden die Schleifenanweisungen erneut ausgeführt, und dieser Vorgang wird solange wiederholt, bis die Schleifenbedingung erstmals erfüllt ist.

So kann etwa der o.a. DATA-Step wie folgt verändert werden:

```
DATA STUDANF;
    INFILE 'brestud.dat' MISSOVER;
    ZAEHLER = 0;
    DO UNTIL ( ZAEHLER EQ 3 );
       ZAEHLER = ZAEHLER + 1;
       INPUT  AUSBILD 17 /
              AUSSICHT 24 KENNTNIS 27;
    END;
 RUN;
```

Auch in diesem Fall wird die Variable ZAEHLER, die lels Hilfsgröße zum Zählen benutzt wird, ebenfalls in die SAS-Datei übertragen.

11.2.5   Unbedingte Wiederholung (DO-Anweisung mit Laufvariable)

Ist vor der Ausführung eines Schleifenprozesses bereits bekannt, wie häufig die innerhalb der Schleife aufgeführten Anweisungen zu durchlaufen sind, so kann anstelle
einer DO-Anweisung für eine *bedingte Wiederholung* eine *DO-Anweisung* für eine
unbedingte Wiederholung in der Form

```
DO laufvariable-1 = anfangswert-1 TO endwert-1
                  [ BY schrittweite-1 ]
  [ laufvariable-2 = anfangswert-2 TO endwert-2
                  [ BY schrittweite-2 ] ]... ;
    anweisung-1 ;
  [ anweisung-2 ; ]...
  END ;
```

eingesetzt werden.

So können wir z.B. den o.a. DATA-Step, der die Übertragung jeder 3. eingelesenen Beobachtung in die SAS-Datei beschreibt, durch den folgenden DATA-Step
ersetzen:

```
DATA STUDANF;
     INFILE 'brestud.dat' MISSOVER;
     DO ZAEHLER = 1 TO 3 BY 1;
        INPUT AUSBILD 17 /
              AUSSICHT 24 KENNTNIS 27;
     END;
RUN;
```

Bei der Ausführung der DO-Anweisung wird beobachtungsweise wie folgt verfahren:
Zunächst wird die Laufvariable ZAEHLER auf den Anfangswert 1 gesetzt, und
danach werden die Schleifenanweisungen einmal durchlaufen. Anschließend wird
der Wert von ZAEHLER um die Schrittweite 1 auf den Wert 2 erhöht, und die
Schleifenanweisungen werden für diesen Wert erneut bearbeitet. Nach der Erhöhung
der Laufvariablen von 2 auf 3 wird die Schleife ein weiteres Mal durchlaufen. Danach
wird ZAEHLER von 3 auf 4 erhöht. Der Vergleich mit dem Endwert 3 zeigt, daß
der Wert der Laufvariablen ZAEHLER den festgesetzten Endwert überschritten hat
und demzufolge kein weiterer Schleifendurchlauf erfolgen kann. Damit ist die DO-
Anweisung ausgeführt, und der Programmlauf wird mit der Anweisung fortgesetzt,
die der END-Anweisung folgt.[6]

Als Anfangs-, End- und Schrittweitenwerte dürfen numerische Ausdrücke in einer
DO-Anweisung aufgeführt werden. Ohne Angabe einer Schrittweite wird der Wert
1 als Schrittweitenwert eingesetzt. Gemäß den Angaben für die Laufvariable werden
die in der Schleife enthaltenen Anweisungen wiederholt ausgeführt. Dabei wird der

---

[6]Alle in DO-Anweisungen enthaltenen Laufvariablen werden mit in die SAS-Datei übernommen
(es sei denn, daß sie durch eine DROP-Anweisung von der Übertragung ausgenommen werden, s.
Abschnitt 11.7).

Laufvariablen zunächst der Anfangswert, dann der um die Schrittweite erhöhte Anfangswert usw. zugewiesen, bis der Endwert erreicht ist. Sind mehrere Laufvariable angegeben, so bestimmt die zuletzt aufgeführte Laufvariable den Durchlauf, wobei die anderen Laufvariablen ihren Anfangswert annehmen. Danach wird die vorletzte Laufvariable um den zugehörigen Schrittweitenwert erhöht, und die Schleife wird für diese neue Wertekonstellation nach den Angaben für die letzte Laufvariable durchlaufen. Entsprechend wird bei der weiteren Ausführung der Schleifenanweisungen verfahren, so daß die zuerst aufgeführte Laufvariable am "langsamsten" und die zuletzt aufgeführte am "schnellsten" läuft.

11.2.6 Verarbeitung einer Variablengruppe (ARRAY- und DO-Anweisung mit dem Schlüsselwort OVER)

Sollen für mehrere Variable die gleichen Operationen durchgeführt werden, so lassen sich die betroffenen Variablen als *Variablengruppe* verabreden und der diese Gruppe kennzeichnende *Gruppenname* für die Beschreibung der Verarbeitungsschritte verwenden.

So kann z.B. die Rekodierung der Variablen AUSSICHT und KENNTNIS in der Form

```
AUSSICHT = INT( AUSSICHT / 3 ) + 1;
KENNTNIS = INT( KENNTNIS / 3 ) + 1;
```

durch die Anweisungen

```
ARRAY GRUPPE AUSSICHT KENNTNIS;
DO OVER GRUPPE;
   GRUPPE = INT( GRUPPE / 3 ) + 1;
END;
```

vorgenommen werden.

Durch die *ARRAY-Anweisung* in der Form

```
ARRAY gruppenname variablenliste ;
```

werden die in der Variablenliste aufgeführten Variablen zu einer Variablengruppe zusammengefaßt. Diese Gruppe wird durch den Namen "gruppenname" benannt. Dieser Name muß den Bildungsregeln für einen Variablennamen genügen.

In dem o.a. Beispiel kennzeichnet der Gruppenname "GRUPPE" eine Variablengruppe, die in diesem Fall aus den beiden Variablen AUSSICHT und KENNTNIS besteht.

In einer der ARRAY-Anweisung folgenden *DO-Anweisung* mit dem Schlüsselwort *OVER* in der Form

```
DO OVER gruppenname ;
   anweisung-1 ;
 [ anweisung-2 ; ]...
END ;
```

ist hinter dem Wort "OVER" der Gruppenname aus der ARRAY-Anweisung einzutragen, der als Platzhalter innerhalb der aufgeführten Anweisungen eingesetzt
werden darf. Die Anweisungen werden dann für jede Beobachtung zunächst für
die erste Variable der Variablengruppe ausgeführt, anschließend für die 2. Variable
usw. Dabei wird der als Platzhalter fungierende Gruppenname sukzessive durch
den jeweiligen Variablennamen ersetzt.

Im o.a. Beispiel wird in der aufgeführten Anweisung

```
GRUPPE = INT( GRUPPE / 3 ) + 1;
```

der Platzhalter "GRUPPE" zunächst durch den Variablennamen "AUSSICHT" ersetzt und die Zuweisung für die aktuelle Beobachtung ausgeführt. Anschließend wird
für dieselbe Beobachtung der Variablenname "KENNTNIS" eingesetzt und die resultierende Zuweisung ausgeführt, so daß die beiden o.a. Programmausschnitte zum
gleichen Resultat führen.

Dieses Beispiel sollte die Funktion der ARRAY- und der DO-Anweisung mit dem
Schlüsselwort OVER erläutern. Von besonderem Interesse wird diese Möglichkeit
natürlich dann, falls eine oder mehrere Anweisungen für sehr viele Variable gleichartig auszuführen sind.

Ist etwa der Wert 0 als Kennung für eine fehlende Antwort kodiert und erfaßt
worden, so müßte der Wert 0 durch geeignete SAS-Anweisungen in den fehlenden
Wert (mit der Darstellung ".") umgewandelt werden (siehe Abschnitt 6.6). Dazu
könnte dann der DATA-Step

```
DATA STUDANF;
     INFILE 'brestud.dat' MISSOVER;
     INPUT #1 GESCHL 5 FAMSTAND 8 AUSBILD 17
           #2 AUSSICHT 24 ANSPRUCH 25 KENNTNIS 27;
     ARRAY FUERMISS GESCHL--KENNTNIS;
     DO OVER FUERMISS;
        IF FUERMISS EQ 0
           THEN FUERMISS = .;
     END;
  RUN;
```

dienen.

11.2.7 Abbruch der Programmausführung
(STOP- und RETURN-Anweisung)

STOP-Anweisung

Sollen zur Durchführung eines Testlaufs nicht alle, sondern z.B. nur die ersten 30
Beobachtungen aus der Daten-Datei in die SAS-Datei STUDANF übertragen werden, so können wir dazu den DATA-Step

```
DATA STUDANF;
     INFILE 'brestud.dat' MISSOVER;
     INPUT #1 AUSBILD 17
           #2 AUSSICHT 24 KENNTNIS 27;
     IF _N_ = 31
           THEN STOP;
RUN;
```

ausführen lassen. Durch den Einsatz der *STOP-Anweisung* in der Form

```
STOP ;
```

wird die Ausführung des DATA-Steps abgebrochen und die SAS-Datei STUDANF
abgeschlossen. Dabei wird die aktuelle Beobachtung — in unserem Fall die 31.
Beobachtung — nicht mehr in die SAS-Datei übertragen.

RETURN-Anweisung

Oftmals soll bei einer für eine Beobachtung festgestellten Ausnahme nicht der gesamte DATA-Step, sondern nur die weitere Bearbeitung für die betreffende Beobachtung abgebrochen werden. Dazu ist die *RETURN-Anweisung* in der Form

```
RETURN ;
```

anzugeben. Dadurch werden die bislang für die aktuelle Beobachtung erzeugten
Werte in die SAS-Datei übertragen, und die Ausführung des DATA-Steps wird für
die nächste Beobachtung mit der Bearbeitung der ersten im DATA-Step enthaltenen
Anweisung fortgesetzt.

   Soll z.B. die Rekodierung der Variablen KENNTNIS nur für die Studenten
(GESCHL hat den Kodewert 1) vorgenommen werden, so könnte dazu der DATA-
Step

```
DATA STUDANF;
     INFILE 'brestud.dat' MISSOVER;
     INPUT #1 GESCHL 5 FAMSTAND AUSBILD 17
```

```
            #2 AUSSICHT 24 ANSPRUCH 25 KENNTNIS 27;
      IF GESCHL EQ 2
         THEN RETURN;
      KENNTNIS = INT( KENNTNIS / 3 ) + 1;
   RUN;
```

ausgeführt werden.

11.3 Datenauswahl (DELETE-, IF-, WHERE und INFILE-Anweisung)

Auswahl gemäß einer Bedingung

Im Abschnitt 7.1 haben wir gelernt, daß wir mit Hilfe der IF- und der DELETE-Anweisung eine Auswahl von Beobachtungen für die Übertragung in eine SAS-Datei festlegen können. Durch die Anweisung

```
   IF bedingung
      THEN DELETE ;
```

werden die Beobachtungen ausgeschlossen, welche die angegebene Bedingung erfüllen. Durch das Erreichen der *DELETE-Anweisung* in der Form

```
   DELETE ;
```

wird nämlich für die betreffende Beobachtung die weitere Ausführung der Anweisungen des DATA-Steps abgebrochen und *keine* Übertragung der zugehörigen Variablenwerte in die SAS-Datei vorgenommen.

Sollen diejenigen Beobachtungen in eine SAS-Datei übernommen werden, für welche die hinter dem Wort "IF" aufgeführte Bedingung erfüllt ist, so ist die Anweisung

```
   IF NOT ( bedingung )
      THEN DELETE ;
```

oder aber

```
   IF bedingung
      THEN ;
   ELSE DELETE  ;
```

anzugeben. Weil diese Schreibweise sehr aufwendig ist, erlaubt das SAS-System eine abkürzende Angabe in der Form

```
   IF bedingung ;
```

d.h. eine *IF-Anweisung ohne THEN-Zweig.*

Sollen z.B. nur die Antworten der Studenten in die SAS-Datei STUDANF übertragen werden, so ist der DATA-Step

```
DATA STUDANF;
     INFILE 'brestud.dat' MISSOVER;
     INPUT #1 GESCHL 5 FAMSTAND 8 AUSBILD 17
           #2 AUSSICHT 24 ANSPRUCH 25 KENNTNIS 27;
     IF GESCHL EQ 1;
RUN;
```

auszuführen.

Alternativ zur IF-Anweisung läßt sich die *WHERE-Anweisung* in der Form

```
WHERE bedingung ;
```

ausführen.[7] Ein wesentlicher Unterschied zur selektierenden IF-Anweisung liegt
darin, daß die WHERE-Anweisung beim Dateneinlesevorgang, die IF-Anweisung
jedoch beim Datenspeicherungsvorgang, d.h. nachdem alle Anweisungen im DATA-
Step vollzogen worden sind, wirkt. Diese Eigenschaft der WHERE-Anweisung
macht sich insbesondere bei der Selektion aus sehr großen Datenmengen vorteil-
haft bemerkbar, da keine großen SAS-Dateien als Zwischendateien aufgebaut und
— wenn auch nur temporär — gespeichert werden müssen.

Auswahl von aufeinanderfolgenden Beobachtungen

Oftmals soll nicht die gesamte, sondern nur ein zusammenhängender Ausschnitt einer Daten-Datei in eine SAS-Datei übernommen werden. Dazu kann eine erweiterte
INFILE-Anweisung in der Form

```
INFILE 'dateiname' [ MISSOVER ] [ FIRSTOBS = n ] [ OBS = m ] ;
```

angegeben werden, wobei "n" und "m" als Platzhalter für ganzzahlige Werte fungieren. Dabei kennzeichnet "n" den n-ten Satz der Daten-Datei als ersten einzulesenden Satz, so daß die ersten n-1 Sätze am Dateianfang für die Verarbeitung
ausgeblendet werden. Die Zahl "m" legt fest, der wievielte Satz der Daten-Datei
als letzter Satz durch die Ausführung einer INPUT-Anweisung bearbeitet werden
soll, so daß alle bis zum Dateiende nachfolgenden Sätze von der Verarbeitung ausgeschlossen werden.

Fehlt die Spezifikationsangabe "FIRSTOBS = ", so wird die Verarbeitung mit
dem 1. Satz innerhalb der Daten-Datei begonnen. Ohne das Schlüsselwort "OBS"
wird die Eingabe bis zum letzten in der Daten-Datei vorhandenen Satz durchgeführt.

Sollen z.B. nur die Antworten derjenigen Studenten in die SAS-Datei STUDANF
übertragen werden, die in der Daten-Datei unter den ersten 50 Beobachtungen
abgespeichert sind, so ist der o.a. DATA-Step durch

---

[7]Die WHERE-Anweisung darf nicht nur im DATA-Step, sondern auch im PROC-Step eingesetzt
werden.

```
DATA STUDANF;
     INFILE 'brestud.dat' MISSOVER OBS = 100;
     INPUT #1 GESCHL 5 FAMSTAND 8 AUSBILD 17
           #2 AUSSICHT 24 ANSPRUCH 25 KENNTNIS 27;
     IF GESCHL EQ 1;
RUN;
```

zu ersetzen. Die Angabe

```
OBS = 100
```

innerhalb der INFILE-Anweisung muß deswegen gemacht werden, weil die Antworten jedes Fragebogens in jeweils zwei Sätzen der Daten-Datei abgespeichert sind und somit die ersten 100 Sätze innerhalb der Daten-Datei die Werte der ersten 50 Beobachtungen enthalten. Bei Datenstrukturen mit mehreren Satzarten ist entsprechend der Satzzahl pro Beobachtung die zugehörige Satznummer zu errechnen und innerhalb der INFILE-Anweisung für "FIRSTOBS" bzw. "OBS" zu spezifizieren.

Zufallsauswahl

Soll für eine bestimmte Gruppe von Beobachtungen eine *Zufallsauswahl* für die Übertragung in eine SAS-Datei durchgeführt werden, so kann man dazu die Funktion UNIFORM (s. Abschnitt 11.1.2) innerhalb einer Bedingung der Form

```
UNIFORM( 0 ) LE faktor
```

verwenden. Der Wert "faktor" muß eine positive Dezimalzahl sein, die kleiner als 1 ist. Sie legt den Prozentsatz der aus einer Grundgesamtheit auszuwählenden Beobachtungen fest.

Betrachten wir die Studenten, deren Werte in den Sätzen der Daten-Datei abgespeichert sind, die mit den Beobachtungen zwischen der 100-ten und der 300-ten Beobachtung korrespondieren. Wollen wir aus diesen Beobachtungen z.B. eine Zufallsauswahl von 50% ziehen lassen, so können wir dazu den DATA-Step

```
DATA STUDANF;
     INFILE 'brestud.dat' MISSOVER FIRSTOBS = 201 OBS = 300;
     INPUT #1 GESCHL 5 FAMSTAND 8 AUSBILD 17
           #2 AUSSICHT 24 ANSPRUCH 25 KENNTNIS 27;
     IF GESCHL EQ 1 AND UNIFORM ( 0 ) LE 0.5;
RUN;
```

ausführen lassen. Dabei legen die Angaben

```
FIRSTOBS = 201 OBS = 300
```

fest, daß allein die Sätze zu verarbeiten sind, die hinter dem 200. Satz und vor dem 301. Satz in der Daten-Datei abgespeichert sind. Für jeden eingelesenen Satz,

für den die Variable GESCHL den Wert 1 besitzt, wird die Funktion UNIFORM
aufgerufen. Diese ermittelt eine Realisierung einer im Intervall zwischen 0 und
1 gleichverteilten Zufallsvariablen. Die Beobachtung wird dann in die SAS-Datei
STUDANF übernommen, falls der Funktionswert kleiner oder gleich dem Wert 0.5
ist.

11.4 Gewichtung (WEIGHT- und FREQ-Anweisung)

Bei den Datenanalysen gehen die Werte einer Beobachtung standardmäßig mit dem
Gewichtungsfaktor 1 ein. Auf diese gleichgewichtige Behandlung aller Beobachtungen kann man bei bestimmten Auswertungen (dies ist prozedurabhängig) mit Hilfe
der Anweisungen WEIGHT und FREQ Einfluß nehmen. Dies ist z.B. dann erforderlich, falls bei geschichteten Stichproben die Größe von Teilstichproben verändert
werden soll.

Eine Gewichtung kann man innerhalb eines *PROC-Steps* durch die Vereinbarung
einer *Gewichtungssvariablen* in der Form

```
WEIGHT varname ;
```

vornehmen, wobei die Werte der Variablen "varname" nicht notwendig ganzzahlig
sein müssen.

Die Art, wie bei der Auswertung verfahren wird, legt die jeweilige Datenanalyse fest. Entweder wird der zu verarbeitende Variablenwert einer Beobachtung mit
dem Gewichtungsfaktor multipliziert, oder aber der Gewichtungsfaktor bestimmt,
mit welcher Häufigkeit die jeweilige Beobachtung in die Analyse einzubeziehen ist.
Enthält die Gewichtsvariable fehlende Werte, so wird für die zugehörigen Beobachtungen der Wert 0 als Gewichtungsfaktor festgelegt.

Eine Gewichtung kann z.B. auch sinnvoll sein bei der Analyse von aggregierten
Daten. Dazu betrachten wir die Kontingenztabelle im Abschnitt 10.1.1 und wir
nehmen an, daß wir keinen Zugriff auf die Rohdaten haben und an den Ergebnis-
sen der Zeilenprozentuierung interessiert sind. Mit Hilfe der WEIGHT-Anweisung
erhalten wir durch das SAS-Programm

```
DATA KNTNGNZ;
    INPUT V1 1 V2 2 ANZAHL 3 - 5;
CARDS;
11 11
12 85
13112
21 12
22 75
23 79
PROC FREQ;
    WEIGHT ANZAHL;
    TABLES V1*V2 / NOCOL NOPERCENT; RUN;
```

die folgende Kontingenztabelle (Abbildung 11.1) ins Output-Protokoll eingetragen:

```
                       TABLE OF V1 BY V2

        V1            V2

        Frequency|
        Row Pct  |       1|       2|       3|  Total
                 +--------+--------+--------+
               1 |     11 |     85 |    112 |    208
                 |   5.29 |  40.87 |  53.85 |
                 +--------+--------+--------+
               2 |     12 |     75 |     79 |    166
                 |   7.23 |  45.18 |  47.59 |
                 +--------+--------+--------+
        Total          23      160      191      374
```

Abbildung 11.1: Kontingenztabelle

Durch die WEIGHT-Anweisung wird nämlich z.B. für die Zelle, die durch die Eigenschaft "V1 EQ 1 AND V2 EQ 2" beschrieben ist, folgendes festgelegt: Die Häufigkeit, mit der für V1 der Wert 1 und für V2 der Wert 2 eingelesen wird, ist gleich 1, und folglich ergibt sich durch die Gewichtung mit dem Faktorwert 85, daß diese Zelle 85 Merkmalsträger enthält.

Für die Berechnung der statistischen Kennwerte (insbesondere der Freiheitsgrade) ist trotz des Einsatzes der WEIGHT-Anweisung allein die Anzahl der in die Analyse einbezogenen Beobachtungen maßgebend. Sollen entsprechend des jeweiligen Gewichtungsfaktors, der dann ganzzahlig sein muß, nicht die Werte, sondern die Einbeziehung der jeweiligen Beobachtungen in die Datenanalyse gewichtet werden, so ist innerhalb einer Prozedur anstelle der WEIGHT-Anweisung eine *FREQ-Anweisung* in der Form

```
   FREQ varname ;
```

anzugeben. Dadurch wird jede Beobachtung sooft gezählt (und in der Berechnung von Freiheitsgraden berücksichtigt), wie der zugehörige, in der Variable "varname" abgespeicherte ganzzahlige Wert angibt.

11.5 Kommentare, Seitenüberschriften, Fußnoten

*-Anweisung

Innerhalb von DATA- und PROC-Steps können wir dokumentarische Angaben in das Log-Protokoll ausgeben lassen, indem wir den entsprechenden Text innerhalb einer *-Anweisung in der Form

```
   * text ;
```

eintragen. Reicht für die Angabe des Textes eine Programmzeile nicht aus, so darf
seine Kodierung in weiteren Programmzeilen fortgesetzt werden. Als Einschränkung
für die Zeichenwahl ist zu beachten, daß der kommentierende Text kein Semikolon
(;) enthalten darf.

Sollte der Text ein oder mehrere Semikola enthalten, kann die Kommentierung
in der Form

```
/* text1 ;
     text2  */
```

erfolgen. Der gesamte Text zwischen den Zeichen "/*" und "*/" wird als Kommen-
tar gelesen.

So können wir als Programmdokumentation etwa den Text "Auswertung fuer die
Studenten" in der Form

```
       :
IF GESCHL EQ 1;
* Auswertung fuer die Studenten;
PROQ FREQ;
       :
```

in das SAS-Programm eintragen.

TITLE-Anweisung

Zur besseren Dokumentation der Ausgaben ins Output-Protokoll können wir zu
Beginn jeder neuen Druckseite einen Text von maximal 10 Zeilen ausgeben lassen.
Dazu sind eine oder mehrere *TITLE-Anweisungen* in der Form

```
TITLE[n] 'text' ;
```

innerhalb eines DATA- oder PROC-Steps zu kodieren. Dabei gibt der Wert "n", der
jeweils unmittelbar hinter dem "E" von "TITLE" aufzuführen ist ($1 \leq n \leq 10$), die
Nummer der Zeile an, in die der angegebene Text einzutragen ist. Dabei werden —
bei zu langem Text — überzählige Zeichen am Textende abgeschnitten. Anstelle von
"TITLE1" für die Ausgabe in die erste Überschriftszeile darf abkürzend "TITLE"
geschrieben werden.

Den Einsatz von TITLE-Anweisungen haben wir bereits im Zusammenhang mit
den Ausgaben der PRINT-Prozedur (s. Abschnitt 7.1) kennengelernt. Generell gilt,
daß jede TITLE-Anweisung solange zu einer entsprechenden Ausgabe in der durch
sie spezifizierten Druckzeile des Output-Protokolls führt, bis die verabredete Überschrift durch eine nachfolgende TITLE-Anweisung (mit derselben Zeilennummer)
überschrieben wird. Hierbei ist zu berücksichtigen, daß daraufhin alle bis dahin
vereinbarten Überschriftszeilen mit einer höheren Zeilennummer als Leerzeilen ausgegeben werden. Sollen von einer bestimmten Zeile an anstelle der für die in dieser
und in den nachfolgenden Zeilen bislang verabredeten Überschrift neuerdings Leerzeilen ausgegeben werden, so ist die *TITLE-Anweisung* in der Form

```
TITLE[n] ;
```

ohne Textangabe aufzuführen. Anschließend werden in der n-ten und in den nachfolgenden Überschriftszeilen Leerzeichen ins Output-Protokoll eingetragen.

FOOTNOTE-Anweisung

Innerhalb des OUTPUT-Protokolls können wir bis zu 10 Fußnotenzeilen am Ende einer Ausgabeseite protokollieren lassen. Dazu sind eine oder mehrere *FOOTNOTE-Anweisungen* in der Form

```
FOOTNOTE[m] 'text' ;
```

innerhalb eines DATA- oder eines PROC-Steps aufzuführen (wie wir es bereits im Abschnitt 7.1 beim Einsatz der PRINT-Prozedur kennengelernt haben). Im Hinblick auf die Gültigkeit, die Änderung und die Aufhebung von Fußnotenzeilen entspricht die Wirkung einer FOOTNOTE-Anweisung genau der Wirkung einer TITLE-Anweisung, so daß die o.a. Vorschriften entsprechend modifiziert gültig sind.

11.6 Temporäre und permanente SAS-Dateien

Temporäre SAS-Dateien

Bisher haben wir eine SAS-Datei, deren Daten von einer Prozedur auszuwerten sind, durch die Ausführung einer DATA-Anweisung in der Form

```
DATA sas-dateiname ;
```

erstellen lassen. Die durch diese Anweisung eingerichtete SAS-Datei "sasdateiname" ist eine *temporäre* SAS-Datei, da sie nur solange zur Verfügung steht, bis der Dialog mit dem SAS-System durch den Befehl "BYE" beendet wird.
Die oben angegebene Schreibweise der DATA-Anweisung kürzt die eigentlich erforderliche Angabe

```
DATA WORK.sas-dateiname ;
```

ab. Dabei ist *"WORK"* ein standardmäßig verabredeter *Linkname*, der — ohne Zutun des Anwenders — auf eine vom SAS-System eingerichtete Magnetplatten-Datei weist. Jedesmal, wenn *nur* der Dateiname hinter dem Schlüsselwort "DATA" angegeben wird, nimmt das SAS-System *automatisch* den Linkamen "WORK" an.

Einrichtung von permanenten SAS-Dateien

Soll eine SAS-Datei für weitere Auswertungen langfristig zur Verfügung gehalten werden, so ist sie als *permanente* SAS-Datei zu erstellen. Zur Einrichtung einer permanenten SAS-Datei muß ein geeigneter — von "WORK" verschiedener — Linkname vor dem SAS-Dateinamen — durch einen Punkt getrennt — in der Form

```
DATA linkname.sas-dateiname ;
```

eingeführt werden. Der Linkname verweist auf ein *bestehendes* Unterverzeichnis auf der Magnetplatte des Rechners. Er muß durch eine zuvor ausgeführte LIBNAME-Anweisung in der Form

```
LIBNAME linkname 'unterverzeichnis';
```

festgelegt werden.

So wird beispielsweise unter MS-DOS durch die Anweisung

```
LIBNAME SASBIB 'C:\MYDIR';
```

über den Linknamen "SASBIB" auf das Unterverzeichnis mit dem Namen "MY-DIR" auf der Magnetplatte mit der Kennung "C:" verwiesen.[8]

Zugriff auf permanente SAS-Dateien

Soll auf eine permanente SAS-Datei zugegriffen werden, so ist zunächst die LIBNAME-Anweisung der oben angegebenen Form zur Herstellung derVerknüpfung von Linknamen und Unterverzeichnis ausführen zu lassen.

Haben wir z.B. durch die Anweisungen

```
LIBNAME SASBIB 'C:\MYDIR';
```

das Unterverzeichnis MYDIR auf der Magnetplatte mit der Kennung "C:" mit dem Linknamen "SASBIB" verbunden, können wir durch den DATA-Step

```
DATA SASBIB.STUDANF;
     INFILE 'brestud.dat' MISSOVER;
     INPUT #1 GESCHL 5 FAMSTAND 8 AUSBILD 17
           #2 AUSSICHT 24 ANSPRUCH 25 KENNTNIS 27;
RUN;
```

die SAS-Datei "STUDANF" als permanente SAS-Datei erstellen.[9]

Nach der Beendigung des Dialogs und einem erneuten Aufruf des SAS-Systems durch das Kommando "SAS" kann z.B. durch

```
LIBNAME SASBIB 'C:\MYDIR';
PROC prozedurname DATA = SASBIB.STUDANF;
```

auf die permanente SAS-Datei "STUDANF" zugegriffen werden und eine entsprechende Auswertung über die Prozedur "prozedurname" erfolgen.

---

[8]Das Unterverzeichnis "MYDIR" ist mit dem DOS-Kommando "mkdir **MYDIR**" eingerichtet worden.

[9]Unter MS-DOS wird die Datei C:\MYDIR\STUDANF.SSD eingerichtet.

Genau wie bei der DATA-Anweisung muß auch in einer PROC-Anweisung durch
die Angabe des Linknamens auf eine permanente SAS-Datei Bezug genommen werden. Dazu ist der Linkname dem SAS-Dateinamen — durch einen Punkt getrennt
— voranzustellen und in der *DATA-Option* in der Form

```
PROC prozedurname DATA = linkname.sas-dateiname ;
```

anzugeben. Die DATA-Option braucht nicht aufgeführt zu werden, wenn die zu
analysierende SAS-Datei von dem letzten vorausgehenden DATA-Step eingerichtet
wurde.

Voreingestellte SAS-Dateinamen

Soll in mehreren aufeinanderfolgenden Datenanalysen auf stets ein und die-
selbe SAS-Datei zugegriffen werden, so kann auf die DATA-Option in den
PROC-Anweisungen verzichtet werden, sofern zuvor durch die Ausführung einer
OPTIONS-Anweisung in der Form

```
OPTIONS _LAST_ = [ linkname. ] sas-dateiname ;
```

eine Voreinstellung für die zu verarbeitende SAS-Datei verabredet wurde. Diese
Einstellung gilt solange, bis eine neue SAS-Datei durch einen nachfolgenden DATA-
Step erstellt wird.

Bei der Einrichtung von temporären SAS-Dateien ist es oftmals nicht erforderlich,
einen charakteristischen SAS-Dateinamen zu verabreden. In dieser Situation kann
auf die Angabe eines SAS-Dateinamens in der DATA-Anweisung verzichtet und
stattdessen das Schlüsselwort "_DATA_" in der Form

```
DATA _DATA_ ;
```

oder dafür abkürzend

```
DATA ;
```

geschrieben werden. In diesem Fall wird der SAS-Dateiname *"DATAn"* vergeben,
wobei "n" als Platzhalter für eine ganze Zahl steht. Der jeweilige Wert für "n"
gibt an, daß bereits "n - 1" SAS-Dateien zuvor ohne explizite Angabe eines SAS-
Dateinamens durch einen derartigen DATA-Step eingerichtet wurden.

Soll in bestimmten Situationen (vgl. Abschnitt 6.7) überhaupt keine SAS-Datei
durch die Ausführung eines DATA-Steps eingerichtet werden, so ist die DATA-
Anweisung — wie wir bereits wissen — mit dem Schlüsselwort "_NULL_" in der
Form

```
DATA _NULL_ ;
```

anzugeben.

SAS-Dateien-Bibliothek

Grundsätzlich werden SAS-Dateien — egal ob sie temporär oder permanent eingerichtet sind — vom SAS-System in festgelegten oder voreingestellten Unterverzeich-
nissen abgespeichert. Dies besagt, daß die Unterverzeichnisse, auf die über einen
Linknamen bei der Angabe einer SAS-Datei verwiesen wird, nicht nur eine, sondern
mehrere SAS-Dateien als (Bibliotheks-)Elemente enthalten dürfen. Bei der Erstellung von SAS-Dateien wird vom System automatisch die Dateinamen-Erweiterung

   `.SSD`

hinzugefügt, so daß unsere SAS-Datei mit dem Namen "STUDANF" in dem Inhaltsverzeichnis des Unterverzeichnisses, in dem die Datei gespeichert wurde, mit
dem Namen "STUDANF.SSD" aufgeführt ist.

Sind etwa während eines Dialogs mit dem SAS-System die temporären SAS-
Dateien STUDANF, DATA1 und DATA2 sowie die permanenten SAS-Dateien STU-
DANF (identifiziert über den Linknamen SASBIB), STUDNEU (gleichfalls identifiziert über den Linknamen SASBIB) und STUDMOD (identifiziert über den Linknamen SASMOD) als Elemente zweier SAS-Dateien-Bibliotheken eingerichtet worden,
so kann auf diese Elemente wie folgt zugegriffen werden (Abbildung 11.2):

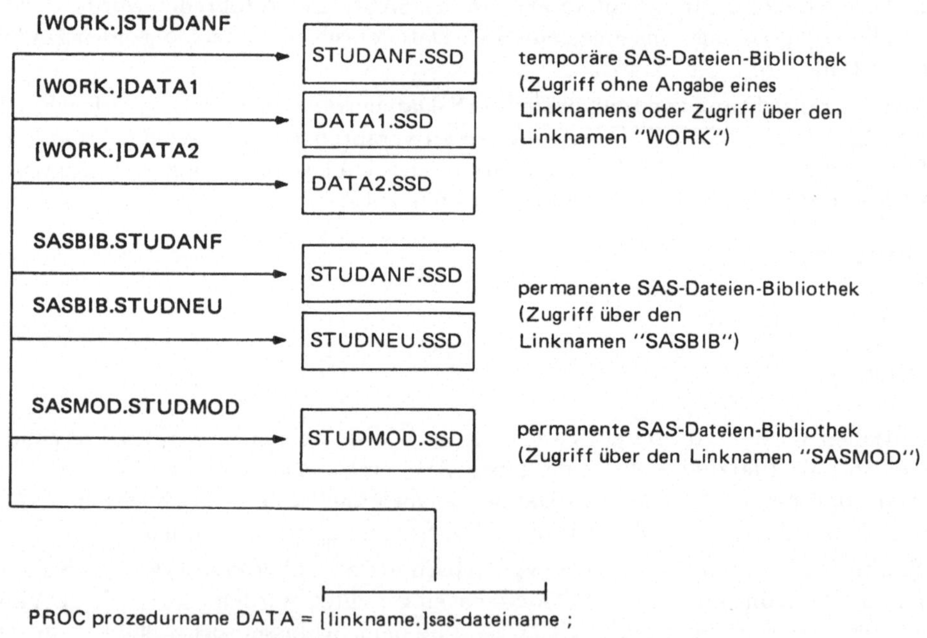

Abbildung 11.2: Zugriff auf SAS-Dateien-Bibliotheken

Wird in der PROC-Anweisung der Platzhalter "[linkname.]sas-dateiname" durch
eine der oben angegebenen 6 möglichen Kennungen ersetzt, so wird die Auswertung
für die Daten vorgenommen, die in der gekennzeichneten SAS-Datei innerhalb der

temporären bzw. in einer der beiden permanenten SAS-Dateien-Bibliotheken abgespeichert sind.

Das Arbeiten mit SAS-Dateien-Bibliotheken

Im SAS-System stehen die Prozeduren COPY und DATASETS zur speziellen Manipulation von SAS-Dateien-Bibliotheken zur Verfügung. Die *Prozedur COPY* kann eingesetzt werden, um eine SAS-Dateien-Bibliothek insgesamt oder ausgewählte SAS-Dateien zu kopieren. Die allgemeine Form kann wie folgt angegeben werden:

```
PROC COPY IN=linkname-1 OUT=linkname-2 ;
    [ SELECT sas-datei-name-1 [ sas-datei-name-2 ]... ; ]
    [ EXCLUDE sas-datei-name-3 [ sas-datei-name-4 ]... ; ]
```

Für "linkname-1" ist der Linkname der Eingabe-Dateien-Bibliothek anzugeben. Dies kann ein Name sein, der auf das Unterverzeichnis einer SAS-Dateien-Bibliothek verweist, die auf einer Magnetplatte gespeichert und mit einer geeigneten LIBNAME-Anweisung zuvor bereitgestellt worden ist. Ist die Eingabe-Datei die temporäre SAS-Dateien-Bibliothek, so ist der Linkname "WORK" einzusetzen.

Für "linkname-2" ist der Linkname der Ausgabe-Dateien-Bibliothek anzugeben. Dieser Name verweist in der Regel auf eine SAS-Dateien-Bibliothek, die auf einer Magnetplatte eingerichtet und ebenfalls mit einer geeigneten LIBNAME-Anweisung zuvor bereitgestellt worden ist.

Mit dem Einsatz der Anweisungen SELECT (wähle aus) und EXCLUDE (schließe aus) können gezielt einzelne SAS-Dateien einer SAS-Dateien-Bibliothek kopiert werden. Die beiden Anweisungen sind alternativ einzusetzen. Ohne eine dieser Anweisungen werden alle SAS-Dateien kopiert.

Die *Prozedur DATASETS* kann eingesetzt werden, um einzelne SAS-Dateien einer SAS-Dateien-Bibliothek umzubenennen oder zu löschen, den Inhalt von Dateien aufzulisten und Attribute einzelner Variablen (Variablennamen, Ein- und Ausgabeformate, Variablenetiketten) zu verändern.

Die allgemeine Form kann wie folgt angegeben werden:

```
PROC DATASETS LIBRARY=linkname ;
[ DELETE sas-dateiname-1 [sas-dateiname-2]... ;
  | SAVE sas-dateiname-3 [sas-dateiname-4]... ; ]
[ CHANGE alter-sas-dateiname-1 neuer-sas-dateiname-1
        [alter-sas-dateiname-2 neuer-sas-dateiname-2]... ]
[ MODIFY sas-dateiname-5 ;
  [FORMAT varname-1 format-1 [varname-2 format-2]... ;]
  [INFORMAT varname-3 format-3 [varname-4 format-4]... ;]
  [LABEL varname-5=etikett-1 [varname-6=etikett-2]... ;]
  [RENAME alter-varname-1=neuer-varname-1
        [alter-varname-2=neuer-varname-2]... ; ]
```

Für "linkname" ist ein Linkname anzugeben, der einer SAS-Dateien-Bibliothek zugeordnet worden ist. Die DELETE- (Löschen) und die SAVE-Anweisung (Sichern) sind alternativ je nachdem einzusetzen, ob die Anzahl der zu löschenden oder die Anzahl verbleibender SAS-Dateien überwiegen. Mit der CHANGE-Anweisung können SAS-Dateien umbenannt werden. Die MODIFY-Anweisung wird eingesetzt, um für einzelne Variablen einer spezifizierten SAS-Datei das Ausgabeformat (FORMAT), das Eingabeformat (INFORMAT), die Variablenetiketten (LABEL) oder die Namen (RENAME) in der angegebenen Weise zu verändern.

Wird ausschließlich

```
PROC DATASETS LIBRARY=linkname ;
RUN;
```

unter Einsetzung eines geeigneten Linknamens mit dem SUBMIT-Befehl zur Ausführung gebracht, wird zum einen ein Inhaltsverzeichnis der SAS-Dateien-Bibliothek in den Log-Schirm eingetragen, zum anderen ist es anschließend — ohne einen erneuten Prozeduraufruf — möglich, Unteranweisungen der DATASETS-Prozedur ausführen zu lassen. Die Prozedur wird durch die Ausführung der Anweisung

```
QUIT ;
```

oder durch einen anderen Prozeduraufruf abgeschlossen.

11.7 Modifikation von SAS-Dateien (SET-, KEEP-, DROP- und RENAME-Anweisung)

In Abhängigkeit von der jeweiligen Fragestellung sind die Daten vor einer Auswertung evtl. geeignet zu modifizieren, wobei u.U. auch eine Auswahl von Beobachtungen zu treffen ist. In der Regel ist es sehr aufwendig, für die hierzu erforderlichen Operationen stets erneut eine Übertragung der Daten aus der Daten-Datei in eine SAS-Datei vorzunehmen. Oftmals lassen sich nämlich die erwünschten Veränderungen auf zuvor durchgeführten Auswahlen und Modifikationen aufbauen. Außerdem wird die Programmausführung beschleunigt, weil die Daten in einem für die interne Verarbeitung geeignetem Ablageformat angeliefert werden und nicht erst durch zeitaufwendige Umformungen aufbereitet werden müssen.

Somit sollte — nach der Datenkorrektur und den vorab für alle Analysen durchzuführenden Datenmodifikationen — eine permanente SAS-Datei erstellt werden, die den Ausgangspunkt für alle Datenanalysen darstellt. Anschließend läßt sich aus dieser Basisdatei diejenige SAS-Datei aufbauen, die für die jeweilige Analyse bereitgestellt werden muß. Dabei ist es erlaubt, während der beobachtungsweise durchgeführten Datenübertragung eine oder mehrere Variablen herauszufiltern (Abbildung 11.3).

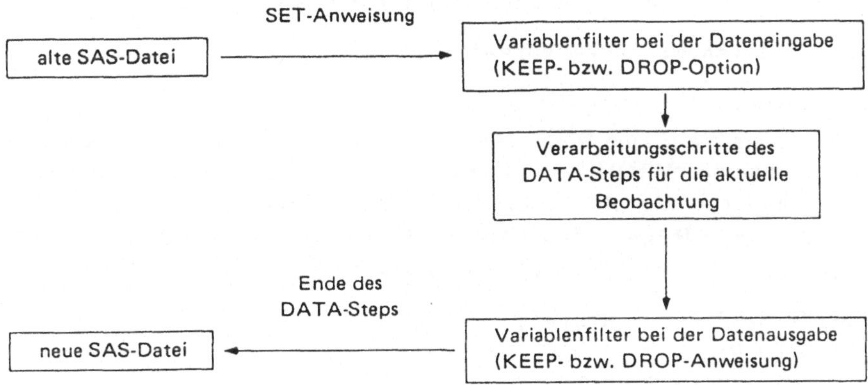

Abbildung 11.3: Ergänzung/Reduktion von SAS-Dateien-Bibliotheken

SET-Anweisung

Zur Eingabe von Datensätzen aus einer bestehenden SAS-Datei ist die *SET-Anweisung* in der Form[10]

```
SET [ linkname. ] sas-dateiname
          [ ( [ DROP = variablenliste-1
            | KEEP = variablenliste-2 ]
            [ FIRSTOBS = n ] [ OBS = m ] ) ] ;
```

einzusetzen. Diese Anweisung entspricht in ihrer Wirkung der Ausführung der INPUT-Anweisung bei der Dateneingabe aus einer Daten-Datei.

Durch die Ausführung der SET-Anweisung werden beobachtungsweise die Werte der in der SAS-Datei abgespeicherten Variablen für die Verarbeitung innerhalb des DATA-Steps zugänglich gemacht. Beim erstmaligen Durchlaufen der SET-Anweisung wird der erste Datensatz aus der aufgeführten SAS-Datei eingelesen, so daß die dadurch übertragenen Daten als Variablenwerte der aktuellen Beobachtung weiterverarbeitet werden können. Wird die SET-Anweisung ein zweites Mal durchlaufen, so wird der Inhalt des 2. Satzes übertragen usw. Die Durchführung des DATA-Steps endet nach der letztmaligen Ausführung der SET-Anweisung, mit welcher der letzte in der SAS-Datei enthaltene Datensatz zur weiteren Verarbeitung bereitgestellt wird.

Sind die Daten aus einer permanenten SAS-Datei zu übernehmen, so muß dem SAS-Dateinamen ein Linkname in der Form

```
linkname.sas-dateiname
```

---

[10]In den Variablenlisten darf keine Angabe der Form "varname_1–varname_2" gemacht werden.

vorangestellt werden, der zuvor durch eine LIBNAME-Anweisung der Form

```
LIBNAME linkname 'unterverzeichnis' ;
```

verabredet wurde.

Für den Zugriff auf eine temporäre SAS-Datei braucht der standardmäßig verabredete Linkname "WORK" nicht angegeben zu werden, so daß allein der SAS-Dateiname hinter dem Schlüsselwort "SET" aufzuführen ist.

So können wir z.B. unter MS-DOS auf die permanente SAS-Datei STUDANF, die im Unterverzeichnis "MYDIR" abgespeichert ist, in folgender Weise zugreifen:

```
LIBNAME SASBIB 'C:\MYDIR';
DATA STUD_W;
     SET SASBIB.STUDANF;
     IF GESCHL EQ 2;
RUN;
```

Als Ergebnis erhalten wir die temporäre SAS-Datei STUD_W mit den Antworten der Studentinnen.

Die SET-Optionen

Sollen nicht alle gesicherten Variablenwerte eingelesen, sondern nur ein Datenausschnitt herausgefiltert werden, so sind bestimmte Angaben als Optionen innerhalb der SET-Anweisung zu machen.

Durch die Eintragung einer *DROP-Option* werden nur die Werte der nicht aufgeführten Variablen bereitgestellt. Beim Einsatz der *KEEP-Option* werden allein die innerhalb der Variablenliste angegebenen Variablen übertragen.

Die Reihenfolge der Ablage innerhalb der durch den DATA-Step einzurichtenden SAS-Datei wird durch die Reihenfolge der Variablen in der alten SAS-Datei bestimmt und kann nicht verändert werden.

Sollen nicht alle, sondern nur ein (zusammenhängender) Teil der Beobachtungen bereitgestellt werden, so sind hierzu Angaben innerhalb der FIRSTOBS- und der OBS-Option zu machen. Dabei kennzeichnet der Spezifikationswert "n" innerhalb der *FIRSTOBS-Option* die Nummer der ersten einzulesenden Beobachtung, und der Wert "m" innerhalb der *OBS-Option* die Anzahl der einzulesenden Beobachtungen.[11]

DROP- und KEEP-Anweisung

Auf die Ausgabe der Variablenwerte am Ende des DATA-Steps (in die SAS-Datei, die durch die DATA-Anweisung festgelegt ist) kann über die Anweisungen DROP

---

[11]Hierbei ist zu beachten, daß die Angaben für die OBS-Option bei der SET- und der INFILE-Anweisung unterschiedliche Bedeutungen haben. Bei der SET-Anweisung kennzeichnet der Spezifikationswert die Anzahl der einzulesenden Beobachtungen, während er bei der INFILE-Anweisung die Position des letzten einzulesenden Satzes beschreibt.

und KEEP Einfluß genommen werden.

Wir haben z.B. in dem im Abschnitt 11.2.5 angegebenen Beispiel eine Variable namens ZAEHLER als Laufvariable benutzt, deren Ablage in der SAS-Datei nicht sinnvoll ist. Sollen Laufvariable, andere Hilfsgrößen bzw. bislang gespeicherte Variable von der Übernahme in eine zu erstellende SAS-Datei ausgeschlossen werden, so sind die Anweisungen DROP und KEEP einzusetzen.

Durch die Angabe der *DROP-Anweisung* in der Form

```
DROP variablenliste ;
```

wird bestimmt, daß die Werte für die in der Variablenliste aufgeführten Variablen nicht in die SAS-Datei zu übertragen sind.

Alternativ zur DROP-Anweisung läßt sich die *KEEP-Anweisung* in der Form

```
KEEP variablenliste ;
```

einsetzen. Hierdurch werden die Variablen benannt, die bei der Ausgabe in die SAS-Datei übernommen werden sollen. Alle nicht angegebenen Variablen werden nicht übertragen. Die Reihenfolge, in der die Variablen in der neuen SAS-Datei angeordnet sind, entspricht der ursprünglichen Reihenfolge, die nicht verändert werden kann.

RENAME-Anweisung

Sollen die Namen von Variablen vor der Übertragung in eine SAS-Datei umbenannt werden, so ist hierzu die *RENAME-Anweisung* in der Form

```
RENAME varname-alt-1 = varname-neu-1
       [ varname-alt-2 = varname-neu-2 ] ... ;
```

anzugeben. Dadurch erhalten die Variablen, deren Namen vor einem Gleichheitszeichen aufgeführt sind, den jeweils hinter dem Gleichheitszeichen eingetragenen Namen als neuen Variablennamen.

Die RENAME-Anweisung ist nur auf diejenigen Variablen anzuwenden, die in die zu erstellende SAS-Datei übernommen werden sollen. Dabei dürfen die neuerlichen Variablennamen nicht in einer KEEP-Anweisung angegeben sein (die Aufführung in einer DROP-Anweisung ist sowieso sinnlos).

Sollen z.B. aus der temporären SAS-Datei STUD_W (s.o.) die Variablen GESCHL und KENNTNIS für die ersten 15 Beobachtungen herausgefiltert und in eine neue temporäre SAS-Datei namens STUD_W_R übertragen werden, wobei die Variable GESCHL in "SEX" umzubenennen ist, so ist der DATA-Step

```
DATA STUD_W_R;
     SET STUD_W ( OBS = 15 );
     KEEP  GESCHL KENNTNIS;
     RENAME GESCHL = SEX;
RUN;
```

auszuführen.[12]

11.8   Inhaltsverzeichnis von SAS-Dateien (CONTENTS-Prozedur)

Um sich einen Überblick über den Inhalt einer SAS-Dateien-Bibliothek bzw. der in
einer SAS-Datei abgespeicherten Variablen zu verschaffen, kann die *CONTENTS-
Prozedur* in der Form

```
PROC CONTENTS [ DATA = [linkname.]sas-dateiname ]
   [ DIRECTORY ] [ POSITION ] [ SHORT ] ;
```

eingesetzt werden. In der DATA-Option ist die SAS-Datei zu spezifizieren, über
deren Inhalt Informationen im Output-Protokoll auszugeben sind. Soll sich auf die
durch einen vorausgehenden DATA-Step zuletzt eingerichtete SAS-Datei bezogen
werden, so kann die Angabe der DATA-Option unterbleiben.

Standardmäßig werden die Kenndaten für die spezifizierte SAS-Datei und die in
dieser Datei abgespeicherten Variablen gemäß der alphabetischen Sortierordnung
der Variablennamen protokolliert. Dabei werden neben den Variablennamen auch
die zugehörigen Positionsnummern, die Variablentypen, die Speicherpositionen (d.h.
die Positionen relativ zum Datensatzanfang bei der internen Ablage) der zugehörigen Variablenwerte und evtl. Angaben zur Etikettierung von Variablenwerten über
hierzu verabredete Formatnamen und zur Etikettierung von Variablennamen gemacht.

Der Inhalt des Protokolls läßt sich durch die zusätzliche Angabe der folgenden
Optionen steuern (Tabelle 11.5):

DIRECTORY	die Standardausgabe wird durch ein Inhaltsverzeichnis der SAS-Dateien-Bibliothek eingeleitet, in der die spezifizierte SAS-Datei enthalten ist
POSITION	neben den standardmäßig protokollierten Informationen, die nach den Variablennamen alphabetisch sortiert sind, wird eine weitere Übersicht ausgegeben, die nach den Positionsnummern der Variablen innerhalb der SAS-Datei geordnet ist
SHORT	es werden nur die Variablennamen und Angaben über den Ursprung der abgespeicherten Daten protokolliert

Tabelle 11.5: Optionen der Prozedur CONTENTS

So erhalten wir etwa durch die Ausführung des PROC-Steps

```
PROC CONTENTS DATA = SASBIB.STUDANF SHORT POSITION;
```

---

[12]Die Anweisungen DROP, KEEP und RENAME können an jeder Stelle des DATA-Steps stehen.
Sie werden erst bei der Übertragung der Variablenwerte in die SAS-Datei wirksam.

die Druckausgabe in Abbildung 11.4.

```
                          CONTENTS PROCEDURE

              -----Alphabetic List of Variables for WORK.STUDANF-----

        ANSPRUCH AUSBILD  AUSSICHT FAMSTAND GESCHL   KENNTNIS



                          CONTENTS PROCEDURE

                 ----Variables Ordered by Position----

        GESCHL   FAMSTAND AUSBILD  AUSSICHT ANSPRUCH KENNTNIS
```

Abbildung 11.4: Beispiel für eine Druckausgabe der Prozedur CONTENTS

Wollen wir uns über den gesamten Inhalt einer SAS-Dateien-Bibliothek (alle SAS-Dateien in einem Unterverzeichnis) informieren, so ist die CONTENTS-Prozedur in der Form

```
PROC CONTENTS DATA = [linkname.]_ALL_ ;
```

anzugeben, wobei das Schlüsselwort "_ALL_" an den Punkt anzufügen ist, sofern ein Linkname eingetragen wird. Soll dabei nur das Inhaltsverzeichnis und keine Detailinformation über die einzelnen SAS-Dateien ausgegeben werden, so ist diese Anweisung um die Option "*NODS*" in der Form

```
PROC CONTENTS DATA = [linkname.]_ALL_  NODS ;
```

zu ergänzen.

11.9 Verknüpfung und Aufgliederung von SAS-Dateien (MERGE-, SET- und OUTPUT- Anweisung)

Verknüpfung von parallelen SAS-Dateien

Besitzen zwei oder mehrere SAS-Dateien die gleichen Beobachtungen — es handelt sich um sog. *parallele SAS-Dateien* —, so kann man die in den einzelnen SAS-Dateien abgespeicherten Variablen in eine neue gemeinsame SAS-Datei übertragen lassen. Dazu ist eine *MERGE-Anweisung* in der Form

```
MERGE [ linkname-1. ] sas-dateiname-1
      [ linkname-2. ] sas-dateiname-2
   [ [ linkname-3. ] sas-dateiname-3 ]... ;
```

zu kodieren. Für temporäre SAS-Dateien ist jeweils nur der SAS-Dateiname und für permanente SAS-Dateien zusätzlich ein einleitender Linkname mit nachfolgendem Punkt anzugeben.

Bei der erstmaligen Ausführung einer MERGE-Anweisung werden die jeweils ersten Datensätze aus den einzelnen SAS-Dateien gelesen und die Satzinhalte als Werte einer einzigen Beobachtung aufgefaßt. Dabei sind die Beobachtungswerte in der gleichen Reihenfolge angeordnet, wie die innerhalb der MERGE-Anweisung aufgeführten SAS-Dateien, aus denen sie bereitgestellt werden. Die Gesamtheit dieser Werte wird (unter Berücksichtigung von evtl. nach der Eingabe durchgeführten Datenmodifikationen) — beim Erreichen des Endes des DATA-Steps bzw. bei der Ausführung einer RETURN-Anweisung — als erster Satz in die zu erstellende SAS-Datei übertragen, deren Name innerhalb der den DATA-Step einleitenden DATA-Anweisung spezifiziert ist. Wird die MERGE-Anweisung zum zweiten Mal durchlaufen, so erfolgt die Verknüpfung der Werte der jeweils zweiten Sätze und die Ausgabe des daraus resultierenden zweiten Satzes in die einzurichtende SAS-Datei usw. (siehe die Abbildung 11.5).

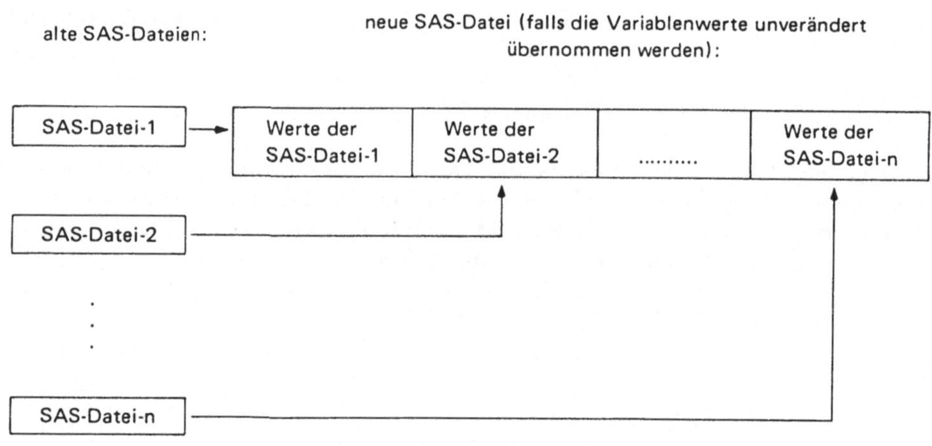

Abbildung 11.5: Verbindung von parallelen SAS-Dateien

Sind in zwei oder mehreren parallelen SAS-Dateien gleichnamige Variable enthalten, so wird für jede Variable stets derjenige Wert als Variablenwert bei der Eingabe bereitgestellt, der zu der am weitesten hinten in der MERGE-Anweisung aufgeführten SAS-Datei gehört.

Stimmt die Anzahl der Beobachtungen innerhalb der zu verbindenden SAS-Dateien nicht überein, so wird die Anzahl der Beobachtungen für die zu erstellende SAS-Datei durch die maximale Beobachtungszahl festgelegt. Für die Variablen, für die in dieser Situation keine Werte vorliegen, wird jeweils der fehlende Wert zugeordnet.

Liegen z.B. die beiden permanenten SAS-Dateien STUD1 und STUD2 mit jeweils den Variablen vor, deren Werte innerhalb der 1. bzw. der 2. Satzart in der Daten-Datei abgespeichert sind, so können wir diese beiden SAS-Dateien (unter MS-DOS) durch den DATA-Step

```
LIBNAME SASBIB 'C:\MYDIR';
DATA SASBIB.STUD;
    MERGE SASBIB.STUD1 SASBIB.STUD2;
RUN;
```

zusammenführen. Dabei wird unterstellt, daß die beiden parallelen SAS-Dateien STUD1 und STUD2 genau wie die resultierende SAS-Datei STUD Elemente einer permanenten SAS-Dateien-Bibliothek sind, die im Unterverzeichnis "MYDIR" abgespeichert sind.

Beim Verbinden von mehreren SAS-Dateien ist in der Regel sicherzustellen, daß die für eine Beobachtung zusammenzumischenden Variablenwerte in miteinander korrespondierenden Datensätzen abgespeichert sind. Dazu sollten in jeder SAS-Datei eine oder mehrere Indikator-Variable vorhanden sein, mit Hilfe deren Werte die richtige Zuordnung gewährleistet werden kann.

Sind z.B. die Sätze in den beiden o.a. SAS-Dateien STUD1 und STUD2 bzgl. der Identifikationsnummern für die Fragebögen jeweils aufsteigend sortiert, und sind diese Werte in der in beiden SAS-Dateien vorhandenen Indikator-Variablen IDENTNR abgespeichert, so kann man das SAS-System veranlassen, die aufsteigende Sortierung während des Zusammenmischens zu überprüfen. Dazu muß der MERGE-Anweisung eine *BY-Anweisung* in der Form

```
BY [ DESCENDING ] varname-1 [ [ DESCENDING ] varname-2 ]... ;
```

folgen. Die in dieser Anweisung aufgeführten Variablen müssen in allen zu verbindenden SAS-Dateien vorhanden sein, und die Sätze müssen in jeder SAS-Datei bzgl. der Werte dieser Variablen aufsteigend bzw. — bei der Angabe von *"DESCENDING"* — absteigend sortiert vorliegen. Bei der Entdeckung eines Sortierfehlers wird die Ausführung des DATA-Steps abgebrochen.

Wird die MERGE-Anweisung im Zusammenhang mit einer BY-Anweisung ausgeführt, so werden diejenigen Sätze zu den Werten einer Beobachtung zusammengemischt, die für die Kriteriumsvariablen denselben Wert besitzen.

In unserem Fall ergänzen wir den o.a. DATA-Step um die BY-Anweisung mit der Variablen IDENTNR, so daß wir den DATA-Step

```
DATA SASBIB.STUD;
    MERGE SASBIB.STUD1 SASBIB.STUD2;
    BY IDENTNR;
RUN;
```

erhalten. Bei der Ausführung dieses DATA-Steps wird die vorhandene Sortierung in STUD1 und STUD2 überprüft, und es werden die Satzinhalte mit gleichen Identifikationsnummern zu den Werten einer Beobachtung zusammengemischt. Dies geschieht allerdings auch dann, falls in einer SAS-Datei Sätze fehlen oder aber doppelt auftreten.

Enthält etwa die SAS-Datei STUD1 zwei Sätze mit der Identifikationsnummer
114, so wird zu jedem dieser beiden Sätze der Inhalt des Satzes mit der Identifikationsnummer 114 aus der SAS-Datei STUD2 hinzugemischt, so daß der betreffende
Fragebogen für die Auswertung doppelt gezählt würde.

Will man diese Inkonsistenz ausschließen, so muß man während des Zusammenmischens eine Konsistenzüberprüfung durchführen.

Unter der Voraussetzung, daß die Variable mit den Identifikationsnummern in
der SAS-Datei STUD1 den Namen IDENTNR1 und in der SAS-Datei STUD2 den
Namen IDENTNR2 trägt, können wir den DATA-Step

```
DATA SASBIB.STUD;
     MERGE SASBIB.STUD1 SASBIB.STUD2;
     IF IDENTNR1 NE IDENTNR2
         THEN DO;
                 ERROR 'FEHLER';
                 STOP;
              END;
     RUN;
```

ausführen lassen. Falls bei der Verbindung von zwei einander zugeordneten Satzarten die beiden in IDENTNR1 und IDENTNR2 vorhandenen Identifikationsnummern nicht übereinstimmen, wird die *ERROR-Anweisung* ausgeführt. Diese Anweisung, die stets in der Form

```
ERROR 'text' ;
```

anzugeben ist, führt zu einer Eintragung des angegebenen Textes und entsprechen-
der Zusatzinformation in das Log-Protokoll, aus der die Position der aufgetretenen
Unstimmigkeit erkennbar ist.

Verknüpfung von gleichstrukturierten SAS-Dateien

Während mit der MERGE-Anweisung eine oder mehrere Variablen aus parallelen
SAS-Dateien gelesen und in einer neuen SAS-Datei gespeichert werden können,
gibt es zusätzlich die Möglichkeit, *gleichstrukturierte SAS-Dateien*, d.h. Dateien
mit gleichen Variablen aber verschiedenen Beobachtungen, zu einer SAS-Datei
zusammenzufassen[13] (Abbildung 11.6).

Zur Verknüpfung gleichstrukturierter SAS-Dateien ist die *SET-Anweisung* in der
Form

```
SET [ linkname-1. ] sas-dateiname-1 [ ( IN = varname-1 ) ]
    [ linkname-2. ] sas-dateiname-2 [ ( IN = varname-2 ) ]
    [ [ linkname-3. ] sas-dateiname-3 [ ( IN = varname-3 ) ] ]... ;
```

---

[13] Auch die Zusammenführung von SAS-Dateien mit unterschiedlicher Variablenstruktur ist erlaubt. In diesem Fall werden für die Beobachtungen, für die keine Variablenwerte vorliegen, fehlende Werte an die jeweiligen Positionen eingetragen.

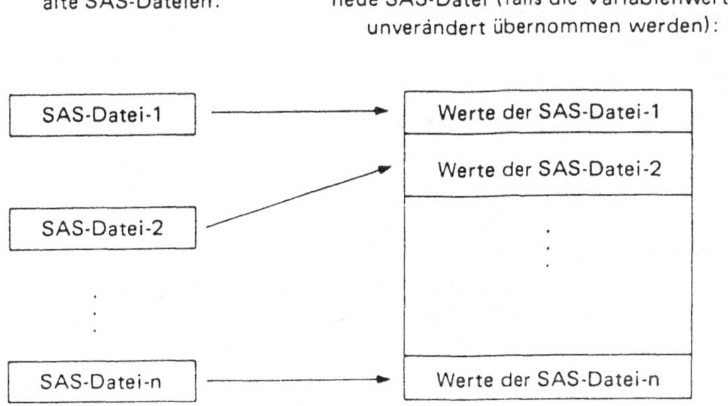

Abbildung 11.6: Verknüpfung von gleichstrukturierten SAS-Dateien

in den DATA-Step einzutragen. Für temporäre SAS-Dateien ist jeweils nur der SAS-Dateiname und für permanente SAS-Dateien zusätzlich ein einleitender Linkname mit nachfolgendem Punkt anzugeben.

Bei der erstmaligen Ausführung der SET-Anweisung wird der erste Datensatz aus der zuerst aufgeführten SAS-Datei eingelesen, so daß die Daten als Variablenwerte der aktuellen Beobachtung weiterverarbeitet werden können. Beim nächsten Durchlauf wird der zweite Satz der ersten SAS-Datei bereitgestellt, danach der dritte Satz usw. Wird während der Ausführung des DATA-Steps das Dateiende der ersten SAS-Datei erreicht, so wird anschließend der erste Satz der zweiten SAS-Datei eingelesen, danach der zweite Satz usw. Wurde der letzte Satz der zuletzt aufgeführten SAS-Datei bereitgestellt, so wird am Ende des DATA-Steps bzw. beim Erreichen einer RETURN-Anweisung die Übertragung der resultierenden Variablenwerte als letzter Satz in die einzurichtende SAS-Datei vorgenommen.

Bei dieser Verarbeitung besteht die Möglichkeit, durch die Angabe einer dem jeweiligen SAS-Dateinamen folgenden *IN-Option* der Form

```
IN = varname
```

eine dort angegebene Indikator-Variable als zusätzliche Variable für die Verarbeitung bereitzustellen (, deren Werte ebenfalls in die einzurichtende SAS-Datei übertragen werden). Dieser mit dem Wert 0 voreingestellten Variable wird der Wert 1 zugewiesen, falls die betreffende Beobachtung derjenigen SAS-Datei entstammt, deren Name dieser IN-Option unmittelbar vorausgeht.

Hätten wir etwa unsere Beispieldaten gemäß des Fragebogenrücklaufs erfaßt und die beiden resultierenden permanenten SAS-Dateien STUDSTRT (mit den Angaben auf den zuerst eingegangenen Fragebögen) und STUDENDE (mit den Angaben auf den restlichen Fragebögen) in einer SAS-Dateien-Bibliothek im Unterverzeichnis "MYDIR" abgespeichert, so könnten wir diese beiden SAS-Dateien - zum Zweck der gemeinsamen Auswertung — durch den DATA-Step

```
LIBNAME SASBIB 'C:\MYDIR';
DATA SASBIB.STUD;
    SET SASBIB.STUDSTRT
        SASBIB.STUDENDE ( IN = URSPRUNG );
RUN;
```

wieder zu einer permanenten SAS-Datei namens STUD zusammenführen. Diese Datei enthält zusätzlich die Variable URSPRUNG, deren Werte den Ursprung der jeweiligen Beobachtung kennzeichnen. Dabei weist der Wert 0 aus, daß die Beobachtung aus der SAS-Datei STUDSTRT stammt, und der Wert 1 zeigt an, daß die Beobachtung aus der SAS-Datei STUDENDE übernommen wurde.

Sind die Beobachtungen in den zu verknüpfenden SAS-Dateien gleichartig nach den Werten einer oder mehrerer Kriteriumsvariablen sortiert, so kann diese Strukturierung bei der Dateneingabe berücksichtigt werden. Dazu sind die betreffenden Angaben in einer *BY-Anweisung* einzutragen, die der SET-Anweisung in der Form

```
BY [ DESCENDING ] varname-1 [ [ DESCENDING } varname-2 ]... ;
```

folgen muß. Jetzt werden zunächst alle Sätze aus den jeweils ersten Satzgruppen bereitgestellt, daran anschließend die Sätze aus den jeweils zweiten Satzgruppen usw. Bei Vorliegen eines Sortierfehlers in einer der Ausgangsdateien wird die Ausführung des DATA-Steps abgebrochen.

Liegen die in dem o.a. Beispiel bearbeiteten SAS-Dateien STUDSTRT und STUDENDE etwa aufsteigend sortiert nach den Werten der Variablen GESCHL vor, so läßt sich die sortierte Ablage durch die Zusammenführung in der Form

```
DATA SASBIB.STUD;
    SET SASBIB.STUDSTRT SASBIB.STUDENDE;
    BY GESCHL;
RUN;
```

erhalten, wobei die SAS-Datei STUD folgendermaßen strukturiert ist (Tabelle 11.6):

Antworten der Studenten aus der SAS Datei STUDSTRT
Antworten der Studenten aus der SAS Datei STUDENDE
Antworten der Studentinnen aus der SAS Datei STUDSTRT
Antworten der Studentinnen aus der SAS Datei STUDENDE

Tabelle 11.6: Beispiel für die Zusammenführung von SAS-Dateien

Aufgliederung von SAS-Dateien

Sind aus dem Inhalt einer SAS-Datei nach bestimmten Kriterien zwei oder mehrere SAS-Dateien aufzubauen, so ist dazu eine *OUTPUT-Anweisung* in der Form

```
OUTPUT [ [ linkname.]sas-dateiname ]... ;
```

geeignet einzusetzen.

Sollen z.B. die Sätze der SAS-Datei STUDANF (mit den Antworten aller Befragten) in die Sätze der beiden SAS-Dateien STUD_M (mit den Antworten der Studenten) und STUD_W (mit den Antworten der Studentinnen) aufgegliedert werden, so ist dazu der DATA-Step

```
DATA STUD_M STUD_W;
    SET STUDANF;
    IF GESCHL EQ 1
        THEN OUTPUT STUD_M;
    IF GESCHL EQ 2
        THEN OUTPUT STUD_W;
RUN;
```

auszuführen.

Die Bezeichnungen der einzurichtenden SAS-Dateien sind *sämtlich* in der den DATA-Step einleitenden *DATA-Anweisung* in der Form

```
DATA [ linkname-1. ] sas-dateiname-1
    [ [ linkname-2. ] sas-dateiname-2 ]... ;
```

zu spezifizieren. Für temporäre SAS-Dateien ist jeweils nur der SAS-Dateiname und für permanente SAS-Dateien zusätzlich ein einleitender Linkname mit nachfolgendem Punkt anzugeben. Die Namen der durch den DATA-Step einzurichtenden SAS-Dateien sind in geeigneter Weise in nachfolgenden OUTPUT-Anweisungen hinter dem Schlüsselwort *"OUTPUT"* einzutragen.

Bei der Ausführung einer OUTPUT-Anweisung werden die Variablenwerte der aktuellen Beobachtung als jeweils ein neuer Datensatz in die innerhalb dieser Anweisung spezifizierten SAS-Dateien ausgegeben. Ist in der OUTPUT-Anweisung keine SAS-Datei aufgeführt, so wird die Übertragung in alle durch die DATA-Anweisung spezifizierten SAS-Dateien vorgenommen.

Nach der Ausführung einer OUTPUT-Anweisung wird der Programmlauf mit der nächsten, hinter dieser im DATA-Step eingetragenen Anweisung fortgesetzt.

Eine in einem DATA-Step eingetragene OUTPUT-Anweisung setzt die ansonsten — beim Fehlen einer OUTPUT-Anweisung — automatische Übertragung eines Satzes in die innerhalb der DATA-Anweisung spezifizierten SAS-Dateien außer Kraft. Ist also das Ende des DATA-Steps erreicht oder wird durch die RETURN-Anweisung an den Anfang des DATA-Steps gesprungen, so wird *keine Datenausgabe* für die Werte der aktuellen Beobachtung in eine SAS-Datei durchgeführt. Dies hat zur Folge, daß überhaupt keine Ausgabe in die einzurichtende SAS-Datei erfolgt, wenn eine OUTPUT-Anweisung im DATA-Step eingetragen ist, die beim Programmablauf niemals ausgeführt wird. Dies ist z.B. der Fall, wenn sie im THEN-Zweig einer IF-Anweisung enthalten ist, der wegen einer stets unerfüllten Bedingung niemals durchlaufen wird.

Sollen bei der Datenübertragung durch eine OUTPUT-Anweisung bestimmte
Variablenwerte ausgeschlossen werden, so kann man (siehe Abschnitt 11.7) die Anweisungen DROP und KEEP geeignet innerhalb des DATA-Steps einsetzen. Sind
bestimmte Variablenwerte nicht einheitlich, sondern in Abhängigkeit von der jeweils zu erstellenden SAS-Datei bei der Datenausgabe auszuschließen, so müssen
entsprechende Angaben innerhalb der DATA-Anweisung durch die *DROP-* und
KEEP-Option in der Form

```
DATA [ linkname-1. ] sas-dateiname-1
    [ [ linkname-2. ] sas-dateiname-2 ]...
      [ ( DROP = variablenliste-1 | KEEP = variablenliste-2 ) ] ;
```

gemacht werden.[14]

Sollen etwa (in Anlehnung an das o.a. Beispiel) in der SAS-Datei STUD_M nur
die Variablen AUSSICHT und KENNTNIS und in der SAS-Datei STUD_W nur die
Variablen ANSPRUCH und KENNTNIS enthalten sein, so ist der o.a. DATA-Step
in die Form

```
DATA STUD_M ( KEEP = AUSSICHT KENNTNIS )
     STUD_W ( KEEP = ANSPRUCH KENNTNIS );
     SET STUDANF;
     IF GESCHL EQ 1
        THEN OUTPUT STUD_M;
     IF GESCHL EQ 2
        THEN OUTPUT STUD_W;
RUN;
```

abzuwandeln.

11.10 Weitere Möglichkeiten der Dateneingabe

In Abschnitt 6.2 ist die spaltengebundene Dateneingabe innerhalb einer INPUT-
Anweisung beschrieben worden. Diese Form der Eingabe kann benutzt werden,
wenn die Variablenwerte jeder Beobachtung in jeweils denselben Spalten gespeichert
sind und die Werte dem numerischen oder alphanumerischen SAS-Standardformat
entsprechen, das heißt, wenn es sich um Zahlen von maximal 32 Stellen Länge (davon maximal 31 Dezimalstellen) oder Texte von einer Länge bis zu 200 Zeichen
handelt. Liegen die Eingabedaten in einem davon abweichenden Format vor (zum
Beispiel in binärer oder hexadezimaler Darstellung), muß die formatierte Dateneingabe (11.10.1) oder — im Falle von spaltenungebundenen Datensätzen — die
gelistete Dateneingabe (11.10.2) benutzt werden.

---

[14]In den Variablenlisten darf keine Angabe der Form "varname_1 - - varname_2" erfolgen.

11.10.1   Formatierte Dateneingabe

Mit der Angabe von Formaten erhält das System die Information darüber, daß die einzelnen Variablenwerte eine bestimmte Länge[15] haben, numerisch oder alphanumerisch sind und in einer bestimmten Art auf dem magnetischen Datenträger gespeichert sind.

Statt in der spaltengebundenen Eingabe können unsere Beispieldaten in formatierter Form wie folgt definiert werden:

```
DATA STUDANF;
     INFILE 'brestud.dat' MISSOVER;
     INPUT #1 KENNR 3. +1 GESCHL 1. GEBJAHR 2. FAMSTAND 1.
          PLZ 4. LAND 2. +2 AUSBILD 1. +51
          ERWART1 1. ERWART2 1. ERWART3 1.
        #2 +23 AUSSICHT 1. ANSPRUCH 1. +1 KENNTNIS 1.;
     RUN;
```

Numerisches Standard-Eingabeformat

In dieser INPUT-Anweisung finden wir einige uns bereits bekannte Spezifikationen, nämlich Variablennamen (z.B. "KENNR") und Satzkennzeichnungen (z.B. "#1"). Das numerische Eingabeformat setzt sich aus einer Zahl mit einem unmittelbar folgenden Punkt zusammen (z.B. "3."). Die Zahl informiert das System über die maximale Anzahl von Positionen, die für die Variable, die *vor* der Formatangabe steht, im Datensatz innerhalb der Daten-Datei vorgesehen ist. Die Spezifikation "KENNR 3." bedeutet zum Beispiel, daß die Variable KENNR maximal dreistellige positive oder negative numerische Werte enthält. Es können mit dem Format "3." Werte im Zahlenbereich von -99 bis 999 übertragen werden. Das Minuszeichen belegt eine Stelle. Einer- und Zehnerzahlen brauchen *nicht rechtsbündig* in der Daten-Datei abgespeichert zu sein.

Dezimalstellen

Formatspezifikationen wie zum Beispiel "3." sind geeignet, ganze Zahlen zu erfassen. Handelt es sich bei Daten in der Daten-Datei aber um Dezimalzahlen, muß dies durch eine entsprechende Formatspezifikation verdeutlicht werden. Die allgemeine Form für das *numerische Standard-Eingabeformat* ist

```
w.d
```

wobei "w" die Weite des Zahlenfeldes (Anzahl der Positionen innerhalb eines Datensatzes) und "d" die Anzahl der Dezimalstellen bezeichnet. Der Dezimalpunkt muß nicht innerhalb des Zahlenfeldes gespeichert sein. Die Formatangabe "3." ist als Kurzform der Spezifikation "3.0" anzusehen: Die Anzahl der Dezimalstellen ist

---

[15]Länge ist hier als "Anzahl von Zeichen bzw. Stellen" zu verstehen.

gleich Null. Wären die gespeicherten Werte etwa als Zahlen mit zwei Dezimalstellen anzusehen, müßte die Formatspezifikation mit "3.2" angegeben werden.

Sprungangaben

Die Zahlen mit dem vorangestellten Pluszeichen "+" sind *Sprungangaben*. Die Spezifikation "+1" bewirkt beim Einlesen der Daten das Überspringen einer Spalte. Sprungangaben stehen vor dem Namen der Variablen, deren Werte als nächstes eingelesen werden soll. Sie sind immer mit einem Pluszeichen einzuleiten. Die Zahl hinter dem Pluszeichen beziffert die Anzahl der zu überspringenden Positionen.

Alphanumerisches Standard-Eingabeformat

Wenn alphanumerische Werte eingelesen werden sollen, muß zwischen Variablennamen und Formatspezifikation das Zeichen "$" gesetzt werden. Die INPUT-Anweisung

```
INPUT TEXT $20.
```

bewirkt, daß die Variable TEXT, für deren Werte in der Daten-Datei jeweils 20 Zeichenpositionen innerhalb jedes Datensatzes zur Verfügung stehen, als alphanumerische Variable eingerichtet wird. Werden einzulesende Werte durch Leerzeichen eingeleitet, so werden diese nicht in die SAS-Datei übertragen. In diesem Fall wäre das Eingabeformat "$CHARw." zu nutzen.

Weitere Eingabeformate

Neben den numerischen und alphanumerischen Standard-Eingabeformaten gibt es im SAS-System noch eine Reihe weiterer Eingabeformate, von denen wir hier einige auflisten wollen.

Numerische Eingabeformate:

w. oder w.d	Standard-Eingabeformat ohne und mit Dezimalstellen.
BZw.d	Die in der Daten-Datei auftretenden führenden Leerzeichen werden in Nullen umgewandelt.
COMMAw.d	Einzelne Kommata oder andere Sonderzeichen (Klammern, Leerzeichen, Prozentzeichen) vor, innerhalb oder hinter den Eingabedaten werden ignoriert.
Ew.d	Die Daten liegen in wissenschaftlicher Notation vor.
HEXw.	Die Daten liegen in hexadezimaler Form vor.
IBw.d	Die Daten liegen in ganzzahliger binär gespeicherter Form vor.
RBw.d	Die Daten liegen mit interner Gleitkommadarstellung in binär gespeicherter Form vor.

Alphanumerische Eingabeformate:

$w.   Standard-Eingabeformat.

$CHARw.   Führende Leerzeichen werden als gültige Zeichen gespeichert.

Kontrolle der Eingabereihenfolge von Variablen (Tabulator)

Mit dem *Tabulatorzeichen* "@" in der allgemeinen Form

```
@t
```

ist es möglich, auf jede Spaltenposition "t" einer Datenzeile während des Einlesevorganges zu springen, um Variablenwerte von dieser Position an einzulesen. "t" ist dabei der Platzhalter für die Nummer der Position, von der weitere Werte gelesen werden sollen. Wir hätten die letzte Zeile des INPUT-Beispiels auf Seite 191 auch folgendermaßen formulieren können:

```
#2 @27 KENNTNIS 1. @24 AUSSICHT 1. ANSPRUCH 1.;
```

Im zweiten Satz jeder Beobachtung ("#2") springt das SAS-System auf die Position 27 ("@27"), liest die einstellige Variable KENNTNIS von dieser Position ein, springt auf die Position 24 ("@24") zurück und liest dort die einspaltige Variable AUSSICHT und von der nächsten Position die einstellige Variable ANSPRUCH ein. Die Reihenfolge der Variablen in der SAS-Datei ist KENNTNIS, AUSSICHT, ANSPRUCH.

Kennzeichnung von Beobachtungen mit mehreren Sätzen

In Abschnitt 6.2 ist die Markierungsangabe

```
#n
```

vorgestellt worden, mit der gezielt eine Satzart bezeichnet werden kann, wenn eine Beobachtung mit mehreren Sätzen eingelesen werden soll. Alternativ hierzu läßt sich mit der Angabe eines Schrägstrichs "/" ein *Satzwechsel* kennzeichnen. So ist etwa die Anweisung

```
INPUT @17 AUSBILD 1.  /
      @24 AUSSICHT 1. +2 KENNTNIS 1.;
```

zur Anweisung

```
INPUT #1 AUSBILD 17
      #2 AUSSICHT 24 KENNTNIS 27;
```

äquivalent.

Gruppierte Eingabe von Variablen mit gleichem Format

Stehen in einem Datensatz mehrere Variablen des gleichen Typs (numerisch oder
alphanumerisch) und gleicher Länge hintereinander, kann eine verkürzte Form der
formatierten Eingabe genutzt werden. Dazu sind sowohl die Variablennamen als
auch die Formatangaben in Klammern zu setzen:

```
INPUT @69 (ERWART1-ERWART3) (1.) / ;
```

Die in Klammern gesetzte Formatanweisung kann auch Sprungangaben enthalten.

11.10.2   Formatfreie, gelistete Dateneingabe

Die formatfreie, gelistete Dateneingabe kann erfolgen, wenn die Werte in der Daten-
Datei so abgelegt worden sind, daß sie mindestens durch ein Leerzeichen voneinander getrennt sind. Es ist nicht erforderlich, daß die Variablenwerte in exakt
festgelegten Spalten positioniert werden. Fehlt ein Variablenwert, ist bei der Datenerfassung als Stellvertreterzeichen ein Punkt zu setzen.[16] Dieser Punkt wird vom
SAS-System automatisch als "fehlender Wert" interpretiert.

Als Alternative zu dem in Abschnitt 11.4 angegebenen DATA-Step (spaltengebundene Eingabe) können wir die Dateneingabe etwa wie folgt vornehmen lassen:

```
DATA KNTNGNZ;
     INPUT ANZAHL V1 V2;
CARDS;
11 1 1
85 1   2
112 1 3
12 2 1
75   2 2
79 2 3
RUN;
```

Sind *alphanumerische Variablen* in der INPUT-Anweisung zu definieren, muß
dem Variablennamen ein Dollarzeichen "$" folgen. Es können nur alphanumerische
Werte, die nicht länger als 8 Zeichen sind und im alphanumerischen Standard-
Eingabeformat vorliegen, vollständig übertragen werden.

11.10.3   Rekodierung bei der Dateneingabe (INVALUE-Anweisung)

Im Abschnitt 6.5 haben wir gezeigt, wie Variablenwerte unter Einsatz der IF-
Anweisung abgeändert werden können. Soll eine Rekodierung nicht im Anschluß,
sondern während der Dateneingabe durchgeführt werden, so sind die gewünschten

---

[16]Statt eines Punktes kann auch ein Buchstabe eingegeben werden. In einer MISSING-
Anweisung muß dieser Buchstabe als "fehlender Wert" deklariert werden (siehe Abschnitt 6.6).

Rekodierungen in einer *INVALUE-Anweisung* innerhalb einer FORMAT-Prozedur
(siehe Abschnitt 6.4) in der folgenden Form festzulegen:

```
PROC FORMAT;
     INVALUE formatname wertebereich-1 = wert-1
                 [ wertebereich-2 = wert-2 ]...  ;
```

Über den dadurch vereinbarten Formatnamen, der den gleichen Bildungsregeln
wie ein Variablenname[17] unterliegt, läßt sich in einem nachfolgenden DATA-Step
innerhalb einer INPUT-Anweisung festlegen, wie die eingelesenen Werte — vor ihrer
Speicherung in die ihnen zugeordneten Variablen — umzuformen sind.

So bestimmt die INVALUE-Anweisung

```
INVALUE KENNRECO '1', '2' = 1 ;
```

in Verbindung mit der INPUT-Anweisung

```
INPUT #2 @27 KENNTNIS KENNRECO.;
```

beispielweise, daß über den Formatnamen KENNRECO den eingelesenen Werten
1 und 2 der Wert 1 zuzuordnen ist.

Als Wertebereiche innerhalb einer INVALUE-Anweisung lassen sich nicht nur
einzelne Werte angeben, sondern es dürfen auch Bereichsangaben der folgenden
Form gemacht werden:

- 'wert-1' – 'wert-2' : alle Werte zwischen wert-1 und wert-2, inklusive dieser
  beiden Werte,

- 'wert-1' <– 'wert-2' : alle Werte kleiner gleich wert-2, die größer als wert-1
  sind,

- 'wert-1' –< 'wert-2' : alle Werte größer gleich wert-1, die kleiner als wert-2
  sind.

Sind mehrere Wertebereiche innerhalb einer INVALUE-Anweisung aufgeführt, so
dürfen sich die angegebenen Wertebereiche nicht überlappen.

Innerhalb einer Bereichsangabe lassen sich anstelle konkreter Werte auch die
Schlüsselwörter LOW (für den kleinsten Wert) und HIGH (für den größten Wert)
verwenden. Sind mehrere Wertebereiche innerhalb einer INVALUE-Anweisung aufgeführt, so kann mit dem Schlüsselwort OTHER festgelegt werden, in welcher Weise
alle bislang nicht durch Wertebereiche erfaßte Werte rekodiert werden sollen.

Z.B. wird durch die Anweisung

```
INVALUE KENNRECO '1' , '2' = 1  OTHER = 2 ;
```

---

[17]mit der Ausnahme, daß ein Formatname nicht mit einer Ziffer enden darf.

festgelegt, daß die eingelesenen Werte 1 und 2 in den Wert 1 und die eingelesenen
Werte 3 und 4 sowie die fehlenden Werte in den Wert 2 abgeändert werden sollen.
Auf diese Rekodierung können wir uns z.B. durch die INPUT-Anweisung

```
INPUT @17 AUSBILD 1./
      @24 AUSSICHT 1. +2 KENNTNIS KENNRECO.;
```

beziehen.

11.11   Möglichkeiten der Datenausgabe (PUT-, FILE-Anweisungen)

Die PUT-Anweisung

Mit dem Einsatz der *PUT-Anweisung* können wir Variablenwerte einer SAS-Datei
auf einen durch eine FILE-Anweisung bestimmten Datenträger ausgeben. Sie kann
eingesetzt werden, um eine neue Daten-Datei oder um eine strukturierte Daten-
dokumentation zu erstellen. Wir haben diese Anweisung bereits in Abschnitt 7.2
beispielhaft eingesetzt, um eine sortierte Daten-Datei zu erstellen.

Die PUT-Anweisung kann als Gegenstück zur INPUT-Anweisung aufgefaßt werden. Das Format der Ausgabe darf vom Format der Eingabe abweichen. Die PUT-
Anweisung ermöglicht es, zusammen mit ausgewählten Variablenwerten kommentierende Texte auszugeben.

Alle Eingabeformate (siehe Abschnitt 11.10) können auch als Ausgabeformate
eingesetzt werden. Die Datenausgabe kann spaltenorientiert, formatiert oder geli-
stet erfolgen.

Im folgenden werden zwei Möglichkeiten der Datenausgabe mit der PUT-
Anweisung demonstriert:

```
DATA AUSGABE;
     INFILE 'brestud.dat' MISSOVER;
     INPUT #1 GESCHL 5 GEBJAHR 6-7 FAMSTAND 8 PLZ 9-12  #2;
     GEBJAHR = GEBJAHR + 1900;
     PUT GESCHL 1 GEBJAHR 3-6 FAMSTAND 8 PLZ 10-13;
RUN;
```

Mit diesem DATA-Step werden die Werte einiger ausgewählter Variablen aus der
Daten-Datei eingelesen, eine Variable (GEBJAHR) in ihren Werten verändert und
mit der PUT-Anweisung alle definierten Variablen spaltengebunden ausgegeben.
Die Angabe der Spaltenposition ist so gewählt worden, daß mindestens ein Leerzeichen zwischen den Variablenwerten eingeführt wird. Für eine ausführlich doku-
mentierte Datenausgabe besteht die Möglichkeit, die Variablenwerte mit *Texten* zu
versehen. Eine PUT-Anweisung könnte dann wie folgt aussehen:

```
PUT @10 'Geschlecht: ' GESCHL +3 'Geburtsjahr: ' GEBJAHR +3
    'Familienstand: ' FAMSTAND / @10
    'Postleitzahl des Wohnortes: ' PLZ;
```

Mit dem Tabulatorzeichen "@10" erreichen wir, daß jede ausgegebene Zeile um 9 Zeichenpositionen eingerückt wird. Von der 10. Position an wird der in Hochkommata gesetzte Text "Geschlecht: " geschrieben und im Anschluß daran der Wert der Variablen GESCHL. Mit dem Sprungzeichen "+3" werden drei Leerzeichen eingefügt und danach der Text "Geburtsjahr: " protokolliert. Weitere Variablenwerte und Texte werden nach den folgenden Spezifikationen in derselben Zeile ausgegeben bis die Zeilensprungangabe "/" vom System gelesen wird. An dieser Stelle wird bei der Ausgabe eine neue Zeile begonnen. Ab der 10. Position ("@10") wird dann der Text "Postleitzahl des Wohnortes: " und nachfolgend die Postleitzahl geschrieben.

Die FILE-Anweisung

Die Ausgabe der Ergebnisse der PUT-Anweisung erfolgt standardmäßig in das *Log-Protokoll*. Diese Voreinstellung läßt sich mit der *FILE-Anweisung* ändern.

Mit der Anweisung

```
FILE PRINT;
```

wird das *Output-Protokoll* als Ausgabemedium bestimmt.

Soll die Ausgabe in eine Datei erfolgen, ist die FILE-Anweisung mit einem Dateinamen zu spezifizieren.

```
FILE 'dateiname' ;
```

Ohne Angabe eines Unterverzeichnisses wird die Datei in das jeweilige aktuell eingestellte eingetragen.

Das folgende Beispiel zeigt, wie wir aus dem kompletten Datensatz der Daten-Datei gezielt einzelne Werte in eine SAS-Datei einlesen und mit einer PUT-Anweisung in einem freien gelisteten Format in eine neue Datei ausgeben.

```
DATA STUDANF;
    INFILE 'brestud.dat' MISSOVER;
    INPUT #1 KENNR 3. +1 GESCHL 1. GEBJAHR 2. FAMSTAND 1.
        PLZ 4. LAND 2. +2 AUSBILD 1. +51
        (ERWART1-ERWART3) (1.)
        #2 +23 AUSSICHT 1. ANSPRUCH 1. +1 KENNTNIS 1.;
    FILE 'ausgabe.dat' ;
    PUT KENNR GESCHL GEBJAHR FAMSTAND PLZ LAND AUSBILD
        ERWART1-ERWART3 AUSSICHT ANSPRUCH KENNTNIS;
RUN;
```

Innerhalb eines DATA-Steps können mehrere PUT- und FILE-Anweisungen eingesetzt werden. Soll dabei auch gezielt eine Ausgabe in das Log-Protokoll erfolgen, muß die Anweisung

```
FILE LOG;
```

vor der betreffenden PUT-Anweisung aufgeführt werden.

Anhang A

A.1 Liste der Befehle an den SAS-"Display-Manager"

Befehle an den SAS-"Display-Manager" können entweder in die Command-Zeile
(Kommandozeilen-Befehl) oder aber innerhalb der Numerierungsfelder des Editor-
Schirms (Zeilen-Befehle) eingetragen werden. Es lassen sich z.B. die folgenden Be-
fehle einsetzen[1]:

Kommandozeilen-Befehle

BACKWARD [n | MAX] Rückwärtspositionierung des Editor-Bildschirmes.
Die Anzahl der Zeilen bestimmt sich nach der Zeilenzahl, die mit VSCROLL
(siehe dort) festgelegt ist. Durch Angabe einer Zahl n kann ausdrücklich
die Anzahl der Zeilen, um die positioniert werden soll, angegeben werden.
Der Befehl BACKWARD MAX bewirkt ein Zurücksetzen an den Anfang des
Editor-Puffers (Siehe auch den Befehl TOP).

BOTTOM Die letzte Textzeile des Editor-Puffers wird als erste Zeile des Editor-
Schirms angezeigt.

BYE | ENDSAS Der BYE- bzw. der ENDSAS-Befehl beendet einen SAS-Dialog.

CAPS ON | OFF Wenn CAPS ON (Voreinstellung) ausgeführt wird, werden
beim Drücken einer Funktionstaste oder der Enter-Taste alle Kleinbuchstaben innerhalb des Editor-Puffers in Großbuchstaben umgewandelt. Bei CAPS
OFF bleibt der Text unverändert.

CHANGE alttext neutext [NEXT | FIRST | LAST | PREV | ALL]

[**WORD | PREFIX | SUFFIX**] Der CHANGE-Befehl wandelt einmal
oder mehrmals den Text "alttext" in "neutext" um. Es läßt sich mit der
Angabe NEXT bestimmen, daß, in Abhängigkeit von der Cursor-Position,
nur der nächstfolgende "alttext" umgewandelt wird. Die Angabe FIRST bewirkt eine Umwandlung des zuerst im Editor-Puffer auftretenden "altext" —
unabhängig von der aktuellen Position des Cursors. In gleicher Weise kann

---

[1] Eine vollständige Liste ist angegeben in SAS Language: Reference, Version 6, First Edition.
Cary, NC, 1990. Jeder Kommandozeilen-Befehl läßt sich durch die ersten Zeichen, die ihn eindeutig
kennzeichnen, bei der Befehlseingabe abkürzen.

der letzte (LAST) oder der unmittelbar vorgehende "alttext" (PREV) umgewandelt werden. Mit der Spezifikation ALL wird im gesamten Textpuffer der "alttext" in "neutext" geändert. Es wird eine Meldung ausgegeben, wie oft eine Änderung vorgenommen worden ist. Die Voreinstellung ist NEXT. Ohne eine WORD-, PREFIX- oder SUFFIX-Spezifikation werden Textänderungen unabhängig vom Kontext vorgenommen. Wird WORD angegeben, wird nur der "alttext" geändert, der links und rechts durch eine Leerstelle oder irgendein Sonderzeichen begrenzt ist. Die Angabe PREFIX wirkt nur bei Textteilen, die links durch eine Leerstelle oder ein Sonderzeichen begrenzt sind und SUFFIX bei denen, die rechts in angegebener Weise begrenzt sind. Sollen Texte umgewandelt werden, die Leerstellen oder Sonderzeichen enthalten, müssen diese in Hochkommata oder Anführungszeichen gesetzt werden. Das gilt auch, wenn die Option CAPS ON (siehe dort) aktiviert ist.

CLEAR Der CLEAR-Befehl löscht den Puffer des Schirms, von dem aus der Befehl ausgeführt wird.

CLOCK [ON | OFF] Es wird im rechten oberen Eck des Bildschirms die Uhrzeit angezeigt bzw. die Anzeige gelöscht.

END Der END-Befehl schließt bestimmte Bildschirmfenster, wie z.B. den Keys-Schirm. Er kann nicht im Output- und Log-Schirm eingesetzt werden. Im Editor-Bildschirm wirkt er wie ein SUBMIT (siehe dort).

FILE ['dateiname'] [TABS] Der Inhalt des Editor-Puffers, des Log-Puffers oder des Output-Puffers wird — je nachdem, von welchem Bildschirmfenster der Befehl ausgeführt wird — in eine Magnetplatten-Datei kopiert, die mit dem angegebenen Dateinamen gekennzeichnet ist. Der aktuelle Dateiinhalt wird ohne Warnung überschrieben. Wird der FILE-Befehl ohne Spezifikation ausgeführt, wird der Inhalt in der Datei gespeichert, die in einem zuletzt ausgeführten FILE- oder INCLUDE-Befehl angegeben war. Mit der zusätzlichen Spezifikation TABS kann eine komprimierte Speicherung erfolgen.

FIND text [NEXT | FIRST | LAST | PREV | ALL]
[WORD | PREFIX | SUFFIX] Mit dem FIND-Befehl läßt sich eine mit "text" spezifizierte Zeichenfolge auffinden. Der Cursor springt auf den Anfang des gefundenen Textes. Die anzugebenen Spezifikationen wirken in der gleichen Weise wie beim CHANGE-Befehl.

FOOTNOTES Der FOOTNOTES-Bildschirm wird geöffnet. Es werden die jeweils aktuellen Fußnoten angezeigt. Diese können im FOOTNOTES-Bildschirm geändert werden. Der Bildschirm kann durch den END-Befehl geschlossen werden.

FORWARD [n | MAX] Vorwärtspositionierung innerhalb des Editor-Puffers in Richtung auf das Ende. Die Anzahl der Zeilen richtet sich nach der Einstellung, die durch VSCROLL (siehe unten) vorgenommen wurde. (Voreinstellung: halbe Bildschirmseiten). Mit der Angabe einer Zeilenzahl "n" läßt sich der Text gezielt um n Zeilen vorwärts bewegen. Die Spezifikation MAX bewirkt ein Anzeigen der letzten Textzeilen.

HELP [suchbegriff] Abruf erklärender Erläuterungen über SAS-Anweisungen und SAS-Prozeduren. Wird der Befehl HELP ohne Spezifikation ausgeführt, wird der HELP-Bildschirm geöffnet, in dem weitere Suchbegriffe aufgelistet sind. Der Bildschirm wird durch den END-Befehl geschlossen.

HSCROLL HALF | PAGE | n Mit dem HSCROLL-Befehl kann die Anzahl der Zeilen beim Rechts- (RIGHT) oder Linksblättern (LEFT) eingestellt werden: HALF für eine halbe Bildschirmseite, PAGE für eine ganze Bildschirmseite oder eine Zahl "n" für eine bestimmte Spaltenzahl.

INCLUDE 'dateiname' Der Inhalt einer Magnetplatten-Datei 'dateiname' kann mit INCLUDE in den Editor-Puffer kopiert werden.

KEYS Die Zuordnung der Funktionstasten zu ausgewählten Befehlen wird im Keys-Schirm angezeigt. Diese Belegung kann durch Überschreiben verändert werden. Die Sicherung für den aktuellen SAS-Dialog erfolgt durch Ausführung des END-Befehls.

LEFT [n | MAX] Horizontales Verschieben eines Bildschirmtextes nach links. Es kann um "n" Zeichenpositionen oder bis zum Zeilenanfang (MAX) positioniert werden.

LOG Wechsel des Cursors in die Command-Zeile des Log-Schirms.

n Die n-te Zeile (z.B. des Editor-Schirms) wird als erste Zeile des Bildschirms angezeigt.

NEXT Der Cursor wechselt zum nächsten der aktivierten Bildschirme, wobei eine interne Reihenfolge eingehalten wird.

OUTPUT Der Cursor wechselt in den Output-Schirm. Dieser wird aktiviert.

PREVCMD | ? Der zuvor ausgeführte Befehl kann mit PREVCMD oder dem Fragezeichen "?" in die Command-Zeile kopiert werden.

PROGRAM | PGM Der Cursor wird im Editor-Schirm positioniert. Dieser wird aktiviert.

RECALL Das zuletzt mit einem SUBMIT-Befehl zur Ausführung gebrachte SAS-Programm wird in den Editor-Puffer kopiert.

RIGHT [n | MAX] Horizontales Verschieben eines Bildschirmtextes nach rechts. Es kann um "n" Zeichenpositionen oder bis zum Zeilenende (MAX) positioniert werden.

SUBMIT Der SUBMIT-Befehl bewirkt die Ausführung des im Editor-Puffer enthaltenen SAS-Programms.

TITLES Der TITLES-Bildschirm wird geöffnet. Es werden die jeweils aktuellen Seitenüberschriften angezeigt. Diese können im TITLES-Bildschirm geändert werden. Der Bildschirm kann durch den END-Befehl geschlossen werden.

TOP Die erste Zeile des Editor-Puffers wird in die erste Zeile des Editor-Schirms ausgegeben.

VSCROLL HALF | PAGE | n Mit dem VSCROLL-Befehl kann die Anzahl der Zeilen beim Vorwärts- (FORWARD) oder Rückwärtsblättern (BACKWARD) eingestellt werden: HALF für eine halbe Bildschirmseite, PAGE für eine ganze Bildschirmseite oder eine Zahl "n" für eine bestimmte Zeilenzahl. (Voreinstellung ist HALF).

X ['betriebsystemkommando'] Mit dem X-Befehl kann in die Betriebssystemumgebung gewechselt werden bzw. können direkt Betriebssystemkommandos ausgeführt werden, ohne daß der SAS-Dialog beendet werden muß.

ZOOM [ON | OFF] Der ZOOM-Befehl bewirkt eine Vergrößerung des aktivierten Schirms auf den gesamten Bildschirm (ON), bzw. macht diese rückgängig (OFF).

Zeilen-Befehle

Die folgenden *Zeilen-Befehle* dienen zur Manipulation von Textzeilen im Editor-Puffer. Sie sind in das Bildschirmfeld mit der fünfstelligen Zeilennumerierung — beginnend mit der ersten Stelle — zu schreiben und mit der Enter-Taste abzuschikken.

Leerzeilen einfügen:

I[n] Eine ("I") oder n Zeilen ("In") werden *hinter* der aktuellen Zeile eingefügt. "n" ist durch eine positive ganze Zahl zu ersetzen und ohne Leerstelle an den Buchstaben "I" anzufügen. Hinter "n" sollte mindestens eine Ziffer der Zeilennumerierung gelöscht sein.

IB[n] Eine ("IB") oder n Zeilen ("IBn") werden *vor* der aktuellen Zeile eingefügt.

Zeilen verdoppeln:

R[n] Die aktuelle Zeile wird einmal ("R") oder n-mal ("Rn") verdoppelt.

RR[n] Ein Zeilenblock, dessen erste und letzte Zeile mit "RR" oder "RRn" bezeichnet ist, wird einmal oder n-mal verdoppelt.

Zeilen löschen:

D[n]   Die mit "D" bezeichnete Zeile oder die mit "Dn" bezeichnete plus
        n-1 weitere Zeilen werden gelöscht.

DD   Zum Löschen eines Zeilenblocks. Die Zeilennummer der ersten und
        der letzten zu löschenden Zeile muß mit "DD" überschrieben werden.

Für das Kopieren und Verschieben von Zeilen ist es erforderlich, *Zieladressen* der
folgenden Art anzugeben:

A   Zieladresse liegt *hinter* der Zeile, die mit "A" gekennzeichnet ist.

B   Zieladresse liegt *vor* der Zeile, die mit "B" gekennzeichnet ist.

Zeilen kopieren:

C[n]   Kopieren der mit "C" gekennzeichneten Zeile oder der mit "Cn" ge-
        kennzeichneten und n-1 Folgezeilen an eine mit "A" oder "B" ange-
        gebene Zieladresse.

CC   Kopieren eines Blocks von Zeilen, deren erste und letzte Zeilennum-
        mer mit "CC" überschrieben wird, an eine mit "A" oder "B" ange-
        gebene Zieladresse.

Zeilen verschieben:

M[n]   Verschieben der mit "M" gekennzeichneten Zeile oder der mit "Mn"
        gekennzeichneten und n-1 Folgezeilen an eine mit "A" oder "B" an-
        gegebene Zieladresse.

MM   Verschieben eines Blocks von Zeilen, deren erste und letzte Zeilen-
        nummer mit "MM" überschrieben wird, an eine mit "A" oder "B"
        angegebene Zieladresse.

A.2   Ausführen von SAS-Programmen im nichtinteraktiven Modus

Die Darstellung in diesem Buch orientiert sich am *Display-Manager-Modus*, in dem
SAS-Programme mit Hilfe eines integrierten Text-Editors erfaßt und verändert werden können sowie die Ergebnisse im Output-Schirm und die Dokumentation des
Programmablauf im Log-Schirm eingetragen werden. Das SAS-System läßt sich
daneben auch im *nichtinteraktiven Modus* einsetzen.[2]

Dieser Modus wird dann aktiviert, wenn das Betriebssystem-Kommando "SAS"
durch den Namen einer Programm-Datei ergänzt wird, die das SAS-Programm mit

---

[2]Auf den *interaktiven Zeilenmodus* und den *Batch-(bzw. Hintergrund-)Modus*, der nicht unter
allen Betriebssystemen eingesetzt werden kann, gehen wir hier nicht weiter ein.

den Anforderungen an das SAS-System enthält.

Haben wir beispielsweise unser SAS-Programm in der Programm-Datei
"AUSWERT1.SAS" gespeichert, müssen wir zur nichtinteraktiven Ausführung dieses Programms (unter MS-DOS) folgendes Betriebssystem-Kommando eingeben:

```
C:\>SAS AUSWERT1.SAS
```

Hat die Datei die Dateinamen-Erweiterung ".SAS" (wie oben), so reicht es aus,
hinter dem Kommando "SAS" den Grundnamen der Programm-Datei anzugeben:

```
C:\>SAS AUSWERT1
```

Unter den Betriebssystemen MS-DOS und UNIX werden die Ergebnisse in einer
Datei gespeichert, die denselben Grundnamen wie die Programm-Datei hat, aber
die Dateinamen-Erweiterung ".LST". Folglich werden die Ergebnisse im o.a. Beispiel
in der Datei

```
AUSWERT1.LST
```

gespeichert.

Die Programmablauf-Dokumentation wird in einer Datei gespeichert, die ebenfalls denselben Grundnamen wie die Programm-Datei hat, aber mit der Erweiterung
".LOG". Somit wird die Dokumentation des Programmablaufs in der Datei

```
AUSWERT1.LOG
```

gespeichert.

Der Einsatz des nichtinteraktiven Modus ist vor allem dann zweckmäßig, wenn
— insbesondere bei Arbeitsplatzrechnern unter dem Betriebssystem MS-DOS —
die Kapazität des Arbeitsspeichers nicht ausreicht, um ein SAS-Programm im interaktiven Diplay-Manager-Modus zur Ausführung zu bringen.

A.3   Literaturangaben

(1) SAS Language: Reference, Version 6, First Edition. Cary, NC, 1990

(2) SAS Procedures Guide, Version 6, Third Edition. Cary, NC, 1990

(3) SAS/STAT User's Guide, Version 6, Forth Edition, Vol. 1/2. Cary, NC, 1990

(4) SAS/GRAPH Software: Reference, Version 6, First Edition,Vol. 1/2. Cary,
NC, 1990

(5) SAS Guide to the SQL Procedure: Usage & Reference, Version 6 First Edition.
Cary, NC, 1990

(6) SAS Guide to TABULATE Processing, Second Edition. Cary, NC, 1990

(7) SAS Companion for the UNIX Environment, Version 6, First Edition. Cary, NC, 1991

(8) Schlotzhauer, Sandra D./ Ramon C Littell, SAS System for Elementary Statistical Analysis. Cary, NC, 1987

Index

INDEX

Einführung in die Programmiersprache Pascal

von Karl-Heinz Becker und Günther Lamprecht

3., durchgesehene Auflage 1986. VI, 161 Seiten. Kartoniert.
ISBN 3-528-23346-X

Die Programmiersprache Pascal wird in diesem Buch anhand von Beispielen erläutert, die der Leser unmittelbar auf einem Kleinrechner (Terminal oder personal computer) interaktiv ausprobieren kann. Da für das Verständnis keine umfangreichen mathematischen Vorkenntnisse erwartet werden, können sich sowohl Schüler in der Sekundarstufe II als auch Studenten der Anfangssemester die Programmiersprache Pascal im Selbststudium aneignen.

Für die Anwender besitzt die Programmiersprache Pascal leider eine Reihe von Fehlermöglichkeiten (Beispiele: Eingaben von Werten, Dateibehandlung, Überlagerung von RECORDs, diverse Spracherweiterungen bei konkreten Compilern). Das Buch geht auf diese Schwierigkeiten ausführlich ein und hilft dadurch dem angehenden Pascal-Programmierer, diese Fehler zu vermeiden.

Verlag Vieweg · Postfach 58 29 · D-6200 Wiesbaden 1

Strukturiertes Programmieren in C

Ein einführendes Lehrbuch

von Harry Feldmann

1992. XIV, 175 Seiten mit Diskette. Gebunden.
ISBN 3-528-05204-X

Strukturiertes Programmieren und C – ein Widerspruch in sich? Buch und Diskette von Professor Feldmann zeigen, wie beides zusammengeht und sinnvoll das Lernen der Programmiersprache C erleichtern.

C ist eine höhere, universelle Programmiersprache mit Blockstruktur, ist include-file-orientiert und zur Zeichenverarbeitung besonders gut geeignet. Didaktisch gut strukturiert, gibt der Autor einen Überblick über die historische Entwicklung, einfache Datentypen und den Programmaufbau, stellt Unterprogramme, maschinennahe Sprachelemente und Präprozessordirektiven dar. Syntaxdiagramme, Standard- und Nonstandardbibliothek ergänzen das für Anfänger und fortgeschrittene Studenten gleichermaßen geeignete Lehrbuch. Es werden die CtoAda-modifizierten Originalregeln von in Form von leicht lesbaren Syntaxdiagrammen verwandt und alle grammatischen Formulierungen ins Deutsche übersetzt.

Verlag Vieweg · Postfach 58 29 · D-6200 Wiesbaden 1

vieweg

Programmieren in PL/I

Eine moderne Einführung

von Eberhard Sturm

1990. X, 292 Seiten. Kartoniert.
ISBN 3-528-04792-5

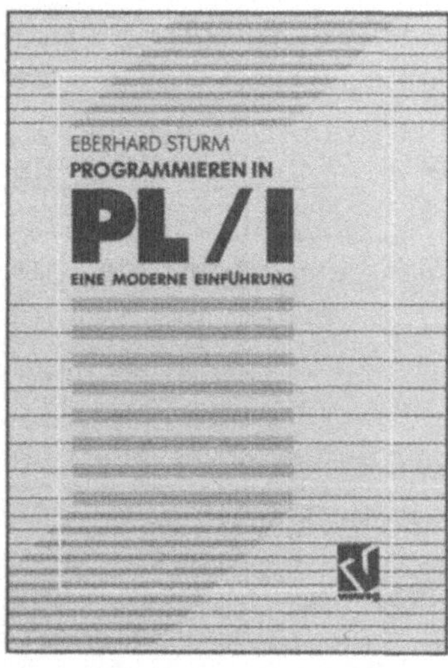

Inhalt: Elementares PL/I – Erweiterung der Grundlagen – Block- und Programmstruktur – Dynamische Speicherplatzerweiterung – Benutzung von Dateien – Höhere PL/I-Techniken.

Schritt für Schritt, dabei immer „flüssig" geschrieben, stellt dieses Buch eine umfassende und sich ausdrücklich als „modern" verstehende Einführung dar.

Der Autor versteht es, dem Leser die Vorzüge von PL/I nahezubringen, z. B. das Modularitätskonzept, die Maschinenunabhängigkeit und -nähe, die Übersichtlichkeit und Datentypvielfalt, die Speicherdynamik, Möglichkeiten der Fehlerbehandlung und die Multitaskingfähigkeit.

Verlag Vieweg . Postfatch 5829 D 6200 Wiesbaden